·中华书局·
上海聚珍出品

陈正宏讲《史记》系列之三

陈正宏 著

众生

《史记》的列传

中华书局

图书在版编目(CIP)数据

众生:《史记》的列传/陈正宏著. —北京:中华书局,2025. 8. —ISBN 978-7-101-17080-1

Ⅰ. K204. 2

中国国家版本馆 CIP 数据核字第 2025VH0912 号

众生:《史记》的列传

著　　者	陈正宏	
责任编辑	黄飞立	
封面设计	毛　淳	
责任印制	管　斌	
出版发行	中华书局	
	(北京市丰台区太平桥西里 38 号　100073)	
	http://www. zhbc. com. cn	
	E-mail:zhbc@ zhbc. com. cn	
印　　刷	河北新华第一印刷有限责任公司	
版　　次	2025 年 8 月第 1 版	
	2025 年 8 月第 1 次印刷	
规　　格	开本/880×1230 毫米　1/32	
	印张 11¼　插页 2　字数 180 千字	
印　　数	1-6000 册	
国际书号	ISBN 978-7-101-17080-1	
定　　价	59. 00 元	

总 序
通读《史记》，让你的视野穿越两千年

  这套分为四册总计十二卷的小书，是以我在喜马拉雅开设的一门名著导读音频课程为基础编写而成的，导读的名著，是各位都非常熟悉的《史记》。

  《史记》，顾名思义，就是"历史的记录"。什么是历史？严格说来，刚刚过去的上一秒，就是历史。而从长时段看，历史最显著的特征，是"没有什么会永垂不朽"，更简单地说，就是一个字：变。历史中的变化，在已经远离历史现场的我们看来，真是多姿多彩；不过当我们把这种变化和现实相对照时，又时时会觉得，历史是惊人地相似。这种变化和相似共生的奇观，是如何产生的？根源就在于，推动任何特定区域历史演变的基本动力，其实是生活在这个区域中的人的普遍人性。人性不变，历史就难免有重演

的冲动。

《史记》则是一部在两千多年前，借着描述一个很长时段的历史演变过程，和其中的历史重演冲动，把人性的各个方面加以彻底揭示的一流的中国文史名著。

那么，通过一定方式的引导，通读《史记》这样的文史名著，对你而言，可能会有什么样的收获呢？

我想，首先，通过比较完整地阅读《史记》，你可以超越生命的极限，大幅度拓展个人的经验世界。人生不过百年，而通读像《史记》这样一部涉及上下数千年历史的名著，可以在个人有限的生命里，体验古人的生活环境和生涯百态，客观上既延展了你的生命长度，也拓展了你的人生视野。

其次，通过解析《史记》的大部分重要篇章，你可以培养自己具备一种更为通达的处世态度。凡事都从一定长度或深度的历史视角考虑，观察世界与剖析人生的时候，也会取一种理性并且不失人性的立场。不放大个人的得失，也不蔑视渺小的生灵。

再次，通过更细致地分析现在你读到的《史记》的篇章文字，你会由此及彼，意识到因为我们的汉语历史悠久，任何一个现存的历史文本，包括由某人的讲话转写成的文本，都不只有表面的单一层次的意思，其中甚至还可能叠加着其他人的笔墨。因此你会养成一种不轻信来历不明的文字、说辞，喜欢追根寻源的思维方式。

也许有的读者会说，读《史记》的好处，我是知道的。但讲《史记》的已经有不少了，你还有什么好讲的？"王侯将相，宁有种乎"，"燕雀安知鸿鹄之志"，我中学课本里都读过了。

但你可能不知道，我讲的《史记》，和你已经知道的，其实并不相同。

这不同，主要体现在三个方面。

第一，我讲的不是《史记》的名篇节选，而是涵盖全体的《史记》。也就是不光讲本纪、世家、列传，连表和书都会讲。为什么连表和书也要讲呢？因为表是《史记》的骨架，书则是中国最早的制度史，不讲这两休，你就看不清《史记》的整体脉络。同时，我不光讲《史记》本身的文本，也讲《史记》的著作编刊史，还会讲《史记》在中国和海外的影响。总之，通过这套书，你对《史记》的把握不是平面的、片面的，而是立体的、完整的。

第二，我讲的主要不是《史记》里记载的一般的历史故事，而是要讨论这些历史故事的文本，是司马迁自己写的，还是对其他更早文献的引用或者整理？如果是引用或者整理，它们的原貌可能是怎样的？我们的目标，是探寻被《史记》书写的历史，与实际可能存续过的历史之间，有怎样的联系和区别。

第三，我讲的除了《史记》的文本与史实，更多的还有《史记》流传两千多年以来，这部名著经过不同时代、不同区域和不同个性的人阅读后，被揭示出来的内在的隐秘的东西和外在的添加的东西。这套书将整合时空跨度都相当大的《史记》文献材料，各家对《史记》的感悟与不同的解读角度，你都能从中一览概貌。也就是说，你读到的，不只是司马迁的《史记》，还是两千年来中外读书人共同解读的《史记》。

也许有读者会说，两千多年前的《史记》，都是文言文，我没有什么文言文基础，读这套书会不会太难了？这里我要特别说明一下，为了便于大家阅读，书中涉及的《史记》原文，绝大部分都已经按照大意，转写成现代汉语了；实在非要引用文言文原文时，我都会加上比较浅显明白的现代汉语翻译。所以即使你手头没有一页《史记》原文，通过这套书，同样可以了解《史记》的基本意思。当然，如果你因为读了这套书，而开始借助工具书阅读文言文的《史记》原书，那就更好了。

我想，如果能够比较完整地读一下《史记》，你最终会发现，真的是"太阳底下没有什么新鲜事"。而你，在《史记》滋润的阳光中沐浴一过，再度回到有时不免灰暗的现实中，相信会变得更有预见性，更具智慧，也更有定力。

目　录

本册自序

　　司马迁在所撰《史记》中，以极具超前意识的模块化结构，将这部叙写历史长度超过三千年、篇章多达一百三十篇的巨著，建构为立体性的史书五体，除了本纪、表、书和世家，位列最后、篇幅最大、以描写众生百态为宗旨的一体，就是列传。

　　列传的"传"，本义是古人转乘车马的驿站。通过驿站，公文和消息可以迅速传递，以此"传"字又衍生出多种引申的含义，其中在后世影响最大的，就是先泛指记录事件，后特指专述个人事迹的一种文体——传记。

　　把"列"字加在"传"字的前面而成为"列传"，作为史书中专记古今各式人物的一种体裁，首创者就是司马迁。后人解释说，那是"排列诸人为首尾，所以标异编年之传也"（章学诚《文史通义》），意谓太史公写列传，是把一群人的事迹，有头有尾地排成一个序列，跟之前流行的编年体叙写历史，是两回事了。如果允许作一点推论，或许可以说，在司马迁的意识里，历史已不单是事件的时间性推移，同时也是事件主体的个性、志趣和行为，多重要素因缘际会的结果；而在历史中产生过影响的个人，从长时段看，是以集群的面貌出现的。因此，历史的进退，实非一人可以左右。

司马迁的时代，距今已有两千多年，他何以会有如此超前的历史意识？这就得回到西汉前期，看一看太史公当时的现实处境。

在今天西安城郊外的汉未央宫遗址北部，有两个不看标识已猜不出原本功用的土墩，它们是汉代保存图书档案文献的石渠阁和天禄阁遗址。当年，继承父亲遗志的司马迁，曾频繁出入于此，《史记》早期的撰述活动，应该也就是以此两阁所藏为基础渐次展开的。

《史记》七十列传的末篇《太史公自序》里，司马迁在向我们展示他以及他的家族跟历史文献的几乎是宿命般的关联之后，接着说——

自曹参荐盖公言黄老，而贾生、晁错明申、商，公孙弘以儒显，百年之间，天下遗文古事靡不毕集太史公。太史公仍父子相续纂其职。

这里说的，是西汉王朝建立以后一段不短的时间里，虽然面向政治的学术潮流中，道、法、儒三派轮流坐庄，但从各地征集的书籍文献和历史性的材料，却都是汇聚到太史官署的，而主管这些文书档案的，就是先后担任太史令的司马谈、司马迁父子。

同样是在《太史公自序》中，司马迁叙述了他在父亲去世三年后，继任太史令，做的主要工作，是"䌷史记石室金匮之书"。而在李陵事件后转岗担任中书令，回应同僚质疑时，他又特意强调：

> 余尝掌其官，废明圣盛德不载，灭功臣世家贤大夫之业不述，堕先人所言，罪莫大焉。余所谓述故事，整齐其世传，非所谓作也。

这其中的关键词"掌其官""纂其职"，"䌷史记石室金匮之书"和"整齐其世传"，综合而论，指的恐怕不止是他们父子相继，合作编纂一部《史记》。

已经有学者经过周密的考证，指出《史记》的七十列传中，先秦诸子的列传，很大程度上是"因书列传"，就是就着当时能看到的先秦诸子的各部子书，来写一篇传记。所以有关列传里，像《左传》的诸子故事反而少见引用。（徐建委《因书立传：〈史记〉先秦诸子列传的立意与取材》，《陕西师范大学学报》2021 年第 1 期）而如果我们拓宽一下视野，也许可以说，不光是先秦诸子的那几篇传，整个七十列传，大概都是"因书列传"，只是这其中的"书"，不一定都是后世理解的比较狭隘的一部书的"书"，而是更广泛意义上的以文本形式存在的有关人的文献，除了个人著述，也包括之前的家族谱系素材、个人传记、官员档案和外族史料等。

太史令的职责之中，本就有典守官方档案和各类文献一项，面对愈来愈多的档案文献，司马谈、迁父子应该考虑过后世严肃的目录学家都会考虑的问题——如何把这些文献有序地放置在天禄、石渠二阁的合适位置。

司马氏父子的方案，应该跟后来成型的《史记》五体中的四体，本纪、表、世家、列传有极大的关联。书之所以不归入此类，是因为那是太史公最具雄心的创制——书写人类活动的制度史。

相比之下，个人性的传记资料，是最容易散失的。司马迁应该是看到了秦火和楚汉相争等一系列大的严酷的战争对于文献尤其是个人文献的系统性摧毁，才把《史记》一百三十篇里超过一半的篇幅，都给了以写个人和群体为主的列传。

具体而言，每一篇传记涉及的内容，背后都有一个相应的文献或文献群在支撑着它们。太史公是用这一方法，使经过秦火之后非常难得的中国各时代各类名人的史料，得以有一个富于逻辑和历史时间序列的安排。

我们猜测，在太初历的编纂过程中，司马迁作为以天官为主职的太史令被边缘化的那段时间，他并没有闲下来，分管文书档案的兼职，令他把职务行为跟私家著述逐步结合到了一起。分分合合之际，他客观上为中国未来的文献学，做了虽然极为初步，却十分重要的开拓性工作。李陵事件虽然使他的这一工作有所中断，但被汉武帝突然提拔做中书令之后，这一工作应该还是继续的。

甚至可以说，未来的兰台秘府收藏格局，其实是司马谈、司马迁父子打下基础的，刘向、刘歆父子的《七略》《别录》，追溯上去，恐怕不能说完全没有太史公的功劳。扩大而言，《史记》一百三十篇与其背后所支撑的模块化文献，两者的结合，才是太史公最值得骄傲的名山事业。

从这样的角度去看，《史记》成书后司马迁自述的"藏之名山，副在京师"，才有一种特别的况味。"副在京师"，意味着《史记》的那个抄本，只是为京师档案图书馆中经过排比的文献，做一个模块指引和提要目录——那当然是烟幕弹——反过来也可以说，脱离了京师文献模块指引功能，具有独立意志的那个"藏之名山"的原本，才是太史公真正的心血之作。我们甚至可以猜想，一如后世那些珍视学问和文采的作者，太史公直到生命的最后关头，还在那个本子上又添添改改了不少。

当然，从结果上看，原先的工作设计，跟后来的个人著述，在主次上是有一个颠倒的。这一具有重大历史意义的转折，发生的时间，应该是司马迁因李陵事件下狱之后。

他"幽于粪土之中而不辞"(《报任安书》),背负屈辱依然要从事的,恐怕主要不再是论次金匮石室之书那么表面的事务了,追求个人不朽的名山事业,这样坚毅的目标,此时被一种巨大的激情推到了最前台。像七十列传的第一篇《伯夷列传》,充满质疑和感慨,我们有理由认为它是李陵事件后写定的。而本书第三卷"换几个角度看众生"所讨论的大部分篇章,应该也是司马迁在他生命的后期,尤其是担任中书令时期写成的。其中书写族群和类别的群体性汇传特别多,背后显示的,应该是司马迁在对人性有更为透彻的理解后,而改变了书写策略。从另一个视角看,中书令的职位使得他有机会掌握更为全局性的当下文献,为那样一种独特的写作,提供了上佳的条件。

很早就有人把《史记》五体中的十二本纪与七十列传特意提出对举,认为这两体类似《春秋》的经与传,换言之,就是认为七十列传是为十二本纪作解释用的。这样的看法,从纯粹经学的角度说,好像不无道理。不过回到《史记》文本本身,说七十列传为十二本纪这一绵长的历史填充了有血有肉的人,应该没有问题。但认为这些血肉之躯是为帝王世系作脚注,恐怕是既不能服人,更不能让太史公首肯的。

不过,写三千年以上的历史,其中除了帝王将相之外的个体与群体,却只写了七十篇,涉及的有名有姓的人物不超过百位数，一定会让读者有一个重大的疑问：列传中有限的人物，是按照怎样的标准被选拔出来的呢？

也是在《史记》的《太史公自序》里，司马迁对列传的选择标准，作过一个扼要的解释，他说：

扶义俶傥，不令己失时，立功名于天下，作七十列传。

所谓"扶义俶傥"，就是为人仗义，卓而不群，不同凡响；所谓"不令己失时"，意思是不让自己失去时机，也就是能抓住机遇。因此太史公对七十列传定的入选标准，应该是：第一，为人仗义，品格卓越不凡；第二，如果一个人或者一群人，能以一己或一方的作为，在现实世界里留下并不虚妄的名声，那也有资格入传。

而从《史记》文本的实际看，入选标准里的第二个，其实是司马迁更看重的。七十列传中之所以有一些后代看来惊世骇俗的篇章，也唯有从这样的角度，才可以解释得比较清楚。比如刺客，放在今天就是搞国际恐怖主义的，但《史记》里居然专门写一篇《刺客列传》，而《刺客列传》里写得最长的，竟然是一个把谋杀做成生意，又没有顺利完成燕国国君定向委托项目的二流杀手——荆轲。此无他，原因就在于刺客的存在，一定程度上左右了春秋战国时代各国的历史走向。

因此就要说到《史记》的七十列传，跟《汉书》及以后纪传体正史里的各传，虽然分类名号几乎完全相同，但背后所支撑的选择理念，具有很大的差异：《汉书》以下正史的列传，大部分主要还是按世俗的地位、名声和道德劝戒的目标选入的。只有《史记》，所选虽然也考虑到德行一面的要素，但太史公更在意的，是那些在长时段历史演变巨流中，曾经（或可能）推动、影响甚至阻碍了历史进程的人，因为只有那些个体和人群，才是雁过留声、人过留痕的真正的历史创造者。

第六卷

说《列传》（上）

先秦的隐士、贤达与刺客

《伯夷列传》（上）：

列传开卷，为何要主推隐士

从这一讲开始，我们讲《史记》的列传。而要讲的第一篇，就是排在《史记》七十列传之首的《伯夷列传》。这篇传记的篇名，我们现在见到的通行本只有一个人的名字，就是伯夷；但在其他一些版本里，也有写作《伯夷叔齐列传》的，那其实是更恰当的篇名，因为这一篇的主人公，就不是单独的一位，而是两位——伯夷和叔齐。

从结构上看，《伯夷列传》大致由三个部分组成。第一部分从开头的"夫学者载籍极博，犹考信于六艺"起，提出"让"和"隐"的话题。所谓让，就是在王位继承过程中，有资格继位的兄弟们互相谦让；所谓隐，就是逃隐，意思是逃避和远离政治，归隐山林。第二部分从全文引用的一篇古老的伯夷叔齐传记入手，对伯夷、叔齐两位不吃周王朝粮食的隐士，展开讨论。最后的第三部分，再回到第一部分的让和隐，以"道不同，不相为谋"开始作解答。

在这个由三部分组成的结构中，位于中间部分的伯夷叔齐故事，尤其是司马迁由此生发的感慨，某种程度上像是一个波澜起伏的插曲，倒是《伯夷列传》一头一尾两个部分，先开后合，互相照应，回答了一个直接关系到《史记》列传一体主题的重要问题，就是：列传开卷，为什么要主推隐士？

大家知道，司马迁的时代，经过改造的儒家学说，已经成为西汉读书人知识系统的主干部分。认为六经记载的一般都是可信的史料，这样的观念，当时已经流行。所以《伯夷列传》一开头强调的，就是读书人即使书读得再多，总还是要从"六艺"中寻求可信的史料——这里的"六艺"，就是通常所说的儒家六经：《诗》《书》《易》《礼》《乐》《春秋》。

司马迁从六经（准确地说，是从虽然已有缺失，但仍保留了相关记载的《诗经》和《尚书》）里找出的，是上古时代，帝王王位更替的经典传说——发生在尧、舜、禹之间的所谓禅让。顺着让贤的话题，司马迁提到了著名的隐士许由。

说是有一种说法，尧原本曾把天下让给许由，许由却不愿意接这个班，还以接班做帝王为耻，就逃出去做隐士了。许由故事的来源，《史记》里没有写，今天我们可以知道，它最早的出处，是《庄子》的《让王》篇。但《庄子》里还没有许由"耻之，逃隐"一类的话；《史记》出现那样的逃隐场景，司马迁应该另有所本。而使故事变得更为生动的，则是从晋代皇甫谧写的《高士传》开始的。《高士传》里的许由，最"拉风"的行为，是所谓的洗耳。据说尧后来再次邀请这位许先生出山，任九州长，这许由因为不愿听到这样的消息，而特意跑到隐居地附近的颍水边，洗自己的耳朵。[1]今天看来，这许由实在是太会做秀了。

除了许由，出现在《伯夷列传》第一部分里的，还有据说是夏朝人的卞随和务光。这两位的名字，现在可以见到的，最早也是《庄子》的《让王》篇，其中记载着卞随和务光这两位贤者拒绝成汤让出王位的故事。说是成汤伐灭夏桀前，曾经分别和卞随、务光商量具体方案，都被他们婉言拒绝了。成汤伐夏桀成功以后，又很谦让，先后邀请卞随和务光做老大，结果出乎意料，认真的卞随和务光竟先后投水自杀了。这故事和上面的许由洗耳一样的别致，而更显离奇曲折，连司马迁这样喜欢传奇的史家也没有引录，反而怀疑：像许由、卞随、务光这样的事迹，为何不见于六经，而被人广泛传诵呢？

司马迁是位十分重视实地勘察的历史学家，他从文献角度发生的对许由故事的疑问，在他亲自登上传说是许由隐居的箕山，发现山上有许由墓时，得到了一定程度的解

说《列传》（上）

答；不过，他在箕山"有许由冢"句前，加了一个"盖"字，表示无法肯定墓主的真实身份，可见怀疑终究没有解决。甚至接下来他举孔子曾详细称说吴太伯、伯夷一类的古代圣贤的例子，目的也是更强烈地重复他的疑问：既然同样是有高尚道义的先贤，有关许由、务光的文字，在儒家典籍里却不能见到一点梗概，这是为什么呢？

司马迁的疑问，在两千多年后，有学者给予了虽然是部分却比较合理的解答。

近代大学问家章太炎认为，许由其实就是上古传说系统中的皋陶。[2] 理由主要有两条：第一，皋陶在古代有两种写法，而在《汉书》的《古今人表》里，许由是写作"许繇"的，这个人名中的"繇"，跟皋陶的第二种写法"咎繇"的"繇"，字形完全相同。第二，根据《史记·夏本纪》的记载，皋陶的后代，有一部分被封在一个叫许的地方。而古代确有一种习惯，用后代封地的地名，作为祖先的姓氏。就比如殷商时代人称自己的先祖契叫殷契，所以同理可以推定，因为后代封在许，后人就称咎繇为许繇。后来复旦大学历史系的杨宽教授，在他写的《中国上古史导论》一书中，进一步发挥章太炎的意见，从音韵学的角度证明，皋陶、许由其实是同一个神。[3]

许由等人的话题，因为文献不足，司马迁最后只能放弃，而转向为尚存一点材料的伯夷、叔齐等人在《史记》里列传。不过，无论许由甚至伯夷、叔齐的事迹如何隐晦或简略，通过司马迁的描述，我们大致可以了解，《伯夷列传》开头部分和第二部分介绍的，其实都是一些上古或三代跟谦让和归隐这两个主题相关的品行高洁的人。

那么，到了《伯夷列传》的最后，司马迁又是如何运用首尾照应的办法，回答那个令读者迷惑的问题——列传开卷，为何要主推隐士？

他再次回到了《论语》。在《伯夷列传》的倒数第二段里，他先后三次引用了《论语》里的说法。

首先，他引《论语·卫灵公》里"道不同，不相为谋"一句，说明物以类聚，人以群分，从而引出第一个结论：做人最重要的是"各从其志"，也就是人各有志，每个人都应该独立地按照自我内心的志向做人做事。然后，他又引了《论语》的《述而》篇里的一段话，说明任何人的选择，都受到现实条件的制约。那段话，就是"富贵如可求，虽执鞭之士，吾亦为之；如不可求，从吾所好"[4]，意思是如果富贵可以求得，那么即使拿着鞭子当车夫，我也愿意干；如果富贵无法求得，那还是做我自己喜欢的事情。最后，他引了《论语·子罕》篇里一段名言："岁寒，然后知松柏之后凋。"通过具有高度画面感的抒情场景，让读者感知到一个通过类比而得出的道理：唯有整个世界都淹没在浑浊之中，品行干净的人，才会凸显出来。

那么,《伯夷列传》的这倒数第二段里的最后一句,"岂以其重若彼,其轻若此哉",是什么意思呢?

这句话历史上有很多学者作过不同的解释。比较下来,清代著名学者顾炎武的解释,最合乎逻辑。他说:"其重若彼,谓俗人之重富贵也;其轻若此,谓清士之轻富贵也。"[5]据此我们把司马迁的原话"岂以其重若彼,其轻若此哉"翻译成现代汉语,就是:"难道不是因为一些人那样地重视富贵,才显出另一些人这样地轻视富贵吗!"而"这样地轻视富贵"的这"另一些人",联系上面"举世混浊,清士乃见"一句,自然就是指那些"清士",也就是品行干净的人。

司马迁也许和所有品行干净的人一样轻视富贵,但他绝对不轻视个人的名声。在《伯夷列传》的最后一段里,同样出自《论语》的一句话,引出了他的无限感慨,那就是跟"道不同,不相为谋"同出于《论语·卫灵公》篇的"君子疾没世而名不称焉"。这句话的意思,是君子是非常担心到死还名声不为人所知的。他引用同时代的贾谊写的《鵩鸟赋》里的话,罗列了人生的四种典型的生活方式,就是贪心的人为财丧命,功烈之士为名誉牺牲,夸耀权力的人为争权夺利而死,大众百姓无物可求只求活着,而实际想"点赞"却没有明说的,只有"烈士徇名"这一种。言下之意,是个人的名声比生命更重要。

伯夷列傳第一

史記六十一

夫學者載籍極博猶考信於六藝詩書雖缺然虞夏之文可知也堯將遜位讓於虞舜舜禹之間岳牧咸薦乃試之於位典職數十年功用既興然後授政示天下重器王者大統傳天下若斯之難也而說者曰堯讓天下於許由許由不受恥之逃隱及夏之時有卞隨務光者此何以稱焉

太史公曰余登箕山其上蓋有許由冢云孔子序列古之仁聖賢人如吳太伯伯夷之倫詳

南宋刻本《史記·伯夷列傳》书影

但他也知道，个人名声的获取与传扬，不是自己、尤其是地位低下的读书人所能控制的，所以他又开启了他喜欢的引用模式。这回是从儒家六经之一的《周易》里引了两句格言，一句是"同明相照，同类相求"〔6〕，一句是"云从龙，风从虎，圣人作而万物睹"。这两句格言，第一句是跟前面引的"道不同，不相为谋"作对照，再度说明物以类聚，人以群分；第二句是说，云追着龙而动，风随着虎而来，只有圣人出世，万物才会随之显露。司马迁引用这两句出自《周易》的格言，实际要表达的，是接下来以伯夷、叔齐和孔夫子的高足颜回做例证，而生发的那一番感慨。他说：你看，尽管身处穷乡僻壤的隐士，进退都如此地合乎时宜，但是，他们往往还是声名埋没，不为人知。真是可悲啊！

　　《伯夷列传》写到这里，似乎已经把司马迁想表彰的清士、隐士，也就是品行干净、远离富贵的人，逼进了一条充满生存困境的死胡同。所以最后的结论，出乎所有人的意料，好像是突然反转了，他说："闾巷之人，欲砥行立名者，非附青云之士，恶能施于后世哉？"按照字面意思理解，就是：普通小巷子里生活的人，想要通过修炼个人的德行，来获取名声，除非攀附高高在上的名流，又怎么可能名传后世呢？

　　什么情况？司马迁在《伯夷列传》里主推隐士，最后的结论，居然说隐士和普通人想要流芳百世，得靠攀龙附凤，巴结名流？果真如此，那前面强调的"各从其志"的独立人格，又到哪里去了呢？

古往今来，很多人都很疑惑，司马迁为什么在《伯夷列传》的最后，要写这么一段有点古怪的话。我开始也不理解。后来读到清华大学张国刚教授写的一篇文章，题目叫《司马迁感慨什么——读〈史记·伯夷列传〉》，有一种豁然开朗的感觉。张教授解释《伯夷列传》最后部分的文字，首先是把"附青云之士"解释为得到名人的推扬，同时他认为司马迁在这里表达的，除了字面的意思，还隐含有另外一层意思，就是当普通人得不到像孔子那样的名人推扬的时候，史家的历史书写，就显得格外重要。[7]如果我们把张教授的解释再推论一下，那就是司马迁有可能是用一种正话反说的独特方式，表示历史学家在为什么样的人树碑立传，使其流芳百世方面，具有一种无与伦比的话语权。而上古和三代的隐士，因为品行高洁，行为特异，符合《史记》设定的列传选择主旨中被列在第一位的"扶义俶傥"，但有关他们事迹的史料，又十分容易散失，所以《史记》七十列传开卷第一篇，司马迁动用了史家特有的话语权，主推他们。

从这样的视角看，清代学者何焯在《义门读书记》里说,《伯夷列传》是《史记》七十列传的一个凡例;章学诚在《文史通义》里说,《伯夷列传》是"七十篇之序例",都可谓意味深长。[8]

那么,除掉上面我们讨论的这个首尾照应的结构,以及它独特发凡起例的功能,《伯夷列传》里关于伯夷、叔齐这两位隐士本身的文字,到底讲了些什么呢?我们下一节再继续讲。[9]

《伯夷列传》（下）：

为什么好人没有好报

上一节我们讲了《史记》列传部分的第一篇为何要主推隐士，这一节我们接着讲这篇《伯夷列传》的中间部分，看看其中伯夷、叔齐的故事具体是怎么写的。

司马迁写伯夷、叔齐的事迹，从素材上看，主要有两个来源：一个是《论语》里的相关记载，一个是儒家正统著作之外的所谓百家之言。《论语》所记，都是片言只语的评论，撑不起一篇完整传记的体量。百家之言里倒是有比较完整地记录伯夷、叔齐事迹的文字，但跟《论语》所记的，又不无矛盾冲突。

怎么办呢？司马迁采用的方法，是把两种存在矛盾的说法都一起写进《伯夷列传》，同时又真切地表达了他个人的困惑。

《论语》里出现的伯夷、叔齐，特点就两个字"无怨"，就是"无怨无悔"里前面的那两个字。《论语》的《公冶长》篇里，有"伯夷、叔齐，不念旧恶，怨是用希"的话，意思是伯夷、叔齐不是总记着以前的恩恩怨怨，所以他们的怨气就很少。还有《论语》的《述而》篇里，记了子贡和孔子之间的一段对话。子贡先问孔子："伯夷、叔齐何人也？"孔子回答："古之贤人也。"子贡接着问："怨乎？"就是他们有怨气吗？孔子回答："求仁而得仁，又何怨！"意思是他们追求仁义，最后也得到了仁义，那还有什么可抱怨的呢。

所以从《论语》的记载看，孔子当然是认为，伯夷、叔齐这两位古代贤人，一辈子几乎没有任何的怨气。

但是在别的史料里，伯夷和叔齐，却有另一番模样。

《史记》的《伯夷列传》里，在记录《论语》相关文字后，很特别地引录了一篇相对完整的伯夷、叔齐合传。不过这篇合传究竟是司马迁直接从某部古书里抄下来的，还是他把有关史料整理排比而成的，现在已经无法考证了。所知道的，只是它层次分明，情节曲折，很有一点微型小说的味道。

这篇合传的故事梗概大致是这样的：伯夷、叔齐老哥俩，是孤竹国国君的两个儿子——从名字判断，伯夷是老大，叔齐是老三，他们中间应该还有个老二，因为中国传统的兄弟排次称呼，是以伯、仲、叔为序的——孤竹国国君打算立老三叔齐为王位继承人，但他去世后，叔齐却没有遵从父命，而要把王位让给大哥伯夷。伯夷跟叔齐说："你干，那是老爸的遗愿啊。"就跑了。叔齐呢，还是不肯干，也跑了。结果那个连名字都没传下来的老二捡了个漏，被孤竹国的国人立为新国君。

这时候伯夷、叔齐听说西伯姬昌，也就是后来的周文王，待老年人很好，就想去西伯那里。可等到去了，西伯却死了。西伯的儿子武王在车里装载了西伯的木制牌位，号为文王，出兵东伐天下共主商纣王。伯夷、叔齐特地拦

住武王的马，进谏说："你父亲去世却不安葬，还大动干戈，这可以说是孝么？以臣子的身份而杀国君，可以说是仁么？"这是什么话！武王身边的侍卫一听，就要对他们俩动武。还好姜太公出来打圆场，说："这两位可是有节操的人啊。"最后，伯夷、叔齐被搀扶着带离了出征现场。

　　说话间武王就平定了商朝，天下也都以周朝为正宗，但伯夷、叔齐却以当周朝的臣民为耻，硬是不吃周朝的粮食。他们隐居在一个叫首阳山的地方，采摘山上的薇菜当主食。等到饿得快死了，还写了一首诗。诗中唱道："登上那西山呵，采摘山中的薇菜。有人用暴力代替暴力呵，却

宋　李唐《采薇图卷》故宫博物院藏

不明白这办法本身就错了。"唱着这样哀怨的歌,伯夷、叔齐最终饿死在首阳山上。

故事到此结束。但故事的细节与倾向,却引来后人的无数争议。

争论的一方认为,武王伐纣是正义之举,伯夷、叔齐视之为以暴易暴,是完全错误的。比如宋代学者叶适就曾发问:"武王、周公以至仁大义灭商,夷、齐奚为恶之?"[1]意思是周武王和周公是高举仁义大旗伐灭商朝的,伯夷、叔齐干嘛要厌恶他们?

争论的另一方则提出,武王伐纣虽属正义之举,但表彰伯夷、叔齐,也就是对企图颠覆朝廷的越轨理念作严正的警告。这方面的代表性意见,是唐代大文学家韩愈写的《伯夷颂》,他在那篇文章的末尾说:"微二子,乱臣贼子接迹于后世矣!"[2]意思是,要是没有伯夷、叔齐他们两位,后世不知道会出多少搞政变的阴谋家、野心家啊!

但是由于这一争论的实质,是"君权至上"跟"正义至上"两种不同政治原则的较量,而在中国传统社会的既定结构下,这基本上是不可以讨论的禁区,所以到后来有人就和稀泥、捣糨糊。这其中最"奇葩"的要数清代的徐经,他写了篇《读伯夷传》,里面竟认为伯夷、叔齐之所以饿死,唯一的原因是他们离开了自己的伟大祖国——孤竹国,跟武王伐纣毫不相干。[3]

当然也有人不参与辩论，而别出心裁，解构了这一故事。解构也分两类，一类是从学术上考辨伯夷不是人，而是神，这方面的代表是杨宽教授的《中国上古史导论》。[4]还有一类是以文学的形式重新编撰故事，其中最著名的，就是鲁迅所写、收入他的历史小说集《故事新编》里的那篇《采薇》。

　　但无论是争论，还是解构，后人针对《史记·伯夷列传》里引录的这篇伯夷、叔齐合传所做的一切，司马迁都无从知晓，恐怕也毫无兴趣知晓。他所执着追问的，是一个看似极为简单的问题，就是《论语》里孔子称赞伯夷、叔齐无怨无悔，而这篇合传又说伯夷、叔齐最后含怨而死。那么，伯夷、叔齐，他们到底是有怨气，还是没有怨气？

　　在传录伯夷、叔齐合传后，司马迁写了一段在《史记》的其他篇章中都没有的情感激越的文字——

　　或曰："天道无亲，常与善人。"若伯夷、叔齐，可谓善人者非邪？积仁洁行如此而饿死。且七十子之徒，仲尼独荐颜渊为好学。然回也屡空，糟糠不厌，而卒蚤夭。天之报施善人，其何如哉？盗跖日杀不辜，肝人之肉，暴戾恣睢，聚党数千人，横行天下，竟以寿终，是遵何德哉？此其尤大彰明较著者也。若至近世，操行不轨，专犯忌讳，而终身逸乐，富厚累世不绝。或择地而蹈之，时然后出言，行不由径，非公正不发愤，而遇祸灾者，不可胜数也。余甚惑焉，傥所谓天道，是邪非邪？

这段文字的开头，引了《老子》的话："天道无亲，常与善人。"意思是说："上天之道，是没有偏私的，但常常帮助好人。"对《老子》的这一说法，司马迁表示了极大的怀疑。

他说，像伯夷、叔齐，品行高洁，却最终饿死；像孔子的弟子颜回，好学深思，却英年早逝。看看这两个例子，他问：上天报答好人，就是这个样子的么？

再从反面说，春秋时期有个有名的大盗，名叫跖，人称盗跖，天天滥杀无辜，挖人心肝当肉吃，残暴异常，最后竟然终享天年而死。他问：这又是遵循什么样的德行呢？

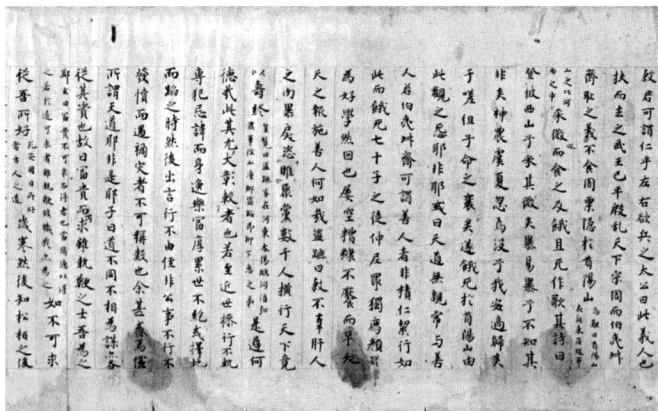

敦煌写本《史记·伯夷列传》残卷书影　原件藏法国国家图书馆

不光关注古代，司马迁也注意到了"近世"。中文里的"近世"这个词，是一个进可攻、退可守，奥妙无穷的词。在司马迁那里，"近世"可以让读者很快联想到"当世"，也就是司马迁身处的汉朝。

这"近世"或者说"当世"，跟之前的古史是惊人地相似。司马迁指出，有一帮"操行不轨，专犯忌讳"的人，他们不仅自己终身安逸享乐，金钱多多，还传了好几代都没有绝种。但是相反地，那些处事谨慎，不胡说八道，做事正派，不偷鸡摸狗，最终却遇到灾祸的人，多得数也数不过来。

司马迁非常纠结，他最后总结说："我真的很困惑。"紧接着就悲愤地质问上天：如果有所谓天道，那么这天道真的是这样的吗？还是不是这样的？

大家应该还记得，我们以前介绍过，司马迁对于大历史的叙述，是抱持着一种天人感应、时间轮回的理念，因为出身于天官世家，他对于通过《史记》来"究天人之际"，是有高度的自信的。但是，历史和现实中更为具体的人的不同境遇，使他的这种自信，遭遇了前所未有的挑战。

伟大的历史学家在处理史料时，最厉害的做法，不是篡改史料，让史料迎合自己固有的或者他人强加的理念，而是给史料打一盏灯，让读者看到那原本已经发霉的断简中的光芒。那盏灯，就是历史学家向过去、也向未来展开的坦诚之心。

我们想，从某种程度上说，司马迁恐怕并不特别关心他传录的那篇伯夷、叔齐合传是否完全合乎史实。他知道历史越久远，真相越难寻。他近乎固执地坚持探求《论语》所记与这篇合传的矛盾，着眼点却只在伯夷、叔齐是否有怨，根源就在于，在他的价值世界里，曾经确信的天人感应、因果报应之说，已经发生了动摇。而正义与权势、气节与财富之间不可避免的冲突，正以一种特殊的形式，在他的心头重起波澜。

　　这该怎么写呢？司马迁的做法是，史料照着写，其中的矛盾也让它摊在那里。但是，我同时要把我看了这些史料后的感觉甚至冲动，原原本本地告诉你。因为这其中有古人和今人共通的血脉在。

　　想象起来，司马迁写到这里，一定由历史中个体命运的奇诡难料，联想到了不期然降临到自己头上的厄运：当廷为李陵辩护，终遭汉武帝强势贬斥；又因无钱赎罪，而不得不身受腐刑。痛定思痛，其痛何如！他是用自己受到极大创痛的身心，体验古人曾经的相似经历，并把它诉诸文字。什么叫"史家之绝唱""无韵之《离骚》"，尤其是这两者是如何配合生成的，司马迁在这里作了最好的示范。

《老子韩非列传》:

拉郎配，有深意

　　《史记》的《老子韩非列传》，有一个涉及《史记》版本的很有意思的现象，那就是在唐代，这篇《老子韩非列传》中的前半部分，曾被拿出来插到了《伯夷列传》的前面，使得《史记》七十列传的第一篇，变成了《老子伯夷列传》。这当然不是司马迁原本的排次，而是因为唐朝皇帝姓李，而老子正好也姓李，唐朝皇室要高攀一门说得出口的远亲，所以老子的传记，就被提到七十列传的最前面。这当然是荒唐的。不过这种荒唐在唐朝烟消云散之后，还延续了好一阵子，现在我们依然可以在一些宋元版的《史记》里，见到七十列传的第一篇是《老子伯夷列传》。当然，到明清以后，大部分《史记》的版本恢复了原样，老子又回去跟韩非合传了。

那么，《史记》的这篇《老子韩非列传》，是如何写老子的呢？

《老子韩非列传》写老子，用一个成语来形容，就是扑朔迷离。短短的五百多个字当中，竟然出现了三个老子。

第一个老子，关于他的生平和轶事，太史公见到的材料最多。《老子韩非列传》不仅清楚地记载了他的本乡本贯，是楚国苦县厉乡曲仁里人，明确地抄下了他的姓氏、名字和职业——姓李名耳，字聃，是"周守藏室之史"（大致相当于周朝的图书馆馆长），还记了两个故事：一个是孔子去周都洛阳，向这位老子请教礼仪，故事里有生动的对话，就好像是有当时的录音一样；一个是这位老子出关著书，写了《道德经》五千言。

第二个老子，又叫老莱子。也是楚国人，还写了本书，里面收了十五篇文章，说的都是道家的效用。据说也是孔子同时代人。

第三个老子，跟前面两位相差一百多年，据说是周朝的太史，名叫儋——跟前面第一个老子的字，读音相同而字不同。这位跟秦献公有交集，还说过一段著名的预言，就是"始秦与周合，合五百岁而离，离七十岁而霸王者出焉"。这话我们在讲《秦本纪》时曾提到过。有人说他就是老子，也有人说不是。司马迁也搞不清楚，就索性把见到的文献都抄录在这里，并说，他只知道这位老子是个"隐君子"，也就是隐士。

老子韓非列傳第三　索隱曰二人教迹全乖不宜同傳先賢已有
為傳其解非可　呂氏高君傳并末

史記六十三

老子者楚苦縣厲鄉曲仁里人也　地理志曰苦縣屬陳國
陳秦時屬楚減陳而苦又屬楚故云楚苦縣至高帝十一年以苦屬淮
陽郡苦縣苦音怙　索隱曰按地理志苦縣屬陳國今云楚苦縣者苦縣在陳國
又索隱曰按許慎云厲鄉在苦縣東與老子為鄰故老子號曰老子
又天生而指李樹因以為姓云耼耳漫也故名耳也
序索隱曰按葛室史記及張湯此傳不輔
也傳老子為柱下史即藏室之柱下因以為官名

姓李氏名耳字伯陽謚曰耼　氏女所生因母姓也李
　　　　　　　　周守藏室之史也

孔子適周將問禮於老子

老子曰子所言者其人與骨皆已朽矣

獨其言在耳且君子得其時則駕不得其時則蓬累而
行　索隱曰劉氏云蓬累猶扶持也累音六反友說者云頭戴物兩手扶之而
行行謂之蓬累也蓋言若遇明君則駕車服冕不遭時則
自喧而去　蓬累且古深藏隱其寶貨不令人見故云若虛

吾聞之良賈深藏若虛君子盛德容貌若愚

於老子　記亦云然　老子曰子所言者其人與骨皆已朽矣

隨而云也　賈謂善比則賈之人賈音古深藏謂隱其寶貨不令人見故云若
日良賈謂善比則賈之人身有盛德其容貌謙退有若愚魯

君子之人然稱康高士傳亦載此

南宋刻本《史記·老子韓非列傳》書影

太上老君

明万历刻本《三才图会》中的太上老君（后世认为老子的化身）像

这三个老子中，第一个和第二个，其实是同一个人。北京大学的李零教授写过一篇文章，题目叫《文献中的老子——读〈史记·老子韩非列传〉的要点》。李零教授在文章中说，老子的老，不是姓氏，而是指活得长；老子姓李，按照先秦姓氏名字的惯例，本来应该叫李子，再加上一个老，全称就应该叫老李子，老子不过是老李子的一种省略的称呼。而从古文字学的角度看，木子李的"李"字，原本是秦国人的写法。而在楚国文字中，"李"字的上半部分，不是个"木"字，而是个"来"字。而"来"字和"李"字，古音完全一样，字形也近似。所以《老子韩非列传》里说的楚国的老莱子，跟那个同样是楚国人，姓李名耳，因为长寿而被称为老李子，通常省略姓氏而称为老子的，其实是同一个人。[1]

《老子韩非列传》的老子传部分，最诡异的，是在结束的地方，抄了一个老子后代的系谱：从老子的儿子李宗、孙子李注、曾孙李宫，排到了七世孙李解。而最后这位李解，据说还是那位参加了七国之乱、最后自杀的西汉胶西王刘印的老师。司马迁并没有说，从李宗到李解这一系，是他写的两个老子里哪一个老子的后代。但现代学者一般认为，这恐怕是汉朝人攀附名人而造作的产物，太史公则可能未加考证，就照抄了。

相比于老子传的扑朔迷离，《老子韩非列传》的韩非传，就要明确许多。不过从整体上看，韩非的故事，是一出典型的悲剧。

据《老子韩非列传》说，韩非是战国时韩国的贵族公子，天生口吃，但很擅长写作。他跟后来成为秦朝丞相的李斯，早年是同门师兄弟，都拜儒学名家荀子为师，但李同学认为学习上自己不如韩同学。

韩非同学很爱国，眼见韩国日渐削弱，就多次给国王写劝谏信，但国王没有理睬他。这让韩同学很是悲愤，就开始写写写，一口气写了十多万字。没想到墙内开花墙外香，他写的书被传到秦国，秦始皇看了，喜欢得不得了，说："哎呀，我要是能见到这位作者，跟他交游，死都没有遗憾了！"李斯这时候已经做秦丞相了，见秦始皇这么快就成了韩非的"粉丝"了，就只好告诉秦始皇："这是韩国人韩非写的书。"秦始皇一听，二话没说，就下令进攻韩国。那架势，自然是见不到偶像决不罢休。韩国国王呢，本来也没觉得韩非有啥能耐，等这边秦国逼急了，就给了韩非一个使节的头衔，打发他赶紧去秦国。秦始皇见到自己偶像，自然是高兴啊。但偶像是外国人，参与国内事务总还是不太放心。这当口，李斯等人就在秦始皇跟前，挑拨这对偶像和"粉丝"间的关系了。秦始皇呢，脑子一时"进水"，还真的把韩非给投进了监狱，结果李斯使了个坏，派人送毒药给韩非，让韩非自杀。韩非呢，想找"粉丝"

皇帝说说清楚误会，却没有机会。据说最后是秦始皇后悔了，让人释放韩非，但韩非却已经死了。

《老子韩非列传》里这个以悲剧告终的韩非生平故事，除了让人感慨同门师兄弟也不可靠，本身没有什么问题。但在这个故事的中间，太史公抄录了一篇韩非的文章，就是《说（shuì）难》，引起了后代学者的不少疑惑和讨论。

一种意见认为，《说难》并不是西汉前期不容易见到的韩非作品，司马迁为什么要全文抄录，很难理解。因为按照《史记》的一般原则，是不抄录在当时很流行的传记主人的著作的，只有在前人的著作散失的情况下，才会那样做。但出现在《老子韩非列传》中的这篇《说难》，显然跟《史记》的这个一般原则不相合。

还有一种意见认为，《史记》的《老子韩非列传》里引用的《说难》，其实不是韩非的作品，是后人拿战国纵横家的文章，冒了韩非的大名，塞进《史记》里的。

在没有坚实的文献证据的情况下，单凭所谓的文章思想或文风，就推断《说难》的作者不是韩非，恐怕是不够慎重的。[2] 倒是和《史记》抄录全文的一般引用原则不合这一点，提示我们从另一个角度考虑，司马迁如此看重这篇《说难》，是否还有别的更为现实的原因。

如果我们仔细读读《老子韩非列传》里引用的《说难》，会发现这篇以讨论如何向帝王进谏劝说的话术策略文

明刻本《韩非子》卷四《说难》书影

章里，有如下一些说法。

像"贵人有过端，而说者明言善议以推其恶者，则身危"，意思是尊贵的人有犯错的端倪，而建言的人明面上是提出善良的建议，客观上却可以推导出尊贵者的错误，那这建言的人自己就危险了。

又比如，"夫龙之为虫也，可扰狎而骑也。然其喉下有逆鳞径尺，人有婴之，则必杀人。人主亦有逆鳞，说之者能无婴人主之逆鳞，则几矣"。翻译成现代汉语就是：龙作为一条大虫子，你是可以跟它闹，跟它玩，也可以骑骑它的。但龙的喉头下面，有倒着长的一尺左右的龙鳞，人如果去碰触它，那龙一定会要了人的命。帝王也有这样倒着长的龙鳞，在帝王跟前游说的人，能够不碰到帝王的倒着长的龙鳞，那就差不多成功了。

在引录了包含着很多此类文辞的《说难》一文后，司马迁还特地加了一段话，说韩非的著作"传于后世，学者多有"，但是，"余独悲韩子为《说难》而不能自脱耳"。意思是韩非的文章流传后世，很多学者手上都有抄本，言下之意，是本来并不需要我再抄一遍在这里的。但是为什么我还是要抄在这里呢？因为我唯独为韩非写了《说难》这样很懂政治套路的文章，却不能为自己逃脱灾难的套路，而深感悲哀。如果联系司马迁的个人境遇和后半辈子充当汉武帝机要秘书长中书令的事实，您能不从这样的引文中，联想到些什么吗？

《老子韩非列传》在老子传之后，还写了跟梁惠王同时的蒙漆园吏庄周，也就是俗称的庄子；在韩非传之前，又写了韩昭侯时候的丞相申不害。两传相比而言，都写得很简单。不过，我们把《老子韩非列传》所记的这四家连成一个序列，会发现一个奇特的现象，就是从今天的视角看，老、庄是道家，申、韩是法家，把他们放在同一篇传记里，明显是拉郎配啊。

不过，如果回到《史记》编纂的时代，这表面的拉郎配，实际上是有深意的。

《老子韩非列传》最后的"太史公曰"，司马迁对于老、庄、申、韩四家各作过扼要的评论，他说："老子所贵道，虚无，因应变化于无为，故著书辞称微妙难识。"意思是老子所推崇的道，主旨是虚无，是顺应自然的变化而无所作为，所以老子写书，文辞很微妙，一般人也很难准确地体认。庄子呢？庄子是"散道德，放论，要亦归之自然"，意思是庄子放弃了道德之说，讨论问题天马行空，但宗旨还是归到顺其自然。"申子卑卑，施之于名实"，意思是申不害倒是很勤奋，不过主要用力的方向，在循名责实。最后，"韩子引绳墨，切事情，明是非，其极惨礉（hé）少恩"，意思是韩非的理论，就像木匠拉了根弹墨的线，能切中现实世界中人事的要害，也分得清是是非非，但实在是太过严酷而缺乏人性了。司马迁最后归总说，老、庄、申、韩"皆原于道德之意，而老子深远矣"，意思是这四家的理论，都原本于《道德经》，所以老子的学说，真可以说是影响深远啊。

但这样的解释，恐怕只能让我们大致明白，老和庄，申和韩，是各自有关的两支学术，而依然不能明白的，是从老子到庄子，如何能跟申不害和韩非扯上关系，尽管在这篇《老子韩非列传》里，太史公已经明确地写过，"申子之学本于黄老而主刑名"，韩非"喜刑名法术之学，而其归本于黄老"。

晚清时候一位叫尹继美的学者，在他自己的文集《鼎吉堂文钞》一书里，收了一篇《读史记老庄申韩列传》，谈到如何理解这篇老子、韩非合传的问题。他说："遁于虚则入于险，涉于幻则入于忍。险与忍互至，而刑名之说立，此申韩学老庄，所以流于残忍刻薄而不自知也。"大意是逃避到彻底虚幻的世界里去的人，一定会跌入危险和残忍的境地（因为没有任何的伦理束缚了）。危险跟残忍交替出现的时候，严刑酷律一类的学说就会被提倡。这个就是申不害、韩非学老庄，最后流于残忍刻薄，却自己都不知道的原因。他又说，一种强调彻底清净的学说必然无情，无情必然不讲恩义，"由虚无而轻死生，由轻死生而务峻刻"，所以道家"基本不正，其流盖偏"，是一种很自然的趋势。[3]尹继美这样的解释，自然是站在后世儒家立场上对道、法两家所作的严厉批评，但从逻辑地解答问题的角度看，对于我们今天理解《老子韩非列传》，是很有帮助的。

尹继美这样的说法，其实也不是他个人的发明。早在南宋，大理学家朱熹就引张文潜之说，谓：

老子惟静故能知变，然其势必至于忍心无情，视天下之人皆如土偶尔。其心都冷冰冰地了，便是杀人也不恤，故其流多入于变诈刑名。

朱熹还进一步指出："太史公将他与申、韩同传，非是强安排，其源流实是如此。"[4]

值得一提的是，在《史记》七十列传的最后一篇《太史公自序》里，司马迁曾引他父亲司马谈写的一篇文章，谈儒、墨、名、法、道、阴阳六家的要旨。在司马谈那里，道家和法家是毫无关涉的。但是，到了《老子韩非列传》，司马迁却独特地把这两家从学术上联系到了一起。而从某种意义上说，司马迁对于道法两家关系的看法，已经超越了他父亲司马谈在《论六家要旨》里的平面比较，而有一种凸显学术史复杂内涵的深度。

这当然不能简单地说，司马迁比他父亲更聪明。一般认为，这样的超越性的成果，应该跟司马迁本人身处和知悉的西汉前期的现实政治有关。从景帝到武帝，整体上就是从一个极端走向另一个极端，从黄老的休养生息，转向法家的严苛执政，即使它们正在被逐步涂上一层儒家的理性色彩。

任何能够流传后世的学说，都一定同时存在历史和现实两个维度。《老子韩非列传》为老庄和申韩合写一传的做法，自然是司马迁的一种选择。这种选择，正好生动地反映了一位对现实抱有深切关怀的历史学家，是如何从现实政治中，学到更透彻、更辩证地理解古代学术源流的方法的。

《伍子胥列传》:

仇恨是一颗种子

上一节我们讲了《老子韩非列传》。排次在《老子韩非列传》之后的，是两篇兵家人物传——《司马穰苴列传》和《孙子吴起列传》。前者是《史记》七十列传里篇幅最短的；后者所记，是大家都非常熟悉的两部齐国出产的《孙子兵法》的主人公孙武和孙膑。不过就故事的悲情和引动战争的严酷而论，都比不上我们这一节要讲的《伍子胥列传》。

讲《伍子胥列传》，我们又要回到春秋时代的楚国。

按照《伍子胥列传》的记载，伍子胥姓伍名员，是楚国人。他的生活年代，在春秋时期的楚平王、楚昭王时代。他的故事，则跟这两位楚王直接有关。

说是当年楚平王已经立了太子，名叫建。建的身边，

33

像 胥 子 伍

明万历刻本《三才图会》中的伍子胥像

有两位首席教师，当时的称呼，叫太傅和少傅，这太傅就是伍子胥他爹伍奢，少傅则是一个叫费无忌的人。这位费老师呢，对太子并不忠心。那年楚平王为太子建娶媳妇，娶的是位"外籍"女性，秦国的，费老师被平王派去秦国打前站，没想到这家伙回来汇报"国际联姻工作"，竟然跟楚平王说："那位秦国女子真是绝色美人。大王您不妨自己娶了她，再给太子另外娶一位吧。"楚平王呢，也是个"奇葩"，居然欣然接受，把原本是自己儿媳妇的立马转成了自己的姨太太，还给太子建生了个弟弟，就是后来的楚昭王。

这费无忌知道自己干的是缺德的事，所以虽然因此跳槽进了楚王身边的领导班子，还是担心一旦平王死了，太子建继位，自己会丢了小命，就一个劲儿地在平王跟前说太子建的坏话。结果太子建因此被赶出首都，守边防去了；原本排名在费无忌前面的太子首席教师、伍子胥他爹伍奢，因此进了监狱。这费无忌还没完，他一不做二不休，又唆使平王，要把伍奢的两个儿子，也就是伍子胥和他哥哥伍尚，都骗到首都来杀掉。

伍子胥他哥伍尚，是个实诚人，结果跟他父亲伍奢一起被害了。伍子胥呢，照他爹伍奢的评价，是"为人刚戾忍訽（gòu），能成大事"，也就是性格刚毅，能忍受屈辱，是个办大事的，所以不上当，跑了。他跑去哪里了呢？《伍子胥列传》记录说，他从楚国先跑到宋国，又从宋国跑到郑国，最后又从郑国跑到了吴国，而目的只有一个：报仇雪恨。

《伍子胥列传》的后半部分，记载了伍子胥在吴国当吴王高级参谋的生涯。他经历了吴王僚、吴王阖庐和吴王夫差前后三代领导人。他的人生高潮，是在吴王阖庐的九年，帮助吴国打败自己的祖国楚国，令楚昭王出逃。而他自己最直接的报仇雪恨方式，是掘开了当年杀害父兄的已经死了的楚平王墓，刨出楚平王的尸体，抽了三百鞭，才算解恨。

这就是《伍子胥列传》讲的伍子胥为父兄报仇雪恨的故事。

这个故事，从《左传》到《韩非子》，再到《吕氏春秋》，相关的片段，已早有记载。而如果您翻翻《史记》之前的篇章，会发现这个故事，在《伍子胥列传》之前，也已经有过好多侧面的呈现了。

《史记》里最早出现伍子胥的名字，是在《秦本纪》的秦哀公十五年（前522），写的是"伍子胥奔吴"，也就是伍子胥出逃，去了吴国。伍子胥为何要逃到吴国去？《楚世家》里讲了，因为他被楚平王派去的杀手追杀。其中楚平王抢娶儿媳妇，费无忌陷害伍奢，伍尚、伍员兄弟俩生死抉择，关键的情节和对话，《楚世家》写得甚至比《伍子胥列传》还要生动。伍子胥到吴国之后，跟公子光，也就是后来的吴王阖庐，多有互动，甚至为了公子光上位，还推荐了刺客专诸，后来吴军攻入楚国郢都，伍子胥鞭打平

伍子胥列傳

伍子胥傳凡二千言而串如延練惡
又曰伍胥遺多難而傅宛曲指悲咽流涕
如生存可令人悲咽流涕可矣人

按左傳伍繫父伍參當康王靈莊王会其

伍子胥者楚人也名員員父曰伍奢員兄曰伍尚其

先曰伍舉以直諫事楚莊王有顯故其後世有名於楚

曰建使伍奢為太傅費無忌為少傅無忌不

忠於太子建平王使無忌為太子取婦於秦秦女好

無忌馳歸報平王曰秦女絕美王可自取而更為

子取婦平王遂自取秦女而絕愛幸之生子軫更為

太子取婦無忌既以秦女自媚於平王因去太子而

朝鮮抄本《史記·伍子胥列傳》書影

王之尸，这些在《吴太伯世家》里也有更具体的记载。

那么，既然《秦本纪》《楚世家》《吴太伯世家》里的相关片段，足以拼出伍子胥复仇故事基本完整的图景，太史公为何还要在七十列传里写这篇《伍子胥列传》呢？

我想，相对合理的推测是：太史公想借伍子胥的故事，写被卷入历史旋涡里的个人，跟命运的奋力抗争，以及这种抗争的悲剧性下场。

在《伍子胥列传》里，有一个情节，在《史记》的其他篇章里没有出现过，就是申包胥跟伍子胥的对话。

申包胥是谁？他是伍子胥早年在楚国时候的好朋友。伍子胥被平王追杀而流亡的时候，曾见过申包胥，并告诉他："我一定要搞倒楚国。"申包胥则很有意思，针锋相对说："我一定会让楚国存在下去。"而这位如此坚定地保卫楚国的申先生，有研究者据考古发现推测，其实是春秋时代被楚国灭了的一个小国"申国"国君的后裔。后来吴国军队攻入楚国首都郢，伍子胥"掘楚平王墓，出其尸，鞭之三百"，申包胥逃到了山里，就派人给伍子胥传话，说："你这样报仇，也太过分了！我听说，人多可以战胜上天，但上天恒定，也能够击破众人。你也算是已故平王的臣下，曾经亲身朝着北面侍奉过他，怎么现在竟然会去侮辱死者，这岂不是伤天害理到极点了吗！"伍子胥就此的回复是：

"请替我跟申包胥道个歉，就说，'吾日莫途远，吾故倒行而逆施之'。""莫"在这里通"暮"，这话的意思是我伍子胥因为天色已晚，还要赶远路，所以就倒着走路，反方向做事了。

伍子胥回复申包胥的话里的"吾日莫途远，吾故倒行而逆施之"，就是成语"倒行逆施"的出典。这句话，从《伍子胥列传》的上下文看，更多显现的，不是伍子胥的狂妄，而是一种无尽的悲凉和自嘲。

因为伍子胥即使如愿以偿报了仇，也已经成了另一个人，一个既没有亲人，也没有祖国的人。

不过，在伍子胥的复仇故事里，有一个情节，引人怀疑，就是所谓的伍子胥"掘楚平王墓，出其尸，鞭之三百"。

研究者注意到，在《史记》之前，比较早的历史文献比如《左传》《国语》，都没有类似的记载。《吕氏春秋》《淮南子》记载了吴军攻入楚国郢都之后，伍子胥找到楚平王的墓葬，但接下来干的，也不是丧心病狂地掘坟鞭尸，而只是象征性地鞭打坟头。而即使是《史记》本身，像《楚世家》和《季布列传》记到同一件事时，写的也只是"辱平王之墓"和"鞭平王之墓"，也就是羞辱或者鞭打平王的坟墓，而没有掘坟鞭尸一说。

那么《伍子胥列传》里的鞭尸情节，是司马迁自己虚构出来的吗？恐怕不是的。

2006 年，在湖北云梦睡虎地考古发现的 77 号汉墓里，出土了一大批汉简，其中包括多支伍子胥故事简。拿这些西汉的伍子胥故事简，跟《史记》的《伍子胥列传》相比较，会发现那些在《史记》之前的传世文献中见不到的故事细节，在汉简里却是有的。比如伍奢比较自己两个儿子伍尚和伍员个性和做事作风的文字，在《左传》和《吕氏春秋》的伍子胥事迹里是没有的，但故事简中却是有的；又比如伍子胥面对楚平王派来的要他命的使者，强势地张弓执箭，让使者不敢前进一步，这样生动的情节，也不见于《左传》和《吕氏春秋》，而故事简中，却有几乎相同的表述。甚至在这些故事简里，还出现了像楚昭王派使者召伍子胥回国工作这样在《伍子胥列传》里完全没有的离奇情节。[1]

云梦睡虎地 77 号汉墓的主人，据考证是西汉前期的一位低级地方官吏；墓葬的时间，大概在汉文帝末年到汉景帝时期。这也就意味着，在司马迁编写《史记》之前，汉代朝野有关伍子胥的故事，已经有多个版本在流传，而且传播的范围很广。虽然睡虎地汉墓出土的伍子胥故事简是残损的，因而无法判断其中是否有伍子胥鞭打平王尸体的文字，但从《史记》成书的一般情形看，司马迁完全编造故事情节的可能性是很小的。换句话说，即使伍子胥鞭尸是一种非史实的夸张描写，这样的描写，也很可能在司马迁写《伍子胥列传》之前就流行了，司马迁只是采用了某

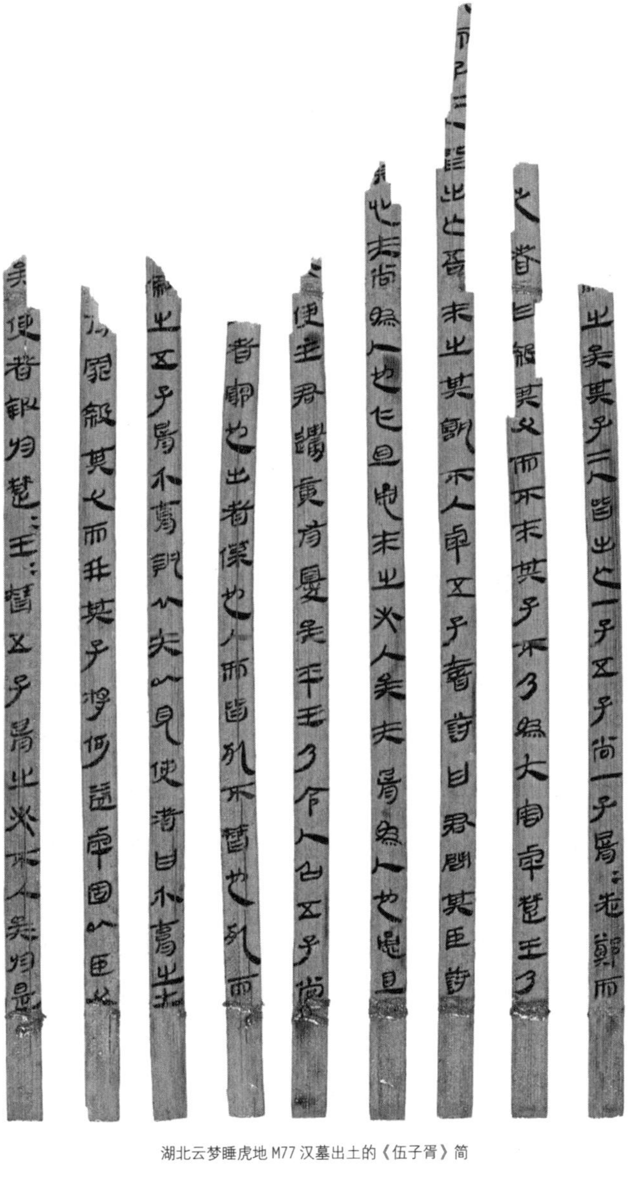

湖北云梦睡虎地 M77 汉墓出土的《伍子胥》简

种书面或者口头的传说而已。

伍子胥的最后结局，依旧是个悲剧。据《伍子胥列传》说，因为在进攻齐国和越国问题上伍子胥多次劝谏吴王夫差没成功，反遭同僚排挤陷害，最后被吴王夫差赐属镂剑自杀。

说到属镂剑，文献中多有记载，那是吴国的名剑：在《荀子》的《成相》篇里叫"独鹿"，在扬雄《太玄赋》里叫"属娄"，在《广雅》里叫"属鹿"，在《吴越春秋》里叫"属镂"。名号写出来都不一样，但发音近似，说明到汉代为止，专名仍以记音为上，文字多用假借。而20世纪50年代以来，吴王夫差所用剑，在湖北襄阳的蔡坡12号墓和河南辉县等地的古墓里曾多次出土，不过其中是否有属镂剑，还有待考证。[2]

据《伍子胥列传》说，伍子胥被吴王夫差赐属镂剑自杀之前，提了个要求，就是让人挖出自己的眼睛，挂在吴国的东门上，要亲眼看看越国灭了吴国。这话传到吴王耳朵里，伍子胥死后也不得安生了：他的尸体，被吴王命人装进"鸱夷革"，也就是皮革做的袋子里，投进了江里。

这就是伍子胥抗争命运，而最终遭受命运作弄的下场。

值得注意的是，在传统中国社会中，唐宋以后，有不少士大夫对伍子胥并不抱以同情，而是加以无情的鞭笞。

比如金代的王若虚，就骂伍子胥"勇而无礼，敢为而不顾……既自贼其君，而又贼人之君"，是"真小人"。因为按照一般传统的忠君爱国理念，即使能够接受"杀父之仇，不共戴天"之类的古训，也无法容忍个人因私怨而叛国，并对君王实施直接的人身攻击。

司马迁的想法，有点与众不同。在《伍子胥列传》末尾的"太史公曰"里，他一开头就感慨："怨毒之于人甚矣哉！王者尚不能行之于臣下，况同列乎！"这两句话，翻译成现代汉语就是：仇恨对于人来说实在是太厉害的东西了！做君王的尚且不可以把它施行在臣下身上，更何况是同僚之间呢。就此而言，司马迁对于伍子胥的报仇方式，应该说，终究还是持保留态度的。

不过，太史公对于以报仇雪恨为人生最高使命的伍子胥，整体上依然给予了超乎寻常的褒奖。他认为，之前要是让伍子胥跟着他爹伍奢一起死，那跟蚂蚁有什么区别。放弃狭隘意义上的义，昭雪奇耻大辱，让自己名垂后世，这是多么悲壮的事！他最后反问道，"非烈丈夫，孰能致此哉"，意思是，不是刚烈的男子汉，谁能做到这样的境界？

司马迁为何能如此超脱一般的忠君爱国理念？因为他身处的时代，是儒家思想一统天下的前夜。用当时相对宽容的眼光看，春秋时代基于血缘的复仇，既是当时父子亲情高于君臣伦理的现实反映，也是超越具体时代的人伦天性的真实表现。更何况，伍子胥的故事，还大致符合司马迁在《史记》的另一篇列传《刺客列传》里说过的一个为人准则："立意较然，不欺其志。"也就是目标明确，敢作敢当，没有违背自己的意愿。

我们能赞同太史公的说法吗？也许能，也许不能。

极端地说，也许只有冯至先生写于1942—1943年的小说《伍子胥》，其中弥漫的那种对于人的存在理由和现实前途的真切迷茫，才是对《史记·伍子胥列传》的最好诠释。[3]

《商君列传》:

他的下场，源于刻薄吗

上一节讲《伍子胥列传》的时候，我们回到了春秋时代的楚国；这一节讲《商君列传》，我们要回到战国时代的秦国。

《商君列传》的主人公，不用说，大家也知道，就是大名鼎鼎的商鞅。按照《商君列传》的记载，商鞅又叫卫鞅，但其实他既不姓卫，也不姓商，本姓公孙，正式的名字应该叫公孙鞅。但因为他是"卫之诸庶孽公子"，也就是卫国君王小老婆生的一系的后代，所以就被称为卫鞅。这位卫鞅先生呢，也算是个蛮有"国际视野"的人，虽然他血管里流动的，是卫国的王族之血，但他的服务对象，却是魏国的丞相。后来这位魏国丞相死了，魏国国君也没有重用他的意思，他就跳槽，应聘去了秦国。去秦国，他起点还蛮高的，找了秦国最高领导人秦孝公身边工作人员的关系，直接对标要做秦孝公的高级智囊。由于口才了得，最后真的说动秦孝公，开始了著名的商鞅变法。因为变法很成功，他连带着还做了一回"带路党"，把老东家魏国打得连首都也只好搬迁，因此被新东家秦国封地于於、商，被尊称为商君，而他通行的名字，也因此成了商鞅。

在《商君列传》里，围绕着商鞅变法，讲了不少故事。因为这些故事，大多在教科书里都很容易见到，文字也不难，我们这里就不讲了。我们这里要讲的，主要是两个问题：一个是《商君列传》里记载的已经被教科书概念化的商鞅变法条款，今天是否有更具体的史料，展示它的更生动的内容？另一个是商鞅究竟是怎么死的？

我们先讲第一个问题。就此我们不得不先翻一下《商君列传》，看看里面写的商鞅变法，具体条款有哪些。按照原书写的，第一次变法的条款，我们数一下，总共是六条。

第一条是"令民为什伍，而相牧司连坐。不告奸者腰斩，告奸者与斩敌首同赏，匿奸者与降敌同罚"，这一条最厉害，是一般居民之间实行连坐制，发现对方有问题必须互相举报告密，不告密会丢性命。而告密了，可以跟战场上砍下敌人的头颅一样受到奖赏；相反地如果包庇坏人，则会跟战场上投降敌人一样受到惩罚——这一条里提到了"斩敌首"，就是砍下敌人的头，很重要，下面还会讲。

第二条是"民有二男以上不分异者，倍其赋"，意思是一般家庭里面，如果有两个或者两个以上的儿子，但没有分家，那么这家的赋税劳役，就要加倍收取。当然，这里必须分家的男性，自然是成年的了。

这一条看着文字不多，从制度史上说却十分重要。因为它第一次以立法的形式，把中国早期家庭的以大家族聚居为主的基本形态，给破坏了。为什么商鞅变法要破坏早期传统的大家族聚居形式，严格实施分家居住呢？主要的目的，就是保证秦国在与别国交战时，有足够的可以迅速征用的兵员。另外因为分家的同时，伴有明确的户籍制度，也就是第　条里说的"令民为什伍"（意思是"五人为伍，伍长一人；十人为什，什长一人"），也就保证了国家对居民的直接管理，理论上可以杜绝大户隐匿人口的情况发生。

因为大家庭都分家了，所以连带着的一个问题，是秦国当时小家庭的住房，是怎样的情况呢？

清华大学建筑学院的王晖先生，写过一篇很有意思的论文，讨论战国末期也就是商鞅变法以后，秦国的"士伍"阶层，也就是没有爵位以农耕为主的平民阶层，他们的居住形态是怎么样的。[1]他用的主要史料，是湖北云梦睡虎地秦朝墓葬里发现的竹简，那里面有一篇题为《封诊式》

的文字。

所谓《封诊式》，就是地方司法刑侦的案例。王晖先生的研究，从睡虎地秦简《封诊式》里找到两个案例，其中一个案例里有"一宇二内"的房间结构表述，另一个案例是一家人晚上睡觉，家里储藏室放着的棉袄被小偷偷走了，白天告官，官方就根据口述详细记录失主家的房间位置和建筑结构。王晖先生根据这两条具体史料，复原出秦国平民住宅的结构，他称之为"一堂二内"。

这其中的"一堂"，就是"前堂"，相当于今天的客厅（有时也可以当卧室）。"二内"，包括前堂后边左面的"大内"，和右边的"房内"。这两个内间，"大内"相当于今天的主卧室，"房内"是个储藏室，当时兼做更衣室。而在"房内"后边，还隔出一间叫"小堂"的地方，其实就是今天的卫生间。

所以你看，商鞅变法之后，被分家的秦朝一般平民小家庭的住房，其实就是今天所说的一室一厅一卫，或者更简单地说，就是个两居室。

第三条是"有军功者，各以率（lǜ）受上爵；为私斗者，各以轻重被刑大小"。这条的意思，是鼓励各位战场立功，有军功就可以受爵位；而禁止私自斗殴，如果打斗了，那是会判刑的，所以像上一讲里伍子胥那样的个人复仇，是严禁的。

楊愼軒通
篇一辯一
皎俱出名
理名言且
文句軒舉
淆勁目足
兩篡莫及
又曰燬陛
斬截

商子卷上

秦　衞人公孫鞅著

明　仁和朱蔚然訂

更法第一

孝公平畫公孫鞅甘龍杜摯三大夫御於君慮

世事之變討正法之本使民之道君曰代立不

忘社稷君之道也錯法務民主長臣之行也今

吾欲變法以治更禮以教百姓恐天下之議我

也公孫鞅曰臣聞之疑行無成疑事無功君亟

商子　卷上　一

明人重编的商鞅著作《商子》书影　明末刻本

第四条是"僇力本业，耕织致粟帛多者复其身。事末利及怠而贫者，举以为收孥（nú）"。这一条简单地说，就是鼓励大家当勤劳的农民，贬斥和遏制商人，同时收编因懒致贫的人为奴隶。

第五条是"宗室非有军功，论不得为属籍"，意思是宗室大户里的男性贵族，没有以前那么逍遥了，也得上战场，如果没有军功，那么被有关方面评议，也就是"论"的时候，他们很大的可能是不能再列入贵族的专属户口里的。

上面这三条，除了中间的第四条是重农抑商，其他两条都涉及军功，军功靠什么得？当然要上战场。战场上军功大小如何计算呢？靠杀人，尤其是要把敌人的头砍下来带回来。因为正如第一条里提到的，斩首是得赏最直观的证明。

也是在上面我们提到的睡虎地秦墓竹简《封诊式》里，记录了商鞅变法以后的秦国，为了得赏，秦人争抢斩首而得的人头的两个案例。

说是有一天，官府里来了个"士伍"，也就是可以随时上战场的农民，他的名字，在《封诊式》被写作"甲"。这位路人甲，绑了一个男人路人丙，还带着个血淋淋的人头来，另外还有一位路人丁一起跟着。甲某一到官府，就报告说："我是军尉某某人的私人随从，参加邢丘城的战斗，今日在戏这个地方的路上，看到这个路人丙，这路人丙故意用剑砍伤了丁某，目的是抢这个原来在丁某手里的人头，所以我就把他绑了来官府报告。"

无独有偶，也是在《封诊式》里，还有个类似的案例。说是两个人，一个是公士丙，一个是士伍甲，也都去了邢丘城这个地方打仗，得了个首级，都不想让，争了起来，就告到官府。官府倒也没有偏袒谁，展开了仔细的法医检验，最后还发文书征求辨认这首级。

已经有不止一位研究者通过比较《史记》等历史文献里记录的斩首人数，指出商鞅变法实施的这一以斩首为主要形式的军功换算方式，一定程度上导致当时交战中的秦军士兵滥杀无辜。

至于《商君列传》所记商鞅第一次变法的最后一条，第六条　"明尊卑、爵、秩等级各以差次，名田宅、臣妾、衣服以家次：有功者显荣，无功者虽富无所芬华"，则是强调，尊卑、爵位和官秩的等级，都是按照军功大小来算的；田地、住房、奴婢甚至衣服等级，则是按家庭爵位的高低来算的。有军功的光荣，没功劳的即使有钱也没有好名声。

可以跟这最后一条参读的，是传为商鞅后学所编《商君书》的《境内》篇里的一条论述，就是"能得甲首一者，赏爵一级，益田一顷，益宅九亩"。这也就是所谓的"名田制"，即根据户籍上的人名和军功爵位高低，占有不同数量的田宅，是一种土地的私人长期占有制。

商鞅变法的这六条里面，依据军功，大范围地授予包括平民在内的人以爵位，是它的特色。那么，商鞅变法以后秦的军功爵位有多少级呢？

据河南大学历史文化学院朱绍侯教授考证，商鞅变法确立了秦国的十八级军功爵制。这十八级军功爵位中，从最低的没有级别的小夫，到第一级的公士、第二级的上造和第三级的簪袅，都是需要轮流服徭役和兵役的。从第四级的不更开始，就不需要轮流服徭役和兵役了，用当时的话说，就是"不复与凡更卒同"，所以叫不更。这之后的第五级的大夫，到第十七级的大良造，中间经历了官大夫、公大夫、公乘、五大夫、客卿（左庶长）、正卿（右庶长）、大庶长、左更、中更、右更、少上造，共十一级。[2] 而我们读《商君列传》，这卫鞅到秦国后，走上层路线，起点就是后来他自己设计的十八级军功爵中的第十级左庶长，变法十年之后又升到最高级大良造。立法如此严酷，个人升迁又如此顺畅，但靠山一倒，大麻烦还是来了。

所以最后我们来谈谈第二个问题：商鞅究竟是怎么死的？

商鞅怎么死的，《商君列传》写的是很明确的："秦发兵攻商君，杀之于郑黾池"，就是商鞅是被秦国的正规部队在郑的黾池这个地方杀死的，然后，"秦惠王车裂商君以徇"，意思是虽然商鞅已经死了，但秦惠王还是不依不饶，把他的尸体用"车裂"也就是所谓的五马分尸的办法，再惩罚了一回。

但是，近年来在一些教科书的注释中，《史记·商君列传》原本很清楚的记载，被模糊地表述为商鞅"兵败被车裂"，也就是理解为以车裂的方式被判处了死刑。这样的说法和解释，理由据说是根据的《战国策·秦策》里的说法，个别学者还找出了先秦有车裂之刑作为证据。

但是，这样的所谓考证，其实蛮成问题的。

第一，《商君列传》有明确的秦兵杀商君于黾池的记载，除非有其他文献证明这条记录是误入的，或者就是错的，否则有什么理由彻底不顾太史公的记录呢？

第二，从文献的直接性上说，《史记》撰述的基础文献中，涉及秦国和秦朝的部分，一向被认为有较高的可信度，而《战国策》，虽然其中有早于《史记》的记录，但今本《战国策》是生活年代晚于司马迁的刘向整理编纂而成的，如何能简单地用实际晚出的文献文本，去驳斥更早的文献记录呢？

第三，一种刑罚在历史上存在过，一般施用于活人，跟特殊情况下，以类似或同样的方式施加于死者，用作广告式的惩戒，两者是并不矛盾的。怎么能用车裂这一刑律的存在，就认定商鞅必须要活着才能受这一惩戒呢？

事实上，商鞅即使死了，秦惠王还要用车裂这样残忍的方式再羞辱他，就像上一讲我们讲伍子胥的下场一样，伍子胥虽然被赐死了，但吴王夫差还是要把他的尸体装进皮革袋子里投江喂鱼。这是小气君主的共同做派，是因为极端的恨，而向对手遗体发泄不满的一种惯用伎俩。

不过话又说回来，商鞅对于反对他变法的秦国贵族的做派，像把人鼻子削了，也实在是心狠手辣。而他的整个变法方案，从设计到实施，从国内到国际，贯穿的是不讲道义，只讲利益，不问手段，只求结果，也实在是太过功利了。所以从长时段历史来看，商鞅变法客观上即使成为中国大一统历史演变的重要一环，但从现代意义上说，硬要把它夸为"依法治国"，也是很牵强的。而从人的角度说，太史公最后把商鞅称为"天资刻薄人"，当然有其片面性，但我们把《商君列传》、相关文献和考古发现的材料对读以后，也应该承认，重视人性的太史公之所以出此酷评，不为无因。

苏秦、张仪二传：

两个最著名的说客，司马迁为何不写合传

上一节我们讲了《商君列传》，这一节我们讲《苏秦列传》和《张仪列传》。

《苏秦列传》和《张仪列传》的两位主人公，苏秦、张仪，按照两篇列传开头部分的记载，出身都比较低微，早年经历都比较坎坷：苏秦是东周的洛阳人——这个东周，不是我们现在说的东周时期的东周，而是我们在讲《周本纪》时提到过的那个东周国——东周国出身的苏秦，年轻时候，不做正经生意，专学辩论术，想靠做说客吃饭，结果"大困而归"，很让家族里的一帮女同胞看不起。张仪呢，《张仪列传》说他是魏国人，跟苏秦一样，年纪轻轻地就学辩论术，游走在诸侯中间。据说有一回，他混进了楚国丞相的饭局，跟随着楚丞相喝了几杯，事后楚丞相发现，

自己佩戴着的玉璧不见了，跟自己的门客一说，门客就觉得是张仪干的，理由是："这张仪很穷，所以没品，一定是他偷了丞相您的玉璧。"结果好，大家一起把张仪绑了，抽了几百鞭。张仪倒还挺倔，就是不承认，最后楚丞相方面没辙，只好放了他。这张仪回家了，他太太就责怪他："哎呀，你要是不读书，不干游说诸侯的营生，怎么会遭这等的侮辱呢？"张仪却没理会这茬，只是问太太："你看看我的舌头还在不在？"太太被他这一问戳中了笑点，说："舌头在的。"张仪因此很得意，说："那就足够了。"

按照《苏秦列传》和《张仪列传》的记载，苏秦和张仪还是师兄弟，他们的老师，是齐国的鬼谷先生。据说，在学鬼谷先生教的一套具体做事方法方面，苏秦自认为比不上张仪，但苏秦的出道，倒比张仪还早。

从《苏秦列传》的记载看，苏秦是先去了西方的秦国，在秦惠王跟前游说，说秦"可以吞天下，称帝而治"，碰上秦惠王刚杀了商鞅，正讨厌外国说客，就只好离境，转赴东边的赵国。赵国是赵肃侯的弟弟奉阳君做"总理大臣"，也不喜欢苏秦，苏秦只好再北上，去了燕国。在燕国等了一年多，才见到燕国最高领导人燕文侯，好在时来运转，他连吓带劝，说动了燕文侯"与赵从亲"，也就是燕赵联合，还令人诧异地让燕文侯说出了"寡人请以国从"，也就是"我把国家都托付给您"这样的话。

接下来,《苏秦列传》记了苏秦一生中最辉煌的一段游说生涯。他拿了燕文侯给的专项经费,坐着燕国派去的专车,先去当时的三晋大国赵国游说,成功后又打着赵国领导人赵肃侯的牌子,去韩国、魏国、齐国、楚国四国,说服韩宣王、魏襄王、齐宣王、楚威王,让各国跟赵国,当然还有背后的燕国一起,联合起来抗击秦国。而最神奇的,是包括赵肃侯在内,赵、韩、魏、齐、楚都自称"寡人"的五国国君最后同意联合的口吻,好像是事先都通过电话商量好的,跟前面燕文侯跟苏秦说的话,几乎是一个模子倒出来的:赵肃侯、魏襄王、齐宣王三位,说的都是"敬以国从";韩宣王跟楚威王呢,一个说的是"敬奉社稷以从",一个说的是"谨奉社稷以从",意思都是我把我的国家托付给您了。

　　更神奇的,是据《苏秦列传》说,六国国君同意联合后,"苏秦为从约长,并相六国",意思是苏秦担任了六国合纵条约的秘书长,还同时担任了六国的丞相。

　　《苏秦列传》还说,苏秦帮六国签好合纵条约后,回到了赵国,被赵肃侯封为武安君,顺便很潇洒地把六国合纵的条约书"快递"给了秦国。秦国军队因此有整整十五年都不敢窥探函谷关以外的地方。

　　《苏秦列传》里写的苏秦的这些神奇经历,是真的吗?很早就有人怀疑了。

理由主要有三个方面。一个是《苏秦列传》所记的相关故事，文学色彩太浓，有明显的夸张成分，而在《史记》的《六国年表》和跟六国相关的世家里，很少看到苏秦的名字，也没有他做从约长和"并相六国"的记录；另一个是《苏秦列传》里排次的苏秦事迹，跟其他相对可靠的战国史实，不无矛盾冲突。

法国著名的东方学家马伯乐，早在20世纪20年代就发表了一篇题为《苏秦的小说》的文章，对《史记》的这篇《苏秦列传》提出质疑。他说："一个人作六国相，这是中国古代独见的事情，又使秦兵不敢窥函谷关十五年，也是一件大事，何以《史记·秦本纪》所根据的'秦纪'没有记载？3世纪初年，质言之，苏秦死后不到三十年，魏国编次《竹书纪年》，又何以不将十五年作魏相的苏秦（既然作六国相，当然也是魏相）的名字记下来？"[1]

在中国国内，对于《苏秦列传》的质疑，在20世纪前期也已经出现过，而最高潮的时期，是在20世纪的70年代，因为当时在长沙著名的马王堆汉墓里，出土了一种帛书，也就是写在丝织品上的古书，当时的研究者把它定名为《战国纵横家书》。

1970年代中叶，考古学界和历史学界整理研究《战国纵横家书》，其中的主要部分，是苏秦写给燕国和齐国两国国君的信件汇编，而从这些信件的内容看，苏秦的生活时

马王堆帛书《战国纵横家书》局部

代，其实比张仪要晚，苏秦作为纵横家的身份没有问题，但他的工作，主要是帮助燕国对付齐国，并没有什么做合纵长和六国相的事情。[2]

因为马王堆汉墓的下葬年代跟《史记》编纂的年代，同属西汉而更早，而《战国纵横家书》又呈现了跟《苏秦列传》很不相同的苏秦事迹，一些研究者认定，这是司马迁没有见过的史料，司马迁上了《战国策》一类的战国游说之士文献的当，所以《苏秦列传》就成了小说，不是历史——当然，这样的说法，也不是70年代中国学者发明的，而是法国学者马伯乐早就说过的。

但是，用出土文献《战国纵横家书》否定《史记·苏秦列传》所记的真实性，是否就是定论呢？也不是的。直到新世纪，也还有学者发表论文，指出单凭马王堆出土的这个《战国纵横家书》，还不足以全盘推翻《史记·苏秦列传》的记录，理由是太史公编纂《苏秦列传》所用的主要材料，跟后来刘向编定《战国策》所用的，应该是同一批，司马迁和刘向都认定苏秦在前、张仪略后，应该有当时的材料依据；司马迁也许确实没有见过马王堆版的《战国纵横家书》，但跟《战国纵横家书》类似的游说之士的文献，应该是见过不少的。更可能的情形是，他见过类似的说法，但综合分析以后觉得不可信，所以没有采用。[3]

那么，读者朋友也许会问，老师你讲了这么多，那你自己对上面讲的这两种争锋相对的看法怎么看呢？你觉得《苏秦列传》是历史，还是小说呢？

我的回答是，《苏秦列传》里记载的有关苏秦把六国丞相做了个遍一类的说法，肯定是有问题的；其他一些记载跟历史史实有矛盾，也是确实存在的。但因此就说司马迁擅自改动历史文献，把文献中原本写着的苏秦二字，改换成他弟弟苏代的名字，恐怕是太过武断了。另一方面，《战国纵横家书》是考古发现的西汉前期的原生态文献，有很高的文物价值，是没有问题的。但作为讨论《史记·苏秦列传》的真实性的材料，它本身的举证力度，其实是不够强的，因为一个最明显的事实，是今天被用来作为第一等证据的《战国纵横家书》，其中所谓苏秦写给燕、齐国君的书信，原件上是既没有发信人"苏秦"的名字，也没有确定的哪个时代的国王的名字，而仅有燕王、齐王等统称，至于其中偶尔出现的单名的"秦"字，研究者认定就是苏秦，但我们读《史记》的《苏秦列传》，那最后的"太史公曰"里有这么一句话，"世言苏秦多异，异时事有类之者皆附之苏秦"，意思是世人谈到苏秦，说法都很不一样，不同时间的事情，有类似的，都附着到苏秦身上。因此也不能说，《战国纵横家书》里那些偶尔出现的"秦"字，完全没有可能是后来添加上去的。考虑到不少研究者认为，《战国纵横家书》是战国秦汉时期游说之士练习辩论的教材，而我们看影印的帛书，它原本既没有书名，各组成部分的来源又明显不同，抄写错误很多，连非常明显的不止一次的错简都还保留着，可见用它来做证伪一部严肃的历史著作中某一篇章的证据，那证据力，恐怕是不太够的。

当然，从书写策略的角度看，司马迁对于他编写的《苏秦列传》，也不见得就是信心十足的。他应该知道自己利用这些具有明显夸张风格的文字编纂列传，可能存在问题，所以虽然在《张仪列传》里也明确地书写了苏张两人的关系，但同样是说客，还是对秦跟六国关系有如此关联的一对说客，最终在《史记》的七十列传里竟分属两篇，其中的意味，不也很耐人寻味吗？

《孟子荀卿列传》:

谈天的驺衍，为何抢了两位名儒的风头

　　《孟子荀卿列传》的文章结构和内容安排，是很奇特的。怎么个奇特呢？可以从三个方面说。

　　第一，这篇《孟子荀卿列传》的开头，就是"太史公曰"，而且是大发感慨的"太史公曰"。发什么感慨呢？是说太史公自己读《孟子》，读到梁惠王问孟子："怎么才可以让我国获利啊？"就不禁要放下书来，发一通感叹，说，哎呀，这个利益的利字，真是动乱的根源啊！然后他就从孟子想到孔子，说孔夫子很少谈到利，就是要经常预防动乱这个东西，所以《论语》里说："放任追逐利益之心而做事，会招来很多怨气。"最后太史公归结说，上自天子帝王，下到平民百姓，喜欢追逐利益的弊病，是没有什么区别的。

这样的开头，跟一般传记的写法，很不相同，倒是很像要写一篇论说文的架势。不光如此，它还有第二个奇特之处。

这第二个，就是这篇《孟子荀卿列传》的篇题，虽然只有孟子和荀子两个人的名字（荀子的大名是荀况，荀卿是用了当时的尊称），但其实写的，却有十七位，其中包括了驺忌、驺衍、淳于髡、慎到、环渊、接子、田骈、驺奭、公孙龙、剧子、李悝、尸子、长卢、吁子和墨翟。这十七位的共同特点，一是大都有流传到西汉前期的著作，一是其中相当一部分人，都跟齐国学术有关，尤其是跟齐国的稷下学宫有关。[1] 倒是作为本篇主人公的孟子和荀况两位，前一位是"事齐宣王，宣王不能用"，后一位是五十岁才来齐国游学，当齐襄王的时候，齐国还有设列大夫之缺的惯例，而荀况曾经做过三次的列大夫领袖，当时叫"祭酒"。不过不久他就受人排挤，离开齐国去了楚国。

因此就要说到这篇《孟子荀卿列传》的第三个奇特之处，就是它虽然在篇题里突出了两位大儒孟子和荀子，但其实整个一篇中写的，文字最多的既不是孟子，也不是荀子，而是没有出现在篇题里的一个叫驺衍的人。

我们先来看看《孟子荀卿列传》里的孟子传记部分。

孟子荀卿列傳第十四

索隱按序傳孟嘗君第十四而此傳爲第十五蓋後人差降之矣

太史公曰余讀孟子書至梁惠王問何以利吾國未嘗不廢書而歎也曰嗟乎利誠亂之始也夫子罕言利者常防其原也故曰放於利而行多怨自天子至於庶人好利之弊何以異哉孟軻騶人也

騶索隱軻音苦何反又苦賀反騶鄒人又作鄒今言鄒人者乃邾之邑故云鄒人也

受業子思之門人正義軻字輿子輿

道既通游事齊宣王宣王不能用適梁梁惠王不果所言則見以爲迂遠而闊於事情當是之時秦用商君富國彊兵楚魏用吳起戰勝弱敵齊威王宣王用孫子田忌之徒而諸侯東面朝齊天下方務於

这篇孟子传，在今天的通行本里，总共只有 137 个字。而这 137 个字当中，还有 40 个字是写秦用商鞅、富国强兵之类的战国时期历史背景的。剩下的 97 个字里，写孟子实际生平的，只有三点：第一，他是子思的弟子的弟子，因为子思是孔子的孙子，同时又是孔子的高足曾子的学生，所以算下来他是孔夫子再传弟子的再传弟子；第二，他到齐国和魏国推销自己的政治理论，都不受最高当局待见；第三，为什么不受待见，因为当时各国都忙着合纵连横，以打胜仗为最高目标，而孟子却还在宣传他坚守的唐、虞、三代道德，不合潮流了。所以最后，他只好跟自己的学生一起，做没有国家资助的自选项目，写成了《孟子》一书。

《孟子荀卿列传》的荀子传记部分，文字比孟子的稍微多一点，有 192 个字。其中的内容，除了上面我们讲过的荀子"年五十始来游学于齐"，又从齐国跑到楚国，被春申君任命为兰陵地方长官等，最重要的，还有两点：第一，后来当上秦丞相的李斯，是荀子的学生；第二，荀子痛恨污浊世道里的政治，亡国昏乱的国君接连不断，都不走大路，而专注于祈祷鬼神，迷信吉凶征兆。至于一般的见识浅陋的儒生，则做事拘泥小节；像庄子等人，在荀子眼里，又是玩弄漂亮好玩的文辞，伤风败俗。因此他推考儒家、墨家和道家的主张和行动得失，写了好几万字的论文讨论有关的问题。

像 子 孟

明万历刻本《三才图会》中的孟子像

比较一下，名字没有出现在《孟子荀卿列传》篇题里，实际上单独传记的字数，既超过了孟子，也超过了荀子的驺衍，太史公为他写了多少字呢？519个字。

那么，这位驺衍驺先生，又是个怎样的人物，值得司马迁花费如此多的笔墨去描写呢？

按照《孟子荀卿列传》里的叙述，这位驺先生是齐国人，他的生活时代，要晚于孟子。而他最大的本事，是会"忽悠"。而且这忽悠，不是一般的小忽悠，是名副其实的大忽悠。怎么讲呢？太史公也写了，说"其语闳大不经，必先验小物，推而大之，至于无垠"，意思是从形式上看，这位驺先生最喜欢宏大叙事、无根之谈，当然他也一定先从可以验证的小东西入手，然后步步推演，直到无边无际，因此被称为"谈天衍"。

具体来说，他的理论，有时间和空间两个维度。时间上，他是分两步走，先从当下上推到学者们都熟悉的黄帝，再从黄帝上推到天地都没有产生的时候；而空间上呢，他是先罗列大家都熟悉的中国名山大川、五谷禽兽以及自然和人工种植的物种，再推演到当时人都不可能见到过的地方。这其中堪称驺衍独创性成果的，一个是"五德转移"，也就是土、木、金、火、水相克的"五德终始说"；还有一个就是比大禹治水的九州更大的天下"大九州"之说，其中说到中国的别称，叫"赤县神州"——顺便说一下，今天我们称祖国大地为"神州大地"，这样的说法，追溯上去，就出自驺衍。

据《孟子荀卿列传》说，当时的王公大人们最初见到驺先生的这套宏大理论，都被镇住了，尽管之后的实践，证明那是无法实施的高论，却并不妨碍驺衍本人深得东方六国领导层的追捧。作为一位齐国的明星智囊，他去大梁也就是魏国的首都，梁惠王亲自出城相迎；他去赵国，平原君偏着身子走路，还为他拂去席上的灰尘；他去燕国，燕昭王更是手持扫把替他当清道夫，还谦虚地拜他为师。

现代史学家顾颉刚先生，根据《孟子荀卿列传》里的驺衍传的记录，就是说驺衍"归必止乎仁义节俭，君臣上下六亲之施"，意思是驺衍的学说，归根到底是讲仁义道德和节约简朴，行为上重视的是朝廷里的君臣上下和家庭中的六亲的名分，因此推断，驺衍原本是儒家。[2] 但是，驺衍一生行迹的热闹，跟本篇篇题里的孟子和荀子（尤其是孟子）的落寞，形成了巨大的反差。太史公在《孟子荀卿列传》驺衍传记的后半部分，也一反常态，再次直接现身，发感慨说："其（驺衍）游诸侯见尊礼如此，岂与仲尼菜色陈、蔡，孟轲困于齐、梁同乎哉！"意思是驺衍在诸侯各国游历，得到如此高规格的礼遇，这跟孔子在陈国和蔡国游说不成，面有菜色，跟孟子困于齐、魏两国，不被重视，岂可同日而语啊！

好，到现在为止，我们把这篇《孟子荀卿列传》结构和内容上的三个奇特之处都讲了。这三个奇特之处就是：第一，它一开头就是"太史公曰"，而且是大发感慨的"太史公曰"；第二，它的篇题，只有孟子和荀子两个人的名字，但实际却写了包括孟、荀在内的十七个人；第三，它写孟子和荀子的文字，远没有写驺衍的多，而驺衍的名字，并没有出现在篇题里。

那么，是不是就此可以说，《史记》的这篇《孟子荀卿列传》有些文不对题呢？

恐怕不能那么说。

要理解《史记》的这篇《孟子荀卿列传》何以有如此奇特的结构，内容安排上又如此不合常规，首先要知道，司马迁的时代，儒家的地位，还没有后来那么高，而孟子和荀况的名声，也远没有后来那么大。所以，太史公写孟荀列传，固然有为孟荀树碑立传的意味，但更主要的，是借他们的事迹，写出一个时代的氛围。

要理解这个问题，我们还应该知道，司马迁写《史记》，尽管也涉及学术史的内容，但他更关注的，是在现实政治的激流中左摇右晃的学术。换句话说，他更在意的，是学者在现实生活中的生动姿态。所以，多花一点笔墨，写古代"网红"驺衍，也是情理中的事。

最后但并不是最不重要的，是我们应该知道，司马迁写《史记》，对于跟他自己属于同路人的知识界，是特别容易发感慨的。这在《伯夷列传》里我们已经领教过了。

而有了这些前置条件，我们再通读一下这篇《孟子荀卿列传》，就可以大致明白，从结构上看，司马迁写在最前面的"太史公曰"，是定一个基调，说明他个人的价值取向，是非常反感一味讲利的风气的。然后分别写孟子和荀子的传记，文字不多，而重点呢，是显现坚持传统儒家理念的代表性人物在现实中遭遇的困境。而在孟子和荀子之间，插入一大批齐国稷下学派的人物，而重点在介绍驺衍，是说明战国时代能忽悠到君主动心的学术，是怎样奇怪的面貌。最后在荀卿传之后再加写公孙龙、墨子等人，则是为了展示当时百家争鸣的现实感和复杂性。

这里需要特别指出的是，从《孟子荀卿列传》的文字看，是并不能看出司马迁对于他重点描写的驺衍有过多的鄙视甚至批判的。相反地，《孟子荀卿列传》驺衍传本身呈现的，更多的是据实叙述。司马迁当然有他的感慨，像他写驺衍传后举的一系列例子，比如武王伐纣，伯夷义不食周粟；卫灵公向孔子讨教战争布阵问题，孔子回答不知道；梁惠王想要进攻赵国，孟子却给他讲周太王主动离开邠地的古老故事，目的是要说明：伯夷和孔孟，是根本无意于讨好世俗，跟世俗苟合的。因为这就像拿着个方的木头柄子，硬要放到圆孔里面，那怎么可能放得进去呢？不过，在这部分的最后，他引了一段"或曰"，也就是别人的话，说商朝的伊尹，曾经背着做美食的鼎，去劝勉成汤做帝王；春秋时期的百里奚，落魄时曾靠养牛为生，后来遇到秦缪公，才发挥出才能，帮助秦国实现了霸业，这些都是先姑且跟现实妥协一下，然后再慢慢地把对方引导到正确的路线上来。而"驺衍其言虽不轨，傥亦有牛鼎之意乎？"意思是驺衍说的那一套，虽然明显是不在正道上的，但说不定他也是跟早年的百里奚、伊尹一个意思呢。这当然不是一个结论，但你不能不说，他一定程度上是为驺衍的忽悠，作了一点轻微的开脱，而把注意的焦点，或者说批评的指向，转向了特定时期里君王的弱智和人性的昏暗。

如果再扩大一点视角看，整部《史记》里有关学术的部分，尤其是儒家学术的部分，可以说是有一条若隐若现的线索的：《孔子世家》是一个起点，当然是一个很高的起点；《仲尼弟子列传》是一个接续，因为分叉而有一点点的低落；《孟子荀卿列传》是一个转折，相对纯正的古典的儒家被边缘化了；而到《儒林列传》则是一个终点，就是儒家学术一方面在形式上实现了孔子的理想，为现实政治服务了，另一方面在实质上又背离了孔子的初衷，在政治中原本需要强调的道德和义利之辨，被模糊了，儒生普遍向君王低头臣服，成为御用文人。

所以我们回头再看《史记》的这篇《孟子荀卿列传》，

它开头对于孟子的赞许，更多的是太史公的一个道义上的表态。而整篇《孟子荀卿列传》写的，其实是一曲长时段历史中，儒家强调政治道义和个人节操的古典理论，最终不免被逐步专制的王朝异化的挽歌。

《孟尝君列传》:

鸡鸣狗盗的世界

　　《孟尝君列传》的主人公，是战国时代齐国的贵族公子田文，因为继承了他父亲田婴在薛的封地，谥为孟尝君。

　　孟尝君的爹，田婴，谥靖郭君，在东周时代，可是个赫赫有名的人物。历史上著名的"徐州相王"，也就是在当时的徐州，齐国和魏国两国的国君，齐宣王跟魏襄王，相互称王，跟周天子平起平坐，而当时在齐国辅佐国君的，就是这位田婴田丞相。

　　不过，孟尝君田文当初在他爹眼里，可是个连生都不应该生下来的孩子。因为他妈是田婴身边的一个地位低微的小妾，生田文的时候，正当五月初五，而按照当时的习俗，五月初五生的小孩，男孩会害爹，女孩会害妈（这当然是胡扯了），所以田婴就警告田文他娘，别生这个孩子。他娘呢，心疼自己的骨肉，还是把田文生下来了。不仅生下来了，后来还找了个机会，让已经长大的田文去认了爹。

田婴有四十几个儿子，见了眼前忽然冒出来的这个儿子，没有丝毫当爹的喜悦，反而大发雷霆，痛斥田文的生母，那位可怜的小妾。年轻的田文厉害啊，先给初次见面的父亲行了个礼，然后就单刀直入，问田婴："君所以不举五月子者，何故？"意思是您不让五月份临产的小孩生下来，是为什么？注意啊，他称呼第一次见到的爹，不叫爹，而称"君"。田婴呢，很傲慢地回答说："五月生的小子，长到跟门一样高的时候，会给他父母带去大麻烦。"田文马上反问道："人生是受命于天呢，还是受命于门呢？"田婴一时接不上话了。田文乘胜追击，说："人生要是受命于天，那您担心又有什么用。要是受命于门，那您把门做得高大一点不就得了，又有谁能长到那么高呢！"田婴没辙了，只好说："你别说了罢。"

孟尝君的早年，有这番曲折的经历，也影响了他的性格。从《孟尝君列传》的记载看，他身材矮小，所以有一回经过赵国，虽然受到平原君的礼遇，却成为赵国人的笑谈，因为大家都以为这位薛公是魁梧大汉，没想到看到了真人，才发现不过是个"眇小丈夫"。孟尝君呢，听到这样的评价，勃然大怒，居然就带着一帮跟班大开杀戒，杀了好几百人，还"遂灭一县以去"，也就是把赵国的一个县都灭了才离开——当然最后的这个说法很多人不相信，像清

75

朝写《史记疑问》一书的邵泰衡就问：齐国的一个侯，怎么可能跑到赵国去，灭人家赵国一个县呢[1]——不过孟尝君脾气大，应该是没有问题的。

《孟尝君列传》里最为人熟知的故事，是孟尝君好客，门下有"鸡鸣狗盗"。那时他爹田婴已经死了，这孟尝君继承他爹在薛的封地，养了几千位食客。后来他在秦国遇到危难，食客里一位能像狗一样钻洞偷东西的，帮他从秦王宫里偷出了那件狐白裘，使他得以拿着这件狐白裘，送给秦王的宠姬，让她当说客，说动秦王放他出牢房。之后秦王反悔，再要追捕他的时候，又是他养着的另一位食客，会装鸡叫，叫开了原本要等真正的鸡叫才开门的函谷关，让他顺利出关。今天我们熟悉的成语"鸡鸣狗盗"，最早的出典，就是孟尝君的这个故事。

鸡鸣狗盗故事里的两位帮孟尝君脱险的食客，在《史记》里，是连名字都没有留下的。故事同样有名，而且食客名字也留下来的，是出现在《史记》的《孟尝君列传》后半部分的冯骓烧券——这个券，就是债券的券。

冯骓的故事，开始时并不令人愉快。孟尝君第一次见到这位冯先生，客气地问他，您有什么可以教教我的。言下之意，就是你老兄有什么一技之长，鸡鸣狗盗也行啊。没想到这冯先生的回答竟然是：我听说您喜欢接待士人，

孟嘗君列傳第十五〇 史記卷之 七十五

孟嘗君名文。姓田氏。文之父曰靖郭君田嬰。田嬰
者齊威王少子而齊宣王庶弟也。

田嬰自威王時任職用事。與成
侯鄒忌及田忌將而救韓伐魏。成侯與田忌爭寵。
成侯賣田忌。田忌懼襲齊之邊邑。不勝亡走。會威
王卒。宣王立。知成侯賣田忌乃復召田忌以爲將。

明万历刻本《史记评林》之《孟尝君列传》书影

所以我就把自己这贫贱的身子交给您了。不光如此，入住孟尝君给安排的宿舍之后，他还一再弹剑高歌，要求提高生活待遇。虽然他的要求都得到了满足，但一年多过去了，他的工作，却完全没有起色。

转折发生在这位冯先生被孟尝君派到薛这个地方去讨债的时候。原本好像碌碌无为的冯先生，到了薛地，却生龙活虎，大摆酒宴，还自作主张地把那些肯定还不出钱的人的借条都给烧了，让在齐国首都工作的孟尝君大为光火。冯先生则不急不躁，被召唤回来后，当面给孟尝君说了一番道理，中心是"焚无用虚债之券，捐不可得之虚计，令薛民亲君而彰君之善声"。孟尝君如梦初醒，不得不佩服冯先生的远见。

也是这位冯先生，后来在齐国废孟尝君不用时，东奔西颠，穿梭于秦国和齐国之间，为孟尝君营造一种两国君主争相聘请的场面，使孟尝君顺利翻盘。在孟尝君官位失而复得，迁怒于一时作鸟兽散，一时又回归故主的无耻宾客时，冯驩又给孟尝君作心理疏导，告诉他"生者必有死，物之必至也；富贵多士，贫贱寡友，事之固然"的道理。

这位机智的冯先生，在《孟尝君列传》里叫冯驩，在今本《战国策》里叫冯谖。尽管驩、谖声音近似，但由于"谖"字的本义是欺诈，所以有研究者认为，今本《战国策》里的这个冯谖，应该不是冯先生的真名，而是个绰号，意思是姓冯的骗子；而司马迁记作冯驩，应该别有文献来源。他不采用冯谖这个名字，也是表示对冯先生的故事有自己的独特看法。

以冯驩烧券为中心的这个故事，长达1500多字，占了《孟尝君列传》全篇文字的三分之一还多，可见太史公是十分重视的。其中所写的人情冷暖、世态炎凉，也是《史记》列传部分里一再出现的主题。

不过即便如此，从长时段历史看，善待食客，化险为夷，人情冷暖，世态炎凉，单凭这些，孟尝君就可以入太史公的法眼，而在《史记》七十列传里单独有一篇传记吗？

当然不是的。

《史记》之所以为孟尝君单独写传记，从《孟尝君列传》看，更主要的，是因为在战国时期东西方各国的外交关系中，他是一位举足轻重的人物。

按照《孟尝君列传》的记载，他先后担任过秦国、齐国和魏国的丞相。而事实上，据现代学者考证，他的魏国丞相和齐国丞相职位，可能还都是两度担任。鸡鸣狗盗的故事，就发生在他短期担任秦国丞相之后；而冯驩烧券的故事，则是在他担任齐国丞相的时候。

《孟尝君列传》里所记的孟尝君事迹，最让后人诧异的，是他作为齐国的贵族，居然唆使秦国和魏国进攻自己的祖国——齐国，还曾一度"中立于诸侯，无所属"，也就是以他个人的封地薛为据点，持中立的态度，不依附于任何国家。

他唆使秦国进攻齐国，据《孟尝君列传》说，是因为跟当时从秦国跑到齐国做丞相的吕礼不对付，就写信给当时秦国的丞相魏冉，让魏冉劝秦王伐齐，还真的说成了，那姓吕的也真的被他赶跑了。后来他因为跟齐湣王关系越来越紧张，在得到齐湣王打算搞掉自己的信息后，就跳槽去了魏国，并以魏国为基地，跟燕国一起讨伐齐国，最后让齐湣王出逃，并死在了一个叫莒的地方。

孟尝君"中立"也就是事实上跟齐湣王分庭抗礼的据点，是他的封地薛。薛在哪里呢？就在今天山东省滕州市的官桥镇和张汪镇境内。从 20 世纪 70 年代以来，经过两次考古发掘，发现薛国故城城内有城，而城墙是不规则的，考古学家推测，这是该城经过了多次修建和扩充的缘故，而让薛城有如此奇特外观的，一般认为就是曾经统领薛城的主人——孟尝君。[2]

孟尝君作为齐国退居二线的高级官员，居然跟国君离心离德，打着"中立"的幌子在薛这个地方闹独立，还里

考古发现的薛国城墙和遗址

通外国甚至跑到外国去做丞相，反过来对付自己的祖国，这无疑是极其严重的政治问题。所以早在战国后期，荀子就对他作过严厉的批判，说他"上不忠乎君，下善取誉乎民；不恤公道通义，朋党比周，以环主图私为务"，意思是这位孟尝君对上不忠于国君，而对下却善于从平民百姓那里获得"点赞"；不体恤公道大义，而喜欢搞团团伙伙，其实真正的目的只有一个，就是围绕着国君图谋个人的私利。

到了宋代，司马光主持编写的《资治通鉴》里，就批得更厉害，说孟尝君是"上以侮其君，下以蠹其民，是奸人之雄也"，意思是这孟尝君从上层说是欺负自己国家的国君，对下层而言是腐蚀自己的国民，这样的家伙，真是奸诈之人里的极品了。[3]

　　司马迁对于孟尝君，自然没有任何的仰视，但也没有荀子、司马光那么蔑视。因为他知道孟尝君这样的人，出现在东周战国那个礼义廉耻已经分崩离析的时代，反而是常态。

　　在《史记·太史公自序》的后半部分，《孟尝君列传》的简单提要里，司马迁只是客观地写了："好客喜士，士归于薛，为齐扞楚、魏，作《孟尝君列传》第十五。"而在《孟尝君列传》最后的"太史公曰"里，司马迁写的是："吾尝过薛，其俗闾里率多暴桀子弟，与邹、鲁殊。问其故，曰：'孟尝君招致天下任侠，奸人入薛中盖六万余家矣。'世之传孟尝君好客自喜，名不虚矣。"这是说他亲自到孟尝君当年的封地薛去实地考察过，那里的年轻人的确脾气暴躁，跟山东邹鲁一带彬彬有礼的风尚完全不同；他还问了当地人，何以民风如此，得到的回答是：孟尝君当年把各地的侠客都招罗到这里，作奸犯科的进驻到薛的大概有六万多户人家。所以最后司马迁总结说：世上传说孟尝君好招集门客，还沾沾自喜，真是名不虚传啊。

　　而孟尝君的下场，跟他身前巅峰时刻的这种"好客自喜"恰好形成鲜明的对照。据《孟尝君列传》记载，他虽然在新齐王齐襄王即位后，重新得到了重视，但他死了之后，一面是儿子们争夺侯位，一面是他自己的两个老东家——齐国和魏国——联合起来，把他的老巢薛给灭了，最后的结局，竟然是"绝嗣无后"，也就是断子绝孙了。

说到底，食客三千，终究是一场空。

《孟尝君列传》

《魏公子列传》:

总有一种结局令人感慨

《魏公子列传》的主角，相信大部分读者朋友都知道，是战国时代后期魏国的公子魏无忌，也就是著名的信陵君。据《魏公子列传》记载，这位无忌公子，是魏昭王的小儿子，魏安釐王同父异母的弟弟，信陵君是他的君主哥哥、魏安釐王送给他的封号，信陵应该是个地名。

《史记》的这篇《魏公子列传》里，写得最生动的，是一小一大，两个故事。

第一个小故事，是讲魏公子跟自己的君主哥哥魏安釐王下棋，正下得开心的时候，传来北部边境赵国军队好像要入侵的坏消息。魏王闻讯，当即放下棋子，打算招呼大臣开个会什么的。没想到，魏公子很淡定，制止了魏王的计划，说："那是赵王打猎，不是要来侵略咱们。"魏王虽然被弟弟这么一说也就接着下棋了，但总是感到害怕，心不在焉。过了一会，北边的信息来了，证实了无忌说的没错，赵王确实只是打猎而已。魏王很是震惊，就问无忌："公子你是怎么知道的？"无忌的回答依然淡定："为臣我的门客里，有能打入赵国内部，获知赵王秘密的。赵王做什么，门客就马上来向我报告，所以我知道。"这让魏王很是畏惧，从此不敢把魏国的国家事务交给无忌办。

第二个大故事，就是各位在中学教科书里都读过的信陵君"窃符救赵"。

说是那年秦军进攻赵国，围困了赵国的首都邯郸。因为赵国的一位"大佬"平原君赵胜，是魏无忌的姐夫，所以赵国急切地盼望魏国出兵相救。但魏王被秦军吓住了，虽然派出了一支由将军晋鄙率领的部队，却迟迟不敢动手。魏无忌呢，在这关键时刻，通过魏王的爱妾如姬，机智地盗出了可作为最高统帅军事指令的虎符，干掉了晋鄙，亲自率领晋国部队出击，成功地为赵国解了围。至于虎符的样子，我们今天从著名的国宝，陕西历史博物馆藏战国秦错金杜虎符，可以概见。

这第二个故事之所以可以叫做大故事，除了故事本身涉及的事件重大，还因为在《魏公子列传》中，这个故事，是以连环故事的形式呈现的。

魏公子列傳第十七　　　　　　　　史記七十七

魏公子無忌者魏昭王少子而魏安釐王異母弟也昭王
薨安釐王即位封公子為信陵君素隱陵地理志無信是
時范雎亡魏相秦以怨魏齊故秦兵圍大梁破魏華陽下
軍走芒卯魏王及公子患之公子為人仁而下士士無賢
不肖皆謙而禮交之不敢以其富貴驕士士以此方數千
里爭往歸之致食客三千人當是時諸侯以公子賢多客
不敢加兵謀魏十餘年公子與魏王博而北境傳舉烽言
趙寇至且入界魏王釋博欲召大臣謀公子止王曰趙王田獵
耳非為寇也復博如故王恐心不在博居頃復從

清同治金陵書局刻本《史記·魏公子列傳》書影

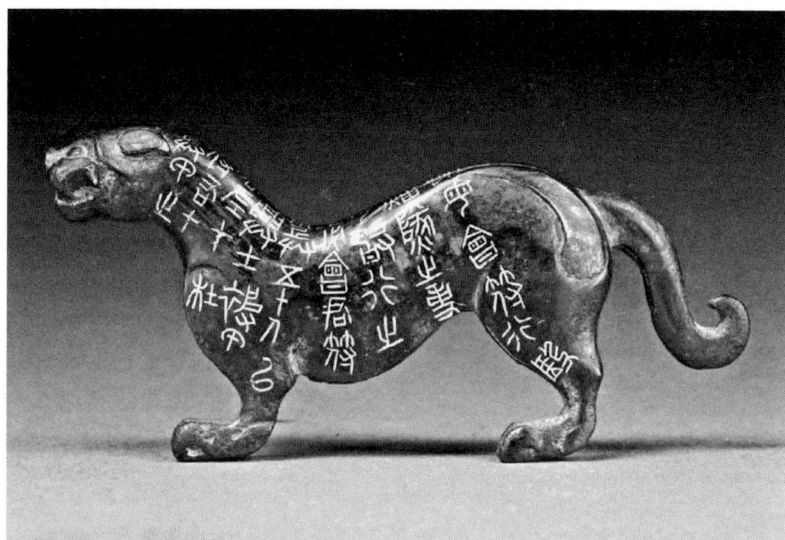

战国秦错金杜虎符的外观（上）与内里（下）　陕西历史博物馆藏

在信陵君窃符救赵之前，《魏公子列传》写了信陵君礼贤下士，真诚地把一位名叫侯嬴的老年隐士，带进自己朋友圈的故事。这位侯先生是什么人呢？他不过是"大梁夷门监者"。大梁，大家都知道是魏国的首都；夷门，则是大梁城的一处城门。所以"大梁夷门监者"，不过就是个看守城门的。而信陵君是怎么待这位长者的呢？《魏公子列传》说："公子引侯生坐上坐，遍赞宾客。"意思是信陵君引导侯先生坐到了最重要的位置上，还挨个儿地把客人都介绍给了侯先生。这位侯先生呢，也真不是个等闲之辈，在此之前就给信陵君介绍了他自己的一个朋友、杀猪的屠夫朱亥。而也就是这位朱亥，后来在"窃符救赵"的关键时刻，用袖子里藏着的重达四十斤的铁椎，帮信陵君迅速解决了不听命令的魏国将军晋鄙。

在窃符救赵故事之后，《魏公子列传》又写了信陵君客居赵国的一则故事。因为救赵有功，赵王专门和平原君商量，打算送给信陵君五座赵国的城池，作为答谢，这让信陵君很是开心和得意。但信陵君的一位门客，给他泼了一盆凉水，对他说：

> 物有不可忘，或有不可不忘。夫人有德于公子，公子不可忘也；公子有德于人，愿公子忘之也。

这段话，翻译成现代汉语就是：事情有不可以遗忘，也有不可以不遗忘的。别人对公子有恩德，公子是不可以遗忘的；公子对别人有恩德，希望公子忘了它吧。这话说得既淡定，又富于哲理。能说这样哲言的人，是谁呢？《史记》里转录这话时，只写了一个"客"字，没有名字，我们对照着看今本《战国策》，才知道说这话的，是一位叫唐且的人。[1]

不过，很早就有学者注意到，《魏公子列传》里记录的有关信陵君窃符救赵的故事，在传世文献里，是找不到明确的来源的。今本《战国策》里，有秦国进攻赵国时，平原君派人向魏国求救的记录，也有信陵君杀晋鄙的记录，但是，其中没有出现侯嬴和朱亥，也没有帮助从魏王身边偷出兵符的如姬。

那么，《史记·魏公子列传》里写的这个著名的"窃符救赵"故事，难道是司马迁妙笔生花，创作的一则小说吗？恐怕并不能这么说。

为什么呢？有三个方面的证据。

首先，在先秦诸子名著《荀子》一书里，有一篇叫《臣道》。在这个《臣道》篇里，有一段话，说到大臣面对误入歧途的君主时，可以作出的四种反应。

这四种反应，具体是怎样的表现呢？

第一种，大臣给君主提意见，君主采用就好，不采用就离开，这就叫谏；

第二种，比第一种要厉害，大臣给君主提意见，君主采用就好，不采用就死，这就叫争；

第三种，不像前面两种那么直接了当，但厉害程度完全不亚于它们。是什么呢？是要联合聪明人齐心协力，率领群臣百官，一起强迫国君，矫正国君，即使国君感到不安，也不能不听从，然后就能解除国家的大患难，驱除国家的大祸害，实现君主尊贵、国家安宁的局面，这就叫辅；

第四种，和第三种有异曲同工之妙，说的是能够抗拒国君的命令，窃取国君的重器，对国君做的事情，反其道而行之，目的是让国家转危为安，除去国君的耻辱，功勋足以成就国家的大利益，这就叫拂。这个拂，在这样的语境里，直译的话，就是"违背"的意思。

荀子认为，能够有谏、争、辅、拂这四种表现的人，都是"社稷之臣也，国君之宝"；而信陵君，在荀子看来，他对魏国国君做的，就是第四种"拂"。而这个"拂"的具体意思，因为《荀子》解释的原话里，有"能抗君之命，窃君之重，反君之事"这样的描写（尤其是"窃君之重"这四个字），所以一个顺理成章的推论就是，荀子在用"拂"来表彰信陵君的时候，一定知道信陵君"窃符救赵"的故事。[2] 换句话说，即使《魏公子列传》里有关窃符救赵的故事带有若干文学描写的成分，它的基本情节，应该有史实作为基础。

其次，我们也注意到，就是在《史记》的《魏公子列传》里，记载信陵君后来在赵国听说秦国进攻自己的祖国魏国，就毅然回国，利用自己在各国间的影响力，联合诸侯抗击秦军时，有这么一段话："当是时，公子威振天下，诸侯之客进兵法，公子皆名之，故世俗称《魏公子兵法》。"这是说当时魏公子军威天下闻名，各国的门客争相给他进献兵法，而信陵君呢，都让他们的名字留在兵法著作里，不过最后因为这些兵法都出自魏公子之门，所以世上一般就都把它叫做《魏公子兵法》了。

这部汇聚众人学说的《魏公子兵法》，到东汉班固编纂《汉书》时还存在。《汉书》的里面，有一篇记官方藏书目录的《艺文志》，是以西汉末官方藏书目录为基础编起来的。其中的兵书部分，分权谋、形势、阴阳、技术四个大类，而"形势"一类里面，著录有"《魏公子》二十一篇，图十卷"，这条记录下面，还有一条小字注，说："名无忌，有《列传》。"〔3〕这个无忌，当然就是魏公子无忌，这个《列传》，应该就是《史记》的《魏公子列传》。因此看下来，司马迁的时代，这部书的正名，应该就是《魏公子》这三个字。而这样以"魏公子"为书名的书，从之前我们提到过的《史记》"因书列传"的角度看，其中应该会涉及魏公子一生中最重要的事迹——窃符救赵，司马迁的书写，也许由此而来，也未可知。

最后，我们也必须再次强调，司马迁还是一位特别注意口述历史的历史学家。他在《魏公子列传》最后的"太史公曰"里，特别说明他曾经去过魏国都城大梁的废墟，还专门求访侯嬴工作过的夷门，得到了"夷门者，城之东门也"这样切实的实地调查结论。说明侯氏以及相关的传闻，一定是存在的。

顺便说一下，1982 年，在河南汤阴县城西的一个叫五里岗的地方，发现了一处战国古墓群，其中密集的墓葬多达四千多座，排列有序，而且考古学家发现，墓里埋着的死者，大多数是青年男性，有的骨架上还留有箭头或者被刀砍过的痕迹，因此推断这里应该是一个阵亡军人墓地。而从时代和地域考察，这个阵亡军人墓地，很可能跟信陵君窃符救赵的那场战争有关。[4]

那么，大梁城的夷门又在哪里呢？很遗憾，历史学界和考古学界目前的看法，是魏国的大梁城，地望虽然可能在现在的河南开封地区，但因为正好处于黄泛区的位置，它已经深埋在距地表 12 到 14 米处的地下了。

因为说到《魏公子列传》的"太史公曰"，我们顺便也说一下我们之前讲《史记·魏世家》时没有讲的《魏世家》的"太史公曰"。《魏世家》的"太史公曰"是这样写的：

> 吾适故大梁之墟，墟中人曰："秦之破梁，引河沟而灌大梁，三月城坏，王请降，遂灭魏。"说者皆曰魏以不用信陵君故，国削弱至于亡，余以为不然。天方令秦平海内，其业未成，魏虽得阿衡之佐，曷益乎？

这段话，翻译成现代汉语就是：我去过原来的魏国大梁城的废墟，废墟里还住着的人说："秦军攻破大梁，是引了河沟里的水来倒灌大梁，三个月大梁城被水冲垮，魏王投降，秦国就这样灭了魏国。"一般的说法，都说魏国是因为不用信陵君的缘故，致国家削弱，以至于灭亡，我认为不是这样。上天正让秦国平定海内，它的功业还没有完成，魏国即使有殷商时代的阿衡那样的名臣辅佐，又有什么用呢？

那么，既然从历史的结局而言，魏国总是要被秦灭掉的，司马迁又为什么要写这篇《魏公子列传》，用这样的浓墨重彩，来正面讴歌跟力图统一的秦国作殊死抗争的魏国名流信陵君呢？

因为，现实的长时段历史的结局，不能倒过来抹杀具体的人的存在价值。从人的角度而言，任何时代，有自由意志的个体，在不损害他人的前提下，都有按照自己的意愿，存在于这个世界的资格，当然更有抗击强暴的资格。

《廉颇蔺相如列传》：

赵家兴亡，尽在此篇

上一节我们讲了《魏公子列传》，这一节我们讲《廉颇蔺相如列传》。

我想一看这个篇名，《廉颇蔺相如列传》，不少读者即使不说，心里也会存一个疑问：这篇我们在中学课本里都学过了，老师你还能讲什么呢？

我首先要讲的，是大家中学课本里学的《廉颇蔺相如列传》，不是《史记》里那篇《廉颇蔺相如列传》的完整版本，而只是它的前半篇。

这前半篇，当然写得很精彩。它从介绍两位主人公入手：一位是"以勇气闻于诸侯"的赵国名将廉颇，一位是原本只是赵国太监总管家的门客，后来逆袭成功，成为赵国高层领导的蔺相如。先说了两个发生在蔺相如身上的故事，一个是完璧归赵，一个是渑（miǎn）池之会，然后写廉颇、蔺相如之间因地位变化而产生的矛盾，蔺相如高风亮节，"先国家之急而后私仇"，最后令廉颇幡然悔悟，向蔺相如负荆请罪，廉、蔺二人终成刎颈之交。整个过程，就像一出大戏，最后定格在一个千古流芳的动人场景"将相和"之中。很温暖，也很鼓舞信心，不是吗？

然而事实上，《史记》的《廉颇蔺相如列传》，到此远没有结束，它后半部分的篇幅，甚至要比前半部分，也就是各位熟悉的那篇高中课文，还要长。

而更值得注意的是，从完璧归赵，到渑池之会，再到负荆请罪、刎颈之交，收入中学课本里的那半篇《廉颇蔺相如列传》，虽然文字不少，其实故事发生的时间，延续并不长。完璧归赵发生在哪一年，《史记》本身没有说，我们看《资治通鉴》，那是把它记在周赧王的三十二年的，也就是赵惠文王十六年，公元前 283 年；渑池之会据《史记·六国年表》，发生在赵惠文王二十年，也就是公元前 279 年。而负荆请罪，《资治通鉴》又是把它跟渑池之会记在同一年的，所以《廉颇蔺相如列传》前半篇的绝大部分，涉及的前后时间，不过五年。而"将相和"之后的《廉颇蔺相如列传》后半篇，涉及的时间有多长呢？从赵惠文王二十年（也就是公元前 279 年）开始，一直到公元前 228 年秦将王翦俘虏赵王迁，"遂灭赵"，至少有五十年。换句

廉頗藺相如列傳 兩人為一傳中復附趙奢巳而復繼以李牧為四人傳須詳太史公次四人緣索緣知趙之與亡矣

廉頗者趙之良將也趙惠文王十六年廉頗為趙將伐齊大破之取晋陽拜為上卿以勇氣聞於諸侯藺相如者趙人也為趙宦者令繆賢舍人趙惠文王時得楚和氏璧秦昭王聞之使人遺趙王書願以十五城請易璧趙王與大將軍廉頗諸大臣謀欲予秦城恐不可得徒見欺欲勿與即患秦兵之來計未定求人可使報秦者未得宦者令繆賢曰臣舍人藺相如可使王問何以知之 當時趙君用人猶如此之慎宜秦之不敢如兵也

朝鮮抄本《史記·廉頗藺相如列傳》書影

话说，就历史时间的绝对长度而言，您通过中学课本读到的《廉颇蔺相如列传》，只不过是《史记》的这篇著名列传所讲赵国兴亡史的一个零头。

那么，完整版的《廉颇蔺相如列传》在"将相和"之后，还写了些什么呢？

首先，它写了战国时代赵国后期的三位军事将领赵奢、赵括父子和李牧的事迹；其次，在这中间，它穿插了廉颇晚年的故事；最后，它有一段各位读《史记》都经常看到的"太史公曰"。

赵奢是谁？按照《廉颇蔺相如列传》的记载，他原本是赵国"农业部"的一位低级官员，收租税收到了当时大名鼎鼎的平原君家里，因为平原君家里人抗租，赵奢就秉公执法，杀了给平原君家打工的九个人。平原君得知此事，大怒，要杀了这不懂事的赵呆子。没想到，这赵奢倒好，反过来劝说平原君。他说："您在咱们赵国是高干啊，现在却纵容自己家里人不奉公守法，你们这样干，那国法必然会被削弱，国法削弱了，那国家也就弱了，国家弱了，那其他诸侯国就会出兵来打咱们了，诸侯出兵来打咱们了，那最后就很可能没有赵国了，到那时，您哪里还会拥有这些财富呢？凭您的尊贵地位，如果奉公守法的话，那举国上下就平衡了，举国上下都平衡了，国家就强盛了，国家强盛了，赵家的地位可不自然就牢固了，而您身为贵戚，哪里还会被天下人看轻呢？"平原君到底是平原君，有政治头脑，听了赵奢的一番劝，不仅没杀他，还认为这人不错，并把赵奢推荐给了赵王。赵王呢，很快提拔赵奢做了"国税局"的局长，赵国的赋税工作因此很有起色，老百姓富足了，而国库也充实了。

赵奢的神奇，是他不仅懂政治，有经济头脑，还能带兵打仗。《廉颇蔺相如列传》接下来写的，就是一则赵奢从文官转岗为武将的故事。说是秦国进攻赵国的邻国韩国，赵王叫来了老将廉颇，问："咱可以救一救韩国不？"廉颇很谨慎，回赵王说："道路太远，还都是险关狭路，恐怕很难救。"赵王又问另一位大将乐乘，乐乘的回答，跟廉颇如出一辙。赵王还是不死心，最后再问了赵奢，赵奢的回答是："虽然道路遥远，还都是险关狭路，但这就好比是两只老鼠在一个洞穴里争斗，勇敢的就能获胜。"赵王于是下令由赵奢率兵，救援韩国。救援行动自然还有点曲折，但靠了严格的军令、周密的计划，加上一位智慧超常的下属许历，赵奢最终成功大破秦军，为韩国解了围，也为他自己挣到了马服君的名号和跟廉颇、蔺相如同等的爵位。

赵奢的儿子赵括，我想大家一听这个名字，应该是比较熟悉的吧。他就是那个著名的成语"纸上谈兵"的主人公。而这个"纸上谈兵"成语的由来，我们看《廉颇蔺相如列传》里写的，其实是源出于蔺相如的一句话。在赵国和秦国决战长平前夕，因为中了秦国的离间计，赵孝成王坚持让官二代赵括上位，代替廉颇做赵军前线部队的一把手。这时的蔺相如，已经病得不轻，但还是站出来力劝赵王，说："大王您这是单凭名气给赵括派活儿啊，这就好像先把瑟这种乐器的弦柱用胶粘住，再去奏瑟一样了。这位赵括啊，是只知道死读他爹的兵书，而不懂得权变的。"果然，被赵王力推上岗的赵括，到了前线，就擅自改变廉颇原定的固守不出的基本策略，主动出击秦军，结果中了秦军大将白起的招，不仅自己被射死，连带赵国几十万人不得不投降，最后还全部被秦军活埋了。

那么，接下来的李牧呢？据《廉颇蔺相如列传》说，他是赵国戍守北方边疆的优秀将领，常年驻守在雁门关，以防备匈奴。由于步步为营，用计得法，他曾率军大破杀匈奴十多万的骑兵，让匈奴十多年都不敢靠近赵国的边城。但是，就是这么一位出色的军事领导人才，在赵国生死存亡的最后阶段，先被指派率兵抵御秦军大将王翦的攻赵部队，继而遭到国内被秦收买的内奸的诬告，被赵王迁没收了军队指挥权，最后因为抗命，落得个被赵国自家人逮捕而杀头的悲剧性下场。而更悲剧的，是失去了李牧等名将的赵国，仅仅过了三个月，就连国王都被秦军俘虏了。

在赵国走向下坡路的悲剧过程中，廉颇，这位曾经叱咤风云的人物，在干嘛呢？按照《廉颇蔺相如列传》的记载，他的军事统帅位置，先后被赵括和乐乘代替。被赵括替代之后，让他感慨万千的是，因为失势了，故旧门客都离开了他，而等到他官复原职了，那些门客就又回来了，还振振有词地回他说："您真是太老土了，现而今的天下，就是用做生意的办法来跟人相交的。您得势，我就跟着您；您失势了，我就离开。这道理本来就是如此的，您又埋怨个啥哩！"后来他被乐乘代替了，就索性离开祖国，跳槽去了魏国。不过在魏国待了很久，也没能获得魏国官方的信任和重用，就又想再跳回赵国。这当口正好赵王也想返聘廉颇，就先派了个使者，去魏国那里，看看廉颇的身体条件，是否还可以带兵打仗。廉颇很想回国，就在赵王使节面前又吃饭又吃肉的，还被甲上马，表示说，你看，我完全没问题啊。廉颇没想到的是，这使节在出发之前，就拿了廉颇的一个老仇人的钱，要坏他归国这事，所以他再怎样表现都是白搭。等这使节回到赵国，赵王得到的信息，就变成了"廉将军虽然老了，但饭量不错。不过他跟我坐聊一会儿，就连着上了三趟厕所"，赵王一听，当然不要廉颇回来了。最后廉颇只好再跳槽到楚国，最后竟死在了楚国。

完整版《廉颇蔺相如列传》"将相和"故事之后的部分

里，唯一让人觉得遗憾的，是很少看到蔺相如晚年的身影。其间蔺相如只露了两次面，有关的文字记录，都很简单：一次是"后四年，蔺相如将而攻齐"，就是说蔺相如曾经率军攻打齐国；还有一次，就是前面我们提到过的，长平之战前，蔺相如抱病劝谏赵王，赵括只是个纸上谈兵的家伙。这之后就再也没有蔺相如的消息了，我想他应该不久就去世了。

不过很有意思的是，在这篇《廉颇蔺相如列传》最后的"太史公曰"里，司马迁既没有提到前后两部分里都出现的廉颇，也没有提到后半部分里相继登场的赵奢、赵括父子和李牧，而把所有的评语，都给了蔺相如一个人。他说：

> 知死必勇，非死者难也，处死者难。方蔺相如引璧睨柱，及叱秦王左右，势不过诛，然士或怯懦而不敢发。相如一奋其气，威信敌国，退而让颇，名重太山，其处智勇，可谓兼之矣！

这段话翻译成现代汉语，就是：明白死是怎么回事的人，一定是非常勇敢的。这不是说死本身是一件很难的事，而是说，一个人能坦然面对死亡，是很难的。当蔺相如手举和氏璧，盯着柱子，以及痛斥秦王身边人的时候，看趋势，最多不过是被杀头了，但一般的读书人碰到这样的场景，恐怕是会胆怯而不敢出声的吧。相如却爆发了他的一股豪气，以个人的威严取信于敌国；回国后，在处理跟廉颇的关系时，又谦虚退让，因此他的名声，比泰山还要重。他面对生死问题既有智慧，又很勇敢，真可以说是智勇兼备了。

大概是因为司马迁的赞美太过高调了，现代就有一些学者，对蔺相如和《史记》的有关纪事，提出质疑。

一种意见是说，蔺相如是个"凤凰男"，太有心机，不值得表彰，因为正是他完璧归赵式的冒险，造成了赵国一再受到秦国的侵略，最终灭国。

另一种意见更大胆，说除了《史记》，其他早期的文献里都见不到蔺相如，像《战国策》里，就没有此人的名字，所以这位蔺大人，很可能是个虚构的人物。

对于这两种意见，我想首先要说的，是第二种意见恐怕不能成立。第一，今本《战国策》是司马迁以后的学者汇编早期同类书籍的结果，从今本中见不到蔺相如，并不能证明早期同类书籍中就没有他的故事；退一步说，即使《战国策》一类书中原本就没有记录，也不能说历史上就一定没有此人。第二，跟司马迁同时代的陆贾写的《新语》里，曾提到过蔺相如的事迹；而著名文学家司马相如慕蔺相如之名，而取了自己的名字，也是人所共知的事实。第三，1996 年，吉林省长白朝鲜族自治县文物管理所，曾经

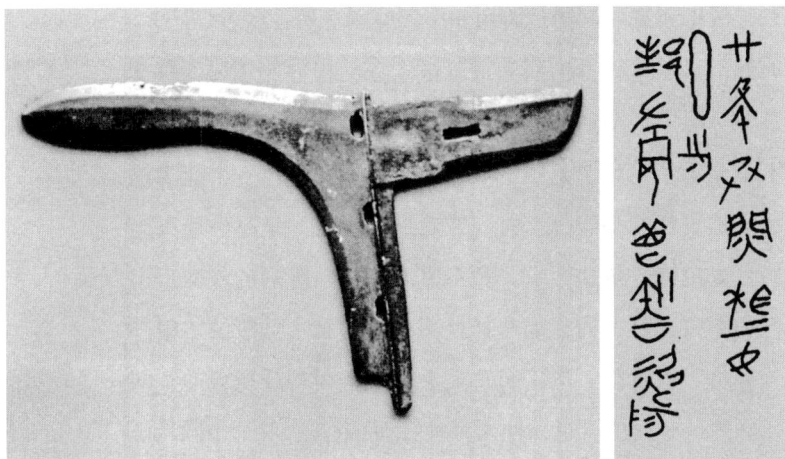

左　吉林长白朝鲜族自治县八道沟出土蔺相如铜戈
右　铜戈内部铭文摹本，右第一行为"廿年丞蔺相如"。

征集到一把青铜戈，戈的柄上刻有铭文，据吉林大学古文字学家解读，第一句就是"廿年丞蔺相如"，而这戈柄的穿孔下面，还刻了一个当时写法的赵国的"赵"字。这件青铜戈，因此被命名为"蔺相如戈"，成为蔺相如实有其人的重要物证。[1]

　　至于第一种意见，其中提到的蔺相如完璧归赵之后，秦反而一再进攻赵国，确实是史实。说秦宣称以十五城换赵的和氏璧，不过是个幌子，目的是一探赵国的虚实，也是很有见地的看法。不过因此反推蔺相如的赴秦，是一场个人博出位的冒险，说他是个心机男，是用今人比拟古人，把古人的人品看得太低了些，也过于苛刻了。

103

值得注意的，倒是蔺相如出道前的身份：宦者令门客。如此低级的地位，却瞬间可以被指派承担如此重要的外交事务，除了说明蔺相如本人确实有特殊的才智，另一方面不也显示了，整个赵国上下，一时间竟找不出一个能为国家承担责任的高级外交官；或者进一步说，是赵国最高当局目光短浅，依违两端，竟不愿派一位高级别的外交官出行和秦打交道，而只能选择让蔺相如这么个低级的"编外公务员"去冒险。从这个意义上来理解司马迁所说的"知死必勇，非死者难也，处死者难"，我想，您对于中国传统社会中个人和国家的关系，一定会有一种独特的感受吧。

说到底，无论是一个国家，还是一个民族，关键时刻，没有敢于担当的人，那它一定会像赵国一样，尽管文有蔺相如，武有廉颇，却最终依旧必然走向覆灭。

《屈原贾生列传》:

真实的三闾大夫，可能比这里写的更强悍

《屈原贾生列传》的两位主人公，想来各位读者都非常熟悉了，一位是战国时代楚国的大文学家屈原，写过著名的长诗《离骚》，一位是西汉文帝时候的青年才俊贾谊，大家应该都读过他写的《过秦论》。

讲《屈原贾生列传》，首先遇到的一个问题，是据司马迁说，屈原和贾谊时间上相差一百多年，那他为什么要把他俩放在一起，写一篇合传呢？

一般的说法，是屈原和贾谊，虽然生活的时代有前后之别，但他们俩都对君王满怀忠心，还都擅长写骚体的辞赋，而政治上又都遭到当局的贬斥，所以太史公把他们写在一篇传记里。

这样的说法，当然不能说是错的，但恐怕只看到屈原、

贾谊这两位名流生平的表面，而没有深入到里面，仔细考究一番。倒是晚清时候既是政治家、又是大诗人的陈三立，在他写的一篇题目叫《书史记屈原贾生列传后》的文章里，说出了与众不同的看法。他说："吾意太史公盖以为，七十子之后，周、汉相望，百余年之间，有王佐制作之才者，唯屈原、贾生两人而已。"[1]意思是我觉得，太史公之所以要把这两人放在一块儿写传记，是因为他认为，孔夫子的七十弟子之后，从周朝到汉朝，前后相望，一百多年间，有可以辅佐帝王制作纲领性文件的特殊才能的，只有屈原和贾谊这两位了。换句话说，在陈三立看来，屈原和贾谊，从后世的名声看，好像都只是大作家，但回到当时的环境，这两位本来都是有极高的治国理政才能的政治家。

陈三立这样的说法，有文献依据吗？有的。在《屈原贾生列传》里，屈原传记部分的最前面，说屈原姓屈，名平，是"楚之同姓"，也就是楚国的贵族，早年在楚怀王手下担任"左徒"的官职，他"博闻强志，明于治乱，娴于辞令。入则与王图议国事，以出号令；出则接遇宾客，应对诸侯"，那是说他见识很广，记性又好，很懂治国理政之道，还擅长表达。他入宫跟楚怀王一起商议国家大事，协助对外发布号令；出门则忙着接待外宾，跟诸侯国周旋。也是在《屈原贾生列传》的这个部分里，太史公还写到了楚怀王派屈原"造为宪令"，也就是起草类似国家宪法一类的纲领性文件，但遭到了同僚的嫉妒和诬告。

屈原賈生列傳第二十四　史記八十四

屈原者名平楚之同姓也　正義曰屈景昭皆楚之族也王逸云楚

王始都郢其後生子瑕受屈為卿因以為氏

左右拾遺之類博聞彊志明於治亂嫻　嫻音閑　於史記音隱於

辭令入則與王圖議國事以出號令出則接

遇賓客應對諸侯王甚任之上官大夫與之

同列爭寵而心害其能懷王使屈原造為憲

令屈平屬草藁　索隱曰屬音燭草藁謂草創制之本漢書作草具也崔浩　未定上官大夫見而欲奪之　王逸云

進端也　發始　正義曰

日本古活字印本《史记·屈原贾生列传》书影

贾谊，按照《屈原贾生列传》里贾谊传记部分的记载，他十八岁的时候，就因为能熟练地背诵《诗经》，还写得一手好文章，而在家乡洛阳小有名气。因此被地方大员推荐给中央，才二十几岁，就做了汉文帝身边最年轻的文学顾问，当时叫博士。因为年轻，所以说话没什么城府，每次皇帝诏令草案发下来让大家讨论的时候，各位老先生都不说话，他却滔滔不绝，当然说的还都是大家想说的话，让同僚们好生羡慕。文帝也很喜欢他，他的官职就蹭蹭往上升，一年还不到，就做到了太中大夫。这时他操心的事就更大了，要"改正朔，易服色，法制度，定官名，兴礼乐"，还"小宇宙爆发"，把有关的仪式法令都给起草了个遍，最后连律令的改换，和让列侯们都别待在首都，而去各自的封国就职，这样敏感的话题，据说也都是他贾谊挑头发声的。这么有才，这么会替主子着想，汉文帝当然高兴啦，打算给他再升一级，变成公卿一级的国家领导人，但那边老资格的官僚们不高兴了，联合起来挤兑他，最后汉文帝也只好暂时放弃提升他。

屈原、贾生两位在治国理政方面都这么有才，最后却都被边缘化，司马迁在《屈原贾生列传》里作出的回应，是很有意思的。他在两位的传记的后半部分，分别引用、抄录了屈原、贾生写的辞赋，来展示两人内心的不平和自我化解。屈原传里，引的是被称为三闾大夫的屈原，投江自尽前写的《渔父》和《怀沙》；贾谊传里抄录的，是贾谊被贬职，到南方长沙去做长沙傅后，写的《吊屈原赋》和《鹏鸟赋》。这四篇赋，都是既表现了作者的心绪，也现实地描写了作者的行踪，所以出现在《史记·屈原贾生列传》里，并不显得突兀，尤其是贾谊的《吊屈原赋》，还成了《屈原贾生列传》前后两个部分的重要勾连。

讲《屈原贾生列传》，要讨论的第二个问题，是这篇传记的前半篇，也就是屈原传部分，究竟写得好不好？

之所以提出这个问题，是因为从古到今，围绕着这篇屈原传，各方的评价，反差实在是大。

说它写得好的，把它列到了《史记》列传中第一流作品的位置。像清代一位叫陶必铨的学者，就说："《屈贾传》顿挫悲壮，读之如见其人，《史记》合传中之最佳者也。"[2]

而说它写得不怎么样的，理由是里面矛盾太多了。像明朝的于慎行，就举传中"令尹子兰闻之大怒"一句，跟前边的文字搭不上，说："何文义不相蒙如此！"意思是这文章的前后意思怎么会这么不着调啊！这位于先生，还嘲笑他的同时代人，说："世之好奇者求其故而不得，则以为文章之妙，变化不测，何其迂乎！"[3] 意思是现在世上有些喜欢奇特文风的人，因为搞不懂这篇传记何以会如此矛盾，就认为这是太史公文章的妙处，变化莫测，这是多么地愚蠢啊！也因为看出这篇传中有不少矛盾，近代以来，著名学者胡适等人就认为，这篇《屈原贾生列传》不是司

明　陈洪绶《屈子行吟图》

马迁写的；进一步地，最后竟然因此还否定历史上有屈原这个人。

应该怎么看这反差如此之大的两类说法呢？心平气和的办法，还是回到这篇屈原传，仔细看看，它究竟写了些什么。

《史记》的《屈原贾生列传》前半篇的屈原传，大致可以分为七个部分。这七个部分写的，大致是以下这些内容：

第一部分，从开头到王"怒而疏屈平"，写了屈原的身世和早年活动；

第二部分，从"屈平疾王听之不聪也"，到"虽与日月争光可也"，整个一大段，主要都是在评价屈原最著名的作品《离骚》；

第三部分，从"屈平既绌"开始，到楚怀王"竟死于秦而归葬"，这部分跟《史记·楚世家》的相关纪事大同小异，主要写的，是楚怀王受张仪欺骗，失地亡身的故事；

第四部分很短，说怀王死后他的儿子顷襄王继位，顷襄王又让自己的弟弟子兰做了令尹；

第五部分从"屈平既嫉之，虽放流，眷顾楚国"开始，到"王之不明，岂足福哉"，一长段之中，叙事跟评论混杂在一起，并且又回到了怀王时代，还提到了屈原有流放的经历；

第六部分也很短，又回到顷襄王时代，写的是"令尹子兰闻之大怒，卒使上官大夫短屈原于顷襄王，顷襄王怒而迁之"，这里的"迁"，自然是指屈原被贬官了；

最后的第七部分，引用了两篇屈原的作品，一篇《渔父》，是暗引的；一篇《怀沙》，是点明篇题的，据此写屈原投汨罗江自尽，结束全传。

《屈原贾生列传》

这七个部分中，从史实叙述上说，写得最清楚的，是第一部分，因为它提供了其他史料里从未写到的屈原的早年活动。其中部分内容，我们前面已经介绍过了。

111

这七个部分里，文笔最精彩的，一般公推是第二部分，因为其中有对《离骚》的由衷赞美，像"《国风》好色而不淫，《小雅》怨诽而不乱。若《离骚》者，可谓兼之矣"，又说《离骚》中表现的屈原之志向，"虽与日月争光可也"，成为汉代以后历代对《离骚》甚至楚辞的共同评价。不过，据考证，这段文字恐怕不是司马迁自己写的，而是他转录了西汉淮南王刘安写的《离骚传》里的文字。

这七个部分里，最混乱的，是第四、五、六三个部分，前后都是顷襄王时候的纪事，当中却突然插入一段跟楚怀王相关的文字，而这段文字，从内容上看，应该是有关《离骚》的，所以有学者认为，它原本也是刘安《离骚传》里的文字，应该接在前面司马迁引用的那段刘安写的《离骚传》文字之后。不过无论是否把这段有关《离骚》的文字，从第四和第六部分中间移掉，第六部分开头的那句"令尹子兰闻之大怒"，也就是明朝人于慎行指出问题的那句话，总是显得那么莫名其妙。

面对这样奇特、复杂乃至混乱的文本结构，我想简单地讨论，这篇《屈原贾生列传》前半篇的屈原传，是写得好，还是不好，意义并不大。我们更应该问的，是这篇屈原传，是如何被组织起来，而成为这般模样的？

近年有学者在《中华文史论丛》上发表文章，从考证

《史记·屈原贾生列传》所引《怀沙》的文字入手，提出司马迁是依据汉初隶变楚辞文本，而不是先秦楚文字材料，来写这篇屈原传的。[4] 所谓"隶变"，就是用秦汉时代通行的隶书，重新写定战国时期的六国古文字。也就是说，司马迁当年写这篇屈原传时，恐怕根本看不到楚国的原始文献，因此他主要是依据被汉朝人整理重写的二手文献，来凑着写这一篇传记的。因此早在民国时代，梁启超就从消极的方面说，"资料太缺乏的人，虽然伟大奇特，亦不应当作传"，而举的例子，就是《史记》的这篇《屈原列传》。

不过，我更赞赏闻一多先生从积极方面就此而发表的意见。他首先对当时否定历史上有屈原其人的说法，加以温和的批评，说："史传不能替他作证，便把史传中人物的存在根本否认了，性子未免太急了！"接着，他又提出了一个带有方向性的意见，他说："我们何不假定史传只是一幅不完备的画像，其中尽留有点睛添毫的余地，说不定拿《离骚》中的屈原补入史传，更觉生动逼真点。"[5]

闻一多先生说的"拿《离骚》中的屈原补入史传"工作，后来果真有人做了，那就是我的老师蒋天枢先生。

蒋天枢先生经过周密的考证，指出司马迁一再提到的"屈原放逐，乃赋《离骚》"是史实，原本没有问题。问题在它发生的时间，究竟是在楚怀王时，还是在楚怀王儿子楚顷襄王时。蒋先生认为，楚怀王并没有流放屈原，《史记》屈原传前半比较可信的部分里，也只说"王怒而疏屈平"，"疏"是疏远的意思，不是流放。但顷襄王"迁"屈原，也就是让屈原贬官，甚至如汉代其他史料所言，"迁屈原江南"，也就是把屈原流放到江南，应该是实有其事。不过，《史记》屈原传里两大段引刘安《离骚传》的文字，也就是第二部分和第五部分，造成了整篇传记出现两种完全矛盾的说法，引起了很多误会。这是因为汉代流行的有关屈原的故事，依据的虽然是楚国当年的文献，但这类文献，却是在当时有所忌讳的形势下书写的，其中对于故事发生的时间，作了有意的提前以避祸。而这忌讳，就是跟屈原同时代的楚国大人物春申君。据蒋天枢先生考证，《史记》屈原传后半写到的令尹子兰，其实就是春申君黄歇，他是顷襄王的弟弟，也是屈原的政敌。而春申君之所以跟屈原作对，是因为他主张跟秦讲和割地，而屈原呢，《史记》的屈原传里没有写，而经蒋先生考证所得的结果，是屈原在顷襄王时代的流放，其实很可能是他跟顷襄王商量之后的一种自愿流放，目的是到已被秦占领的当时称为江南的地方，从事反秦复楚的地下军事动员。不幸的是屈原最后被春申君出卖，由春申君主导的向秦奉献楚国州陵县以求和平的计划，使得屈原北归的道路被突然阻断，并有被秦军活捉的危险，因此才投汨罗江而死。具体的考证，有兴趣的读者，可以去读读蒋天枢先生的《楚辞论文集》，尤其是其中的一篇论文，题目叫《汉人论述屈原事迹中的一些问题》。[6]

楚辞研究，专家不少，成果也很多，蒋天枢先生的这些考证成果，当然还不能说是定论。但你不能不说，它为我们今天解读《屈原贾生列传》，提供了一个不同寻常的视角，令人耳目一新。

顺便讲一个真实的故事。20世纪50年代，在复旦工作的蒋天枢先生南下广州，去看望他的老师陈寅恪先生。陈先生问，你最近在做什么研究。蒋先生回答，做楚辞研究。陈先生说："司马温公不言屈原。"意思是《资治通鉴》没有提屈原的名字，言下之意，大概是屈原的事迹，恐怕不太可信。但回到上海以后的蒋先生，直到去世，也没有放弃对楚辞和屈原的研究。而他最后完成的一系列楚辞研究成果，既证明屈原实有其人，还证明《离骚》不仅是传统的抒情长诗，更是中国罕见的隐含着丰富的叙事要素的早期史诗。而他采用的主要研究方法，正是陈寅恪先生倡导的诗史互证。围绕着屈原，这对师生展示了学术研究中最令人神往的境界：所谓学术的师承，重要的不是亦步亦趋的同类课题，而是经得起时间考验的科学方法，和永恒的自由表达。

《刺客列传》:

一剑出去，改变世界？

上一节我们讲了《屈原贾生列传》，这一节我们讲《刺客列传》。

跟《屈原贾生列传》里写的都是动笔的文臣很不相同，《刺客列传》写的，都是动刀舞剑的刺客。这些刺客，都生活在春秋战国时期，从曹沫到专诸，从豫让到聂政，最后再到荆轲，出现在《刺客列传》里的这五个刺客，无一例外，都是跨国行刺。跨国行刺，用今天的话说，可不就是搞国际恐怖活动吗？太史公为什么还要为这帮人专门写一篇传呢？

这样的疑问，不是今天才有的，历史上就有人对太史公写这么一篇《刺客列传》颇有微辞。比如北宋大文学家苏轼有一个同样很有文才的弟弟苏辙，这位小苏先生写了一部《古史》，其中就认为《刺客列传》所写的五个刺客，都不过是齐豹、公孙翩一类的人物。齐豹杀贵族，公孙翩弑国君，俩人因此在孔子编的《春秋》里，是都只被记录为"盗"，而连姓名都没有留下的。《史记》专门为齐豹、公孙翩一类的人列传，苏辙认为，是"失《春秋》之意"，也就是失却了《春秋》用特定文字隐喻褒贬的意思。苏辙甚至认为，即便像荆轲刺秦王这样，确实是一件让人听了感到舒心的事情，但"以盗贼乘人主不意，法不可长"，[1]也就是说秦始皇虽是个暴君，但荆轲乘人不备行刺，终究是在犯上作乱，从法律上说，不应该作为正面样板加以宣传。而在南宋王应麟的名著《困学纪闻》里，记录了一位叫说斋唐氏的意见，其中对《刺客列传》的批评，就更严厉了，直接把曹沫、专诸、聂政、荆轲四人定性为"贼礼、贼义、贼仁、贼信之人"，也就是说那四个是败坏礼、义、仁、信这中国传统道德四要素的坏人。[2]

但苏辙和说斋唐氏，大概对太史公写这篇《刺客列传》的宗旨，并没有比较深入的了解。如果我们细读一下《刺客列传》的文本，再对《刺客列传》最后的"太史公曰"作一番体味，太史公为什么要选择这样一批特殊的人物来列传，是可以有一个更具历史感的答案的。

篇幅关系，我们就选《刺客列传》一头一尾两位刺客的故事，来作一点分析。

在《刺客列传》里排次第一的刺客，是鲁国的曹沫。这位曹沫是鲁国的一位大将，跟齐国打了三仗，全都以败北告终。他的主子鲁庄公没办法了，就把鲁国的一个叫遂的城送给齐国，算是认输。但这曹沫不甘心啊，趁齐桓公和鲁庄公在齐国一个叫柯的地方会盟，拿了把匕首，跑上会盟台，劫持了齐桓公，逼迫齐桓公答应归还所占的鲁国领土。有意思的是，就是这么霸王硬上弓，逼迫齐桓公说的话，齐桓公也认了，最后信守承诺，真的把已经到手的土地，都还给了鲁国。

不过，在春秋时代的齐国，真的发生过这样一桩奇特的劫持案吗？历史上有很多学者都表示怀疑。

一部分学者是从考证的角度出发，表示他们的怀疑的。比如唐代的司马贞，在他写的《史记索隐》里就说：本篇写的曹沫故事，大致是根据《春秋公羊传》而来的，但《春秋公羊传》只说故事的主人公叫"曹子"，并没有"沫"这个名字。而《左传》的鲁庄公十年，写了鲁国曾用一个叫曹刿的人的计谋，打败了齐国，但《左传》里并没有说这位曹刿劫持了齐桓公。清代的梁玉绳也说，《公羊传》汉朝才出现，不足尽信；曹沫不是专门操持匕首的人，春秋初期还没有用匕首的习俗，以此否定曹沫故事的真实性。[3]

还有一部分学者是纯粹从后世道德的角度，对曹沫故事表示疑问的。像宋代的苏辙说："沫盖知义者也，而肯以其身为刺客之用乎？"[4]清代何焯也说："曹沫之事，亦战国好事者为之，春秋无此风也，况鲁又礼仪之国乎？"[5]

但是无论是前者还是后者，都没能从根本上否定曹沫劫持齐桓公这一中心情节。

《春秋》三传对于相关的史实，记了这个，没有记那个，是出于不同的情境。曹沫是一位深明大义的人，这跟他充当刺客并没有冲突，因为当时的刺客，本来就不是宋代及宋以后人理解的那种蒙面大盗。春秋时代没有劫持之风，跟鲁国是礼仪之邦，当然都是史实；但因此说当时当地，绝不会出现曹沫劫持齐桓公那样的特殊事件，恐怕并不合乎逻辑。至于说曹沫不是专门操持匕首的人，那如何可以推出曹沫在一个特殊的场合，就不会拿一回匕首呢？算下来，只有春秋初并无操匕首之习一条，颇具新意，但它是否就能作为否定曹沫劫持齐桓公一事的证据，仍有必要作一点考证。

香港中文大学的萧海扬博士写过一篇小文章，叫《关于匕首的一点考察》。据萧博士研究，"匕首"这个词，最早见于《战国策》，它的得名，据《盐铁论》，是因为"其头类匕，故云匕首"，而所谓匕，原本是一种青铜食器。另外我们看《刺客列传》司马贞《索隐》引前人旧注，说匕首是"短剑也"，可知匕首又是短剑的别称。[6]

考古发现的先秦青铜短剑，较早的大都是商代后期的文物，出土于北方草原地区。它们的形制，有曲柄、直柄两种，剑刃呈宽叶形，一般长度在 20～30 厘米。在中原地区，从稍后的商末到东周，流行的剑式是扁茎柳叶形，剑身一般长度也是 20～30 厘米。这种短剑，当白刃战时用的格斗兵器，当然是不行的，但作为防身利器，还是很适合的。《释名》一书的的《释兵》篇里说："剑，检也，所以防检非常也。"可见"剑"的得名，其中就包含有防身护体的意思。

从现存文献看，这类短剑，在战国以前都不叫"匕首"，而书面语言里大量出现"匕首"一词，是从汉代开始的。汉人往往把先秦用短剑的情形，表述为用"匕首"。比如《刺客列传》里记专诸刺吴王僚的故事，说专诸"置匕首鱼炙之腹中而进之。既至王前，专诸擘鱼，因以匕首刺王僚"。这里面专诸用的刺杀兵器，是匕首；而同一个故事，在《左传》的昭公二十七年里，说的就是专诸"置剑于鱼中以进，抽剑刺王"，不是匕首，而是一把剑。这把剑既然能够藏在鱼肚子里，那一定是一把短剑。司马迁按照汉代的习俗，把它改称为"匕首"，正说明由于兵器种类的增加，分类的进一步细密，汉代已经把传统剑器中的短剑一类，归并到后起的"其首类匕"的短式兵器之列，而共同赋予了一个通称，就是"匕首"。

如此看来，梁玉绳所说的"春秋初亦无操匕首之习"，基本是合乎史实的。但以此作为否定曹沫劫齐桓公事的证据，却并不合理。原因很简单，曹沫所持的，其实恐怕并不是"其首类匕"的"匕首"，而是短剑。

需要指出的是，历代许多怀疑曹沫劫齐桓公事真实性的学者，都注意到了《左传》所载曹刿、《公羊传》所载曹子，跟《史记·刺客列传》所载曹沫，三个名字有所区别。虽然有人意识到曹刿就是曹沫，不过专注的方向，多是曹沫的"沫"当读作"刿"（guì）之类。其实，值得重视的，倒是曹刿的"刿"字的本义。《说文解字》说："刿，利伤也。"段玉裁对此的注释是："利伤者，以芒刃伤物。"[7]某人取刺伤什么的做自己的名字，毕竟比较怪异；但如果那个名字，其实是后来人因为他干了某件事，出名了，而给取的外号，就完全顺理成章了。也就是说，曹子本名曹沫，因为他拿着短剑劫持过齐桓公，所以得了个外号，叫"曹刿"。

《史记》描写曹沫劫持齐桓公获得承诺后，有"投其匕首，下坛，北面就群臣之位"等等的话，据此可以知道，这次事件，是发生在齐鲁会盟的盟誓之坛上。盟誓之坛是什么模样呢？1980年代发现的河南温县春秋晚期盟誓遗址，给我们提供了实物佐证。据考古报告，盟誓遗址原本是一个高约2米的土台，台基纵长达135米，横宽有50米。[8]设想一下，在城外旷野之地，如此特殊的会盟坛上，忽然冒出一个身份不明的刺客，直奔盟主而去，并且在众目睽睽之下，手持短剑劫持了对方，那是如何惊心动魄的事！

太史公写的曹沫故事末尾，记了齐桓公打算反悔盟誓坛上被迫作出的约定，但最终还是听从管仲的劝谏，践行了诺言。这一情节很值得玩味。因为按照现代的信用规则，书面承诺的效用，要远远高出口头承诺；至于因胁迫等因素非自愿所作的承诺，反悔是理所当然的，也是合理的。但是管仲用了几句话，就是"贪小利以自快，弃信于诸侯，失天下之援，不如与之"，让齐桓公不再反悔，可见在春秋时代诸侯的交往游戏规则中，信用原则处于极为崇高的地位，而当众口头承诺，也被视为不可变更的重要证词。成语"一言既出，驷马难追"，源出传为先秦名家之作的《邓析子》的《转辞》篇，反映的正是早期中国人的信用理念里，已经说出口的话，是有绝对重要的效用的。

相比之下，《刺客列传》里写的最后一位刺客的故事，是读者朋友们再熟悉不过的，就是荆轲刺秦王。

荆轲是卫国人，来到燕国做客卿，被燕太子丹选中，派去秦国刺杀秦始皇——当时还叫秦王。他对秦王动用的兵器，据《刺客列传》说，也是一把匕首。那把匕首号称"徐夫人匕首"，是燕太子丹专门从赵国请来的，因为加过毒药焠炼，所以只要出手，让对方出一丝血，就会让对方送命。而按照我们前面的考证，那其实也是一把短剑。

因为当时没有安检，这把短剑，被包裹在号称是赠送给秦的礼物——燕国全国地图里，带进了秦王宫。但地图展开后，短剑到手的荆轲，大概因为太激动了，一下竟没

山东嘉祥东汉武梁祠石刻中的荆轲刺秦王

有刺中秦王。于是就有了《刺客列传》里最经典的荆轲追杀秦王，与秦王竭力躲避的惊险剧情。

其实秦王的背上，也有一把剑，而且是一把长剑。面对突如其来的刺客，秦王想拔剑相对，却因为剑太长，怎么也拔不出来，于是只好先"操其室"。这里的"室"，指的是藏剑的地方，也就是剑鞘；所以"操其室"，也就是指按住剑鞘。秦朝的剑的长度，从现代考古发现看，比当时六国通行的剑都要长，其中有长达 91 厘米的。这样的长剑斜挎在腰间，自然是无法很快抽出来的。所以在荆轲跟秦王玩致命追击的时候，秦王身边的人，忽然悟出长剑出鞘的办法，便赶紧提醒秦王："王负剑！"也就是大王赶紧把斜挎着的长剑，推到背后去。因为那样从背后反向抽剑，就比直接顺势拔剑要容易得多。秦王也确实靠了这一句提醒，而迅速拔出长剑，斩断了荆轲的左腿。

考古发现的秦始皇兵马俑佩剑实况，可推知拔剑须先将剑推至身后，即所谓"负剑"。

事实上秦王之所以能在荆轲的短剑下死里逃生，还有一个重要的原因，就是他的保健医生夏无且在关键时刻出手，用药囊"提"（dī）了一下荆轲。这里的"提"，是投掷的意思。这一"提"虽然没令荆轲罢手，但应该是打乱了荆轲一点阵脚。所以事后这位原本没有名声的夏御医，忽然发财，赚得黄金二百溢。以通行的一溢等于二十两计，二百溢就是四千两；不仅如此，秦王金口一开，就是"无且爱我"。扔了个药袋子，就赚了数千两，还被帝王钦定为爱领袖的人，这真是一个保健医生莫大的实惠与光荣了。

不过这夏医生的名字——无且，实在有点儿奇怪。作为御医，他竟可以跟宦官一样，直接上朝待在秦始皇的近旁，也颇有些蹊跷。研究者经过一番考证，从古汉语的角度提出，"无且"的"且"，通"祖"，当指男性生殖器，因此夏无且恐怕应该是个精通医术的太监。[9] 如果这一说法能够成立，那"无且"绝对不可能是夏医生的本名，而不过是他在宫内通行的一个绰号；而秦始皇的那句"无且爱我"，实在也是一句十分粗俗的即兴赞辞。

据《刺客列传》最后的"太史公曰"说，他写荆轲刺秦王的故事，素材来自两位朋友公孙季功、董生的亲口讲述；而公孙季功和董生两人知道得如此详细，是因为他们跟那位扔药袋子帮秦王脱险的夏医生有过交往。

《刺客列传》

125

荆轲刺秦王的年代，据《六国年表》，在燕王喜二十八年、秦始皇二十年，也就是公元前227年。夏无且这个时候已经做了御医，那按照常理，他的年龄至少在三十岁以上了，所以他的生年应该不会晚于公元前256年。公孙季功、董生既然是"与"夏无且游，而不是"从"夏无且游，那他们显然是夏医生的同辈人。司马迁的生年，有中元五年（前145）和建元六年（前135）两说。无论是前一说还是后一说，他如果确实能亲耳听到并听懂公孙季功和董生给他讲荆轲刺秦王的故事，最小也总该有七八岁的年纪，而此时的两位讲述者，算下来至少已是一百十多岁的高龄了。这可能么？

由于时间与年龄上有这样的问题，顾颉刚先生就提出一种推测，《刺客列传》末"太史公曰"里"为余道之如是"的"余"，并不是司马迁，而是司马迁他爸司马谈。因为司马谈从公孙季功和董生那里听了荆轲的故事，所以推定荆轲刺秦一节乃至全篇《刺客列传》，都是司马谈写的。[10]

这样的推测，自然还不是定论。退一步说，即使《刺客列传》全篇都是司马谈起草的，司马迁把它收入《史记》时，不作任何的剪裁润色，恐怕也是不太可能的。值得注意的，倒是由此我们可以知道《史记》各篇的"太史公曰"，在最后纂成全书的司马迁那里，应该并不是单指他个人的看法，而是包括了司马谈和他本人两代太史令的历史见解。

当然在这最后一段"太史公曰"里，我们最感兴趣的，还是作者对所写刺客们的整体评价，就是：

> 自曹沫至荆轲五人，此其义或成或不成，然其立意较然，不欺其志，名垂后世，岂妄也哉！

这其中"立意较然，不欺其志"八个字，曾经被有些研究者提到不同寻常的高度，认为代表了作者对刺客这一类人的高度赞扬。但是如果我们仔细推敲，这八个字所表述的实际意思，不过是指刺客们做事的志向是明白的，在实施目标的过程中间，他们也没有亏欠、隐没自己的本来意愿；这用现在的话来说，就是目标明确，敢做敢当，仅此而已。目标明确，敢做敢当，作为一类人的特性，自然不无可爱之处，但因此说司马迁或者司马谈崇尚刺客，恐怕未必合乎这两位高屋建瓴的历史学家的本意。其实这段"太史公曰"最后所说的"名垂后世，岂妄也哉"，倒是可以显出一点太史公为刺客立传的真实意图，就是不论是何种品性的人，只要他能以一己的作为，在现实世界里留下并不虚妄的声名，在作者看来就应该载入史册，因为正是这样一些人，尽管不能改变世界，毕竟创造或者改变了历史。[11]

第七卷

说《列传》（中）

秦汉的功臣、名流与叛徒

《李斯列传》：

秦朝强人三部曲

这一卷我们讲《史记》列传的秦汉部分，从《李斯列传》讲起。

李斯的名字，我们在《老子韩非列传》里已经提到过，他是战国时代著名学者荀子的两大弟子之一，另一位就是韩非。而韩非同学最后就是被这位李斯同学整死的。

《史记》的这篇《李斯列传》，对李斯的生平有十分清晰的描述。根据《李斯列传》的记载，我们可以把李斯的一生分为三个阶段，而每一个阶段，都跟秦——秦国或者秦王朝——有密切的关联。

但是李斯并不是秦国人，他原本是楚国人。他的第一个人生阶段，入秦之前，据《李斯列传》说，是在乡里做小吏的，掌管的是文书一类的事务。

年轻的李文书很善于观察。这回注意到的，是老鼠。吏舍，也就是乡公所的房子，是带厕所的。李斯注意到，那里的老鼠，生活境遇相当悲惨：吃的是不干净的东西，人一靠近，就受到惊吓，连狗也都欺负它们。但李斯走进粮仓，看到的却是另一番景象：那里的老鼠，吃的是仓内堆积如山的粟米，住的是有高大廊檐的屋子，几乎受不到人或者狗的骚扰。

同样是老鼠，生活的境遇，如此不同。李斯由此大为感慨，说："人之贤不肖，譬如鼠矣，在所自处耳！"意思是一个人能干不能干，就譬如老鼠，关键还是在于他自己如何安顿自己罢了。

李斯的意思，是老鼠也罢，人也罢，要判断他是否具备生存的智慧，看看他如何自己安顿自己就够了。这话自然有理，一个人，连自己的基本生存都保障不了，如何干更大的事？这话也不免绝对，因为它抛弃了一切关涉价值观的东西，把人和老鼠，等量齐观。

看人如看鼠的李斯，后来果然善于"自处"，他离开老师荀子，跑到秦国，通过吕不韦的关系，跟秦始皇，当时还叫秦王，说上了话。

《李斯列传》写李斯出国，到秦国就职，就进入了他人生最辉煌的第二阶段。在这个阶段，他协助秦王统一六国，禁书焚书，塑造了自己的强人形象。不过，在这些大动作之前，他也遇到过一次不小的麻烦。

那是秦王在位的第十个年头。这年秦国上下突然一片紧张，官方布告，明令驱逐所有的外国人。

事情的缘由，还得从秦国新修的那条水渠，后来被唤作"郑国渠"的说起。

郑国，是一个韩国水利工程师的名字。此人负责主持该水渠的修建，而事实上，他是韩国的间谍。韩国间谍，何以热心帮秦国修水渠？原来这是韩国领导人的如意算盘，觉得修水渠颇费人工，既费人工了，秦国就不会东进侵略韩国了——其实也是白日做梦。

梦，果然破灭了。郑国的身份，不久就暴露了。秦国的王室成员，和一帮高级官僚，由此迁怒于所有在秦的外国人。他们跟秦王说："这些来我们秦国工作的外国佬，多半是为了他们各自的君主来充当间谍的，还是统统驱逐了吧。"秦王批准了这一建议，即日下达逐客令。

这时的李斯，虽然已官拜客卿，但身份依然是个外国人。他不甘心就这么不明不白地被赶走，在启程离开的半路上，斗胆给秦王写了一封申诉信。

李斯的信里，中心的话题就两个：一是举实例，就是历史上的秦国，请了哪些外国名流来工作，结果大获成功；二是讲道理，说明一个大国，要真正实现其宏伟的抱负，该有怎样的胸怀。他举的实例，没什么新花样，不过就是缪公请百里奚治国、孝公用商鞅变法之类；他的说理，倒不无创意。他对秦王说，您喜欢的很多东西，美玉、明珠、宝剑、骏马，都不是秦国国产的。您放弃秦国特有的击瓮、叩缶和弹筝，而单用郑卫昭虞之乐，不就是因为那些外国乐曲好听么？现在您不问可否，不论曲直，只要不是秦国人，一概驱逐。那么，秦国真正看重的，好像是美色、音乐、明珠、宝玉，而轻视的，恰好是人才，这可不是想要"跨海内制诸侯"的大国该用的办法啊。

也是在这封信里，李斯说了一段金句，就是：

> 太山不让土壤，故能成其大；河海不择细流，故能就其深；王者不却众庶，故能明其德。

这段话用现代汉语翻译一下，大概就是：泰山不辞让任何土壤，所以能够成就它的高大；江河大海不选择排除细小的支流，所以能够成就它的深沉；做最高领袖的不拒绝普通大众，所以能够彰显他的品德。而其中的关键，是说大国要有一种弘阔的格局，一种众望所归的气势。

这样的金句，其实并不是李斯凭空创造的。春秋时候，管子就有"海不辞水，故能成其大；山不辞土石，故能成其高"的名言[1]，而文子也曾以类似的句式说："圣人不让负薪之言，以广其名。"[2]但李斯说这话，现实的目的更为明确，就是他不希望秦国气度狭隘的逐客政策，吓跑天下才士，最终帮了敌国的忙，令秦国走上危险的道路。

据说秦王读了这封信，马上派人追赶已经离开的李斯。

一直追到一个叫骊邑的地方，总算把这位心向秦国的外国贵宾给追了回来。逐客令就此废止，李斯官复原职。十六年后，秦统一了中国。

顺便说一下，前面提到的那条由韩国间谍郑国主持，为秦国修建的水渠——郑国渠，是从秦王元年（前246）开始修建的，修了十年，间谍案发，李斯也遇到了第一次人生大危难。不过，当时的秦国人，还是蛮有远见的，说郑国虽然被发现是间谍，但郑国渠还是利国利民的工程，应该继续，就国家投资，把郑国渠修完了。而据水利史专家、考古学家和历史学家们研究，这条郑国渠，干渠长达三百多里，修成以后，因灌溉而受益的田地，高达一百一十五万亩，堪称战国时代最庞大也最伟大的水利灌溉工程。而这项伟大工程的渠首遗址，在今天陕西省泾阳县内。2016年，郑国渠被列为世界灌溉工程遗产。

《李斯列传》里写李斯人生的第三个阶段，是从秦始皇之死到秦二世杀李斯这段时间。其中最扑朔迷离的故事，是李斯被卷入其中的秦始皇暴亡前后发生的胡亥篡位事件。

据《李斯列传》记载，秦始皇三十七年（前210）七月，秦始皇外出视察，到一个叫沙丘的地方，因为突发重病，就让担任中车府令的赵高写了道遗诏，发给当时在上郡监兵的长子扶苏，内容是让扶苏把秦军大权交给将军蒙恬掌管，在首都咸阳发丧办葬礼。这道遗诏虽然已经密封，但还没有派使者送出，秦始皇就死了。考虑到这是在外地，包括当时随行的秦始皇的小儿子胡亥、担任丞相的李斯，还有赵高，就合计秘不发丧。不过这赵高呢，因为一直代皇帝保管国玺大印，手里拿着还没有发出的秦始皇遗诏，就跟胡亥商量，拉丞相李斯下水，把胡亥推到继统皇帝也就是秦二世的宝座上，同时伪造了另一份秦始皇临终赐给公子扶苏的遗诏，指责扶苏不孝，赐剑命扶苏自杀。

《李斯列传》的这一记载，虽然情节曲折诡异，但因为出自《史记》，历来无人怀疑。2009年，北京大学接收了

北京大学藏西汉竹简《赵正书》局部

一批捐赠，据传是西汉时期的竹简，其中有一种题为《赵正书》的，所记与《史记》不同，引得部分媒体争相炒作。

《赵正书》里的赵正，就是习惯上我们说的嬴政，也就是秦始皇。秦始皇其实是嬴姓赵氏的后代，这在《史记》里已有明文记载，而按照后来姓氏的常规，秦始皇确实应该叫赵政，而不是嬴政。

北大简《赵正书》跟《史记·李斯列传》最大的不同，是对胡亥即位的描写。据《赵正书》说，秦始皇病重弥留之际，一把鼻涕一把泪地请丞相李斯就谁合适继位问题发表意见，李斯等推脱不过，就说："今远道而诏期群臣，恐大臣之有谋，请立子胡亥为代后。"意思是现在咱们离开首都这么远，下诏给一般大臣商量谁继位，我担心大臣会节外生枝闹点什么事出来，还是让公子胡亥做您的接班人吧。秦始皇听了这话，就回答了一个字："可。"下面写的是："于是王死而胡亥立，即杀其兄扶苏、中尉恬。"[3]

由于出现了这份《赵正书》，媒体上就此有了胡亥继位是经过秦始皇首肯的，不是秘密篡位的说法，一些自媒体则进一步，说司马迁《史记》可能又记错了。

其实这样的说法，是不严肃的。因为就是北京大学方面参与整理北大简的专家，也已经一再申明，《赵正书》的发现，只能说明，在西汉时期，有关秦始皇秦二世传位问题，存在不止一种说法，考虑到《史记》有关秦朝的记录直接来源于秦记，司马迁的记录，不可轻易否定。[4]而我们看《赵正书》，它的文风和用词，像称秦始皇不称始皇帝而称秦王，像对话颇多，且有小说意味，那么它代表的，更可能只是当时被占领的六国旧地的旧贵族的看法。相比之下，《史记·李斯列传》无论是从用词、编年纪事内容，还是文风而言，明显要更切实，其中引用了多篇李斯上书全文，大概率上说也不像是伪造的。

似乎是整死同学韩非的一种报应，据《李斯列传》记载，李斯最后是被同僚赵高整死的。而在《李斯列传》最后的"太史公曰"里，司马迁对这位秦朝强人的评价，则颇为微妙。他一方面以不免有一丝景仰的口吻，对李斯辅佐秦始皇"卒成帝业，斯为三公"作了客观的描述；另一方面，又对当时的"俗议"也就是一般的看法，就是认为李斯是忠臣，作了激烈的反驳。他把李斯的过错和罪责，归纳为"不务明政以补主上之缺，持爵禄之重，阿顺苟合，严威酷刑，听高邪说，废适（嫡）立庶"，认为这些无论如何也不能算是忠。但在最后，他又不无遗憾地表示，如果李斯不那么做，他的功绩，是有可能跟周朝的功臣周公、召公并列载入史册的。换句话说，太史公确实从李斯所作所为的现实结果上，看到了一位辅佐大臣在中国实现统一之路的过程中可以达到的某种个人成就的巅峰状态，但同时，依照他的道德理念，这样的状态，又无法为之衷心"点赞"，因为那背后，有太多见不得光的不堪、无耻和残酷。

《淮阴侯列传》:
功臣的末路悲歌

上一节我们讲了以秦朝丞相为主人公的《李斯列传》，接下来我们要讲西汉的功臣、名流和叛徒。首先要讲的，就是这篇《淮阴侯列传》。

《淮阴侯列传》的主人公，是西汉前期著名的军事将领韩信。说起韩信，也许有的读者朋友知道，《史记》的七十列传里，曾经为两位韩信立传，这两位韩信，生活年代相近，结局还都跟"谋反"有关：其中一位是真的谋反了，就是最后投降匈奴的韩王韩信，《史记》里有一篇《韩信卢绾列传》，前半部分写的，就是这位韩信；还有一位是"被谋反"的，就是我们这里要讲的《淮阴侯列传》的主人公淮阴侯韩信。

　淮阴侯韩信是怎么"被谋反"的？说来话长，我们还

明清时代拟绘的两种不同年龄段的韩信像

得从他的早年说起。

　　据《淮阴侯列传》说，韩信是淮阴人，他还没有发达的时候，很穷，而且品行也不怎么样，所以既没有机会被推选做乡里的公务员，也没本事经商做买卖，而只能老是跑到别人家里蹭饭，很是让人讨厌。他常去蹭饭的那家，是担任亭长的，蹭了几个月，亭长太太不高兴了，有一天早上做了好多饭，到吃饭的时候，韩信又去了，亭长太太就没给他摆上吃的。韩信一看，很不高兴，从此就不去亭长家了。

　　蹭饭的地儿没了，韩信就换去城墙下的护城河里钓鱼，估摸着是钓到鱼了，可以当饭吃吧。这时候，他遇到一帮大妈在河边漂洗棉絮，其中一位心地善良的大妈，见他这么饿着，就拿了自己家的饭来给他吃，还一连几十天都到河边来漂洗棉絮，为的就是给韩信带点吃的。韩信高兴啊，吃了大妈的饭，就跟大妈说："我一定会重重地报答大妈您的。"没想到，那位大妈也不是个等闲之辈，生气地回呛他，说："你个男子汉大丈夫，都没本事自食其力。我是可怜你这公子哥儿才拿点吃的给你，哪里指望你报答我啊！"

可是就是被大妈这么呛了，这韩信好像还是没有觉悟。《淮阴侯列传》接下来写了著名的韩信受胯下之辱的故事，就似乎是个证明。

这样被人看不起的韩信，人生的第一次转折，发生在楚汉相争的时候。《淮阴侯列传》说，从项梁渡过淮河那时候起，韩信就成了仗剑走天涯的武士。他先跟着项梁，项梁倒霉后，又转会到项羽门下。因为项羽没重用他，他就跳槽到项羽的对手刘邦那里。又因为刘邦只给他了个治粟都尉，也就是后勤部门专管粮食的小官，他等不及，就又跑了。好在刘邦的得力助手萧何很看重他，当即演了一出"萧何月下追韩信"（其实《史记》里原本也没有月下的说法），萧何还从刘邦那里帮韩信要到了一个大将的职位，这韩信才总算是安分了。

做了大将的韩信，在《淮阴侯列传》里接下来的部分里，就变得光彩多了。

他先建议刘邦干掉楚霸王项羽安插在自己属地周围的秦朝的三位投降将领，然后又自己出击，在井陉一带出奇兵，大破赵军，俘虏了赵王。最后听从一位叫蒯通的高参的建议，不顾汉王所派策反人员已经成功策反齐王的事实，偷袭齐国，并以半胁迫的方式，让还处于危难之中的刘邦把他封做了齐王。

写到韩信被封为齐王了，《淮阴侯列传》就渐渐地跟我们开头所讲的"谋反"挂上钩了。

因为眼看着韩信这么有才，楚霸王项羽就想着法儿派人做说客，想策反韩信。

项羽派来当说客的，是盱眙人武涉。这位武先生先给韩信讲天下大趋势，然后给韩信出主意，"反汉与楚连和，参分天下王之"，意思是造刘邦的反，跟刘邦的死对头项羽联合，三分天下，也弄个大王做做。韩信呢，也很实在，跟武涉说："我跟着项王，官不过郎中，位不过拿根枪棒，项王对我是言不听，计不用，所以我背叛项王而归顺汉王了。汉王给了我上将军的官印，拨给我好几万人的部队，脱了自己的衣服给我穿，把自己的美食分给我吃，对我是言听计从，所以我才有今天。人家对我这么好，这么信任我，我要是再背叛他，那是不吉利的。即使死了，我也不会改换门庭。您就代我去项王那里说声抱歉吧。"

武涉策反的故事，《淮阴侯列传》为什么能写得如此生动？因为它是有底本的。那底本，就是汉初名臣陆贾写的《楚汉春秋》。

《楚汉春秋》虽然今天已经看不到全本了，但根据清朝人辑佚的本子，可以知道武涉的故事，确实是《楚汉春秋》里就记载了的。而陆贾之所以能记到这样特别的故事，是因为他曾经有深入敌后，跟刘邦的老对头项羽面见的传奇经历。

顺便也说一下，从现存《楚汉春秋》辑佚的本子看，不光是武涉策反的故事，韩信早年在某亭长家里当食客的故事，韩信中期进攻赵国的故事，以及下面我们要讲到的韩信末路被诬告的故事，都有证据证明，也是陆贾的《楚汉春秋》里都写到了的。但是，太史公显然没有做个单纯的文抄公，他还利用了其他的史料，作了自己的取舍，所以其中涉及的人名地名，都有跟《楚汉春秋》不同的地方。

武涉这边策反没成功，那边高参蒯通又接着登场，两次进言，劝韩信抓住机会，自己单飞。

蒯通劝韩信的说辞，《淮阴侯列传》记的，比前面武涉说的更多更详细：他从给韩信看相入手，先给韩信算命，说他看脸不过封侯，看背贵不可言；然后又跟武涉一样，把"叁分天下，鼎足而居"的计划说了一遍。相应地，还警告韩信不如此的危害，并举了历史和现实中的两组四个人的例证，一组是春秋时候卷入吴越争霸的文种、范蠡，另一组是跟韩信同时的常山王张耳和成安君陈余。文种和范蠡的事迹，我们读《越王句践世家》时已经知道一些了，两人的故事，都涉及鸟尽弓藏的典故。张耳和陈余，蒯通举他们的例子，主要是说明人心难测。关于这两位的故事，《史记》里另外专门有一篇《张耳陈余列传》，有兴趣的读者朋友可以看一下。而蒯通所说，归结到一点，就是提醒韩信：功高震主，实在是人生的最大隐患。

韩信虽然一度也有点儿动摇，但终究没有被说动，那理由，在《淮阴侯列传》里也有十分明确的记载，就是韩信认为："汉王遇我甚厚，载我以其车，衣我以其衣，食我以其食。吾闻之，乘人之车者载人之患，衣人之衣者怀人之忧，食人之食者死人之事，吾岂可以乡利倍义乎！"意思是汉王刘邦待我真心不错，用他的专车送我上下班，把他自己的衣服给我穿，还拿自己吃的东西给我吃。我听说过这样的格言，乘着别人的车子，就要分担别人的麻烦；穿着别人的衣服，就要心怀别人的忧患；吃着别人给的饭菜，就要拼死帮人做事。我怎么可以为了利益而背信弃义呢！

然而这边韩信不为武涉、蒯通的说辞所动，那边的汉王，却已经对韩信起了疑心，开始夺他的权。先是把他的齐王封号夺了，改封为楚王，后来又把他的楚王封号给夺了，还设计逮捕了他，稍后又释放了他，但让他做的，是地位更低的淮阴侯。

也就是在淮阴侯的位置上，据《淮阴侯列传》记载，发生了据说韩信跟一位叫陈豨的巨鹿太守合谋造反的事。这谋反的故事还说得有鼻子有眼的，连两人手拉手的情节都被记录下来了。最后韩信很快被吕后、萧何合谋骗进宫里杀掉了。

陈豨是怎样的人物呢？就在《淮阴侯列传》的后面，《史记》还写了一篇《韩信卢绾列传》（彼韩信非此韩信），在这篇列传的后半部分，附了这位陈豨的传记。根据这篇传记，这陈某人是个连来路都不清楚的人，却在汉高祖平城之围后，就被封为列侯，具体职位是担任赵国的国相，统帅赵、代两地的边防军。而他之所以造反，是因为另一位赵国相周昌在刘邦跟前告了他一状，说他宾客过多，带兵在外多年，恐怕会生变。刘邦派人调查他，他一紧张，就反了。不过无论如何，这陈豨的造反，在《韩信卢绾列传》的本传里，是跟淮阴侯韩信没有半点关系的。

所以历史上有很多人，都对《淮阴侯列传》里记录的韩信的这次所谓"谋反"，表示深切的怀疑。像清代桐城派的著名人物方苞就说："列侯就第，无符玺节篆，而欲与家臣夜诈诏发诸官徒奴，孰听之乎！"[1]意思是列侯回到自己的住所，就没有皇帝给的符节、印章等等了，这个时候要跟家臣夜里号召官家的跟班奴隶等起来造反，谁会听他呢！可见《淮阴侯列传》里记的这则韩信跟陈豨联络谋反的故事，一定是假的。

但是，这样的明显具有诬告性质的东西，司马迁是根据什么材料写的，又为什么偏要写进去呢？

大家应该注意到，在《淮阴侯列传》将近结束的地方，太史公记录了一则曾经劝说韩信谋反的蒯通，被汉高祖刘邦抓了起来，又被放了的离奇经历。

蒯通的经历，一方面说明韩信的被杀，绝对是冤枉的；另一方面又提供了一个很有意味的视角，使我们可以基本认定，司马迁在《淮阴侯列传》后半部分之所以能详细记录韩信被冤故事，除了《楚汉春秋》与官方同步的记载，恐怕还有更多的材料，是当时审讯蒯通时留下的法律文书档案。事实上考古发现也证明，这类法律文书对于庭审时的对话，也是扼要记录在案的。蒯通唆使韩信谋反，案子不小，连刘邦都亲自审问了，这样的庭审记录，一定会保留在汉朝的官方档案里，所以清代学者梁玉绳就此推断"史公依汉廷狱案，叙入传中，而其冤自见"[2]，是很有道理的。

最后我们要特别指出的是，尽管有很多的证据可以证明淮阴侯是"被谋反"的，但在司马迁的时代，韩信的案子，依然是个钦定的案子，因此是不可以翻案的。所以司马迁写这篇《淮阴侯列传》，在它的后半部分，用了很多的曲笔。在最后的"太史公曰"里，他说：

> 假令韩信学道谦让，不伐己功，不矜其能，则庶几哉于汉家勋可以比周、召、太公之徒，后世血食矣。不务出此，而天下已集，乃谋畔逆，夷灭宗族，不亦宜乎！

这段话，翻译成现代汉语，就是：假如韩信好好学习道德之说，注意谦虚忍让，不以自己有功而显摆，不以自己有能耐而骄傲，那么他对于咱们汉王朝的功勋，是可以跟周公、召公和太公一类的人相媲美的；而他的后代，也可以延续家族祭祀了。可他不努力做这样的事情，而在天下已经归于一统的时候，谋求叛乱，大逆不道，最后导致宗族被彻底消灭，这不是咎由自取吗？

从表面上看，这段"太史公曰"，是先对韩信的个性作出精确的刻画，再对韩信的谋反进行严肃的批判，但联系上面的叙事，尤其是蒯通的供词，这段"太史公曰"的实质，是想告诉你：这就是个冤案，是一出"被谋反"的悲剧。

《刘敬叔孙通列传》:
为什么投机者也能办大事

跟本卷前面讲的几位主人公不同,《刘敬叔孙通列传》里的两位传主,刘敬和叔孙通,主要的生活年代都在汉朝。他们之所以有资格进入《史记》的列传一休,是因为都在汉朝建立之初,为汉家制度的确立作出过特殊的贡献。

具体地说,刘敬的贡献,是在刘邦还为定都问题举棋不定的时候,当面建议最高领袖,把汉朝的首都定在关中;而叔孙通,他的贡献,是为汉朝制定了一套新的仪礼,尤其是新的朝会仪礼,让第一次尝试的刘邦都很感慨:"我今天才知道做皇帝的尊贵。"

不过,这两位的来路,都有点诡异,不是不清楚,就是不清白。

我们先看刘敬。

按照《刘敬叔孙通列传》的说法，这位刘敬本姓娄，是齐人（放在今天，就是山东人）。那年是汉朝才建立的第五年，他被派往陇西守边疆，经过洛阳，听说伟大领袖刘邦正在那儿，就一心要找领袖汇报一点个人想法，这想法的唯一内容，就是建议定都关中。他找到了同乡里的高层领导虞将军，通过这位虞将军，不仅见到了汉高祖刘邦，还在刘邦那里蹭了一顿饭，最后成功地说动了刘邦定都关中。

《刘敬叔孙通列传》抄录了当时还叫娄敬的刘敬，在汉高祖跟前发表的建议定都关中的长篇演说。这篇演说词的要点，首先是说当前的汉朝，不具备周朝那样的文化实力，所以都城的选择，首先还是应该注重地缘因素。然后提出了迁都关中的具体理由，其中最重要的有两点：一是按照当时的说法，关中是"天府"；二是就像与人相斗要"扼其亢，拊其背"一样，定都关中，才会给汉王朝统治全国带来实际便利。

这第一点中，娄敬提到的那个"天府"的称号，最早见于《周礼》，那原本是周官的名称，隶属于春官，专掌祖庙的守护保管。[1]因为祖庙里藏的，都是户口本、结盟的盟书和账簿一类的重要文件，所以后来就把朝廷的仓库和天下物产丰富的地方，都叫作"天府"。把关中秦国一带称为天府，在战国时期就已经开始了。像《战国策》的《秦策》里，苏秦游说秦惠王就说："大王之国……田肥美，民

劉敬叔孫通列傳第三十九

劉敬者齊人也 索隱曰敬本姓婁美書作婁敬○蘇林曰一本橫鹿車前一木轅音胡格 漢五年戍隴西過洛

陽高帝在焉婁敬脫輓輅 輓音晚○索隱曰輓者牽輅一木橫鹿車前一木轅音胡格鹿車前橫木二人前輓一人後輓 衣其羊裘見齊

人虞將軍曰臣願見上言便事虞將軍欲與之鮮衣

婁敬曰臣衣帛衣帛見衣褐衣褐見終不敢易衣於

是虞將軍大言上上召入見賜食已而問婁敬婁敬

說曰陛下都洛陽豈欲與周室比隆哉上曰然婁敬

曰陛下取天下與周室異周之先自后稷堯封之邰

明刻本《史记·刘敬叔孙通列传》书影

殷富……蓄积饶多，地势形便，此谓天府。"[2]《刘敬叔孙通列传》里，娄敬说："因秦之故，资甚美膏腴之地，此所谓天府者也。"显然就是承苏秦的说法而来的。不过，今天我们熟悉的"天府"称号，是归属于巴蜀也就是四川，而不是关中的。这个转移发生的一个重要节点，是三国时期名臣诸葛亮写的《隆中对》，其中有"益州险塞，沃野千里，天府之土"的说法，而当时益州的中心区域，就是今天的四川盆地。这一转移也从一个侧面，说明关中的自然环境，在后来发生了重大的改变。

前面提到娄敬建议定都关中的具体理由里，还用了一个比喻，叫"扼其亢，拊其背"，这其中的"亢"，是指人的喉咙，"拊"则是拍打的意思。所以"扼其亢，拊其背"翻译成现代汉语，就是掐住他的喉咙，拍打他的后背。这种用人体来形容地形，是中国古代的一种通行的修辞手法。比如《史记》的《刺客列传》里，荆轲刺秦王时，献了一份"督亢地图"，这里的"督亢"，有一种解释，说那是用人身体的首尾，来形容国土的全部，所以"督亢地图"就是完整的全国地图。而"扼其亢，拊其背"这一句，后来到唐代，就演变为一句成语"拊背扼喉"，特指控制军事上的险要地带。

据《刘敬叔孙通列传》说，由于娄敬的分析十分透彻，加上留侯张良的支持，所以尽管有一些大臣反对，汉高祖还是很快选择了定都长安。长安（也就是今天的西安）就此成为西汉一朝的首都。娄敬因为提出了具有重大历史意义的建议，而被赐姓刘氏，从此更名叫刘敬。

司马迁对于刘敬，是充满敬意的。在《刘敬叔孙通列传》最后的"太史公曰"里，他说"刘敬脱挽辂一说，建万世之安"。这其中"脱挽辂"三个字里的"挽"，是牵着的意思；"辂"这里要读作 hé，是指绑在车辕上以供牵拉的横木，"脱挽辂"三个字直译，就是放下拉车的横木。所以"刘敬脱挽辂一说，建万世之安"整句话的意思，是刘敬刚下车，给领导出了个金点子，就为汉家建立了一个万代安全的保障。

不过，我们今天重读《刘敬叔孙通列传》里刘敬传的开头部分，总觉得有点蹊跷。

有人根据刘敬传开头说的娄敬"戍陇西"，就推断他原本只是个戍卒，也就是个保卫边疆的小兵；还有的根据"脱挽辂"三个字，就说他是个车夫。这些我想恐怕都是靠不住的。娄敬在虞将军答应帮他牵线觐见汉高祖，还好心地让他在拜见刘邦之前换一身光鲜点的衣服时，居然能放出一段格调那么高的话，就是"臣衣帛，衣帛见；衣褐，衣褐见：终不敢易衣"，意思是我如果穿着高档的丝织品衣服，我就穿着那身衣服见领袖；如果我穿着普通的兽毛或粗麻制成的衣服，我就穿着这身衣服见领袖：我是不会换衣服的。敢跟相求帮忙的恩人这样说话，很难相信他是个地位很低的小兵。

所以这位因为建议定都关中，最后幸运地连自己的姓氏都被改为皇帝家姓的不速之客，究竟是什么来路？他怎么会知道高层对定都问题举棋不定？他果真是偶然到的洛阳，就这么顺利地见到了伟大领袖？这背后恐怕还有很多《史记》没有写的故事，只是我们今天已经无从知晓了。

相比之下，《刘敬叔孙通列传》的另一位主人公叔孙通，来路就要清楚得多。但是，他的个人历史，却实在是不清白：从秦朝，经过楚汉相争，到汉朝，他先后跳槽，换了十个主子。

《刘敬叔孙通列传》里的叔孙通，第一次出场时，还是在秦朝，当时他的身份，是秦的待诏博士，而他的第一次亮相，竟然是当面阿谀奉承秦二世。

叔孙通为什么要当面拍当朝皇帝的马屁呢？因为当时发生了声势浩大的陈胜吴广暴动，秦二世为了自己的脸面，不愿意承认在他统治下还有人敢于反抗，叔孙通在一边看出来了，就顺着秦二世的心思，睁眼说瞎话，说陈胜一伙不过是群小打小闹的小毛贼，让郡县守尉捕捉论罪就行了，根本不必担心。结果，像叔孙通这样顺着秦二世心思说瞎话的，都平安无事；相反地说了陈胜暴动实情的博士儒生，却被严肃处理了，因为"非所宜言"，意思是说了他们不应该说的话。

《刘敬叔孙通列传》的这一段里，秦二世问各位儒生博士：如何对付陈胜的暴动？一帮脑子不像叔孙通那么转得快的博士儒生，看出问题很严重，因此实话实说，主张严厉镇压。他们的回答里，有这么一句话："人臣无将，将即反，罪死无赦。"这句话是什么意思呢？

"人臣无将，将即反，罪死无赦"这句话里的关键词，是那个"将"字。这个"将"，不是"将军"的"将"，而是"将要"的"将"，是指一种已经有那个意思、但还没有实际行动的状态。所以这句话完整地翻译一下，就是做臣子的不可以在心里想那些出格的事情，只要是想了，那就是谋反，罪该万死，不可宽恕。

这么厉害的话，自然不是那些老实的博士儒生杜撰的，而是出自《春秋公羊传》。《公羊传》里有"君亲无将，将而诛焉"的话，意思是对于君王和父母双亲，是不可以有谋反之心的，即使只有那样的想法，也要被杀头。一般认为，《公羊传》里的这句话，就是上面我们引用的秦博士儒生说的那句话的蓝本。但"将"也就是心里想想，便要受到"诛"也就是杀头的严厉惩罚，终究是太可怕了。后来中国传统语境里有一个说法，叫"诛心之论"，指的就是一种专门指责他人的行为动机的阴谋论。

脱离了秦二世虎口的叔孙通，在秦末楚汉相争的动荡世界里，奔东家，跑西家，最后选择的主子，是当时还是汉王的刘邦。这位叔孙先生拿手的本事，第一还是见风使舵，所以刘邦喜欢穿楚国式样的短打衣服，他也赶紧脱了宽袍大袖的儒生服装，换上短打。他当然也做点实事，最成功的，就是给刘邦推荐了一批善于打仗的勇士，因而被封为博士。

我想细心的读者大概记得，我们前边说过，叔孙通最初出场时，是秦国的待诏博士，就是等待转正的博士。因为当面奉承秦二世，他的博士在当时就转正了。现在到了汉王手下，因为推荐勇士有功，又被再度封为博士。那么，这个古代中国的"博士"头衔，究竟是一个怎样的称号呢？

现代学术大家王国维先生，写过一篇著名的论文，题目叫《汉魏博士考》。[3] 在那篇论文里，王先生考证说，中国的博士，是一种最早出现在战国时代的学官的名称。秦始皇时，设置了诸子百家博士，名额有七十个，入选条件很高，要通晓古今，而职责是为皇帝提供咨询服务。汉朝继承了秦代博士制度，并逐渐扩充、更换，到汉武帝的时候，完成了《诗》《书》《易》《礼》《春秋》五经博士的新设置，在制度上形成了独尊儒术的格局。这个时候的博士，已经由帝王的顾问，变成了经学的教官，所以有点类似于今天的博士生导师，是招收学生的。秦代以后，博士的职位，都隶属于太常，中央以及地方各级官办学校，都设有博士和助教；这种中式"博士"的名称，一直延续到清代。至于现代高等教育体系中的博士学位，那是西方学位制度的产物，起源于近代德国。中国现代引进西方的学位制度，是从 1935 年民国政府颁布《学位授予法》开始的。当时考虑到了传统学术的固有专名，所以就用"博士"这一古雅的称号，来翻译西方的 doctor 这个词。

叔孙通获得博士头衔，是在秦朝的二世时期，和汉初刘邦执政的时候，所以他这个博士的主要职责，仍然是备皇帝顾问。而正是这种顾问的身份，使他由一个儒生出身的教师兼猎头，一跃成为汉初政坛上一颗引人注目的明星。

叔孙通一生最重要的业绩，是在刘邦登上皇帝宝座之后，率领一帮儒生，设计了一套新的适合汉代君臣的朝会仪礼。因为档案保存完好，《刘敬叔孙通列传》的叔孙通传记部分，详细地记录了叔孙通为汉朝制定新礼的具体过程。

叔孙通的制礼班子，包括三部分人：第一部分是从齐鲁故地征召来的三十位儒生，代表了被当时学界公认的圈内人；第二部分是刘邦身边的有学问的智囊团，他们代表了官方意见；第三部分是叔孙通的弟子，干活嘛，总是要有点自己人的。

为了制定新的朝会仪礼，他也作了理论上的准备。他给刘邦的口头报告里，先把仪礼重新界定为"因时世人情为之节文者也"，就是按照时代和人的感情的变化，来节制人们言行的一种方式。而他实际的做法，是"颇采古礼，与秦仪杂就之"，就是把古代跟秦代的仪式礼节掺和着用。

此外必不可少的，是还要尊重最高领袖的个人意见，也就是刘邦再三强调的"度吾所能行为之"，意思是要考虑我能做到的情况来设计整套仪礼。

尽管遭到了部分儒生的强烈反对，叔孙通还是率领齐鲁儒生、刘邦智囊和自家弟子，总共一百多人，在野外空地上开始了以"绵蕞"为特征的仪礼演练。这里的"绵"，是指演练仪礼时用以环围场地的绳索；"蕞"，是用茅草和竹杆制成的标志，用来表示参加仪式的人地位的尊卑。演练了一个多月，又进行了汇报演出，然后在汉高祖七年（前200）的十月，在新建成的长乐宫，正式举行了第一次依新礼制而行的朝会。朝会仪式很庄严，仪式结束后举办了高级酒宴，也无人喧哗失礼。

由叔孙通主导设计的这一套全新的汉代朝会礼制，既约束了汉初一班不懂规矩的草莽大臣，又让汉高祖切实地体验了一把做皇帝的尊贵，因此成为汉朝的一个重要的文化标志，从而载入了史册。

司马迁在《刘敬叔孙通列传》最后的"太史公曰"里，首先引了《慎子》的话："千金之裘，非一狐之腋也；台榭之榱，非一木之枝也；三代之际，非一士之智也。"说明任何历史性事件的出现，都有个人尤其是知识分子个体智慧的参与。但相比于刘敬，他对于叔孙通的态度，是有点暧昧的：他说叔孙通"希世度务，制礼进退，与时变化，卒

之智也信哉夫高祖起微細定海內謀計
用兵可謂盡之矣然而劉敬脫輓輅一說
建萬世之安智豈可專邪叔孫通希世度
務制禮進退與時變化卒爲漢家儒宗夫
直若詘道固委蛇蓋謂是乎

劉敬叔孫通列傳卷第三十九

为汉家儒宗"，也就是能迎合潮流，审度时务，制定仪礼和个人进退，都随着时代的变化而变化，最后成了汉代儒学的一代宗师。但这样的"汉家儒宗"称号，在后代是不被正统儒家接受的。像《汉书》的叔孙通传，大部分是照抄《史记》文字的，但就是没有抄这"汉家儒宗"四个字。更有意思的是，接下来司马迁引了《老子》里的"大直若诎，道固委蛇"八个字，意思是最正直刚强的人，做事总好像是胆小屈服的，而实际上万物之道，本来就是那么曲曲折折的。不过，引用老子的这段话后，他又加了一个疑惑的尾巴："盖谓是乎？"意思是老子的话，说的大概就是叔孙通这样的情况吧。我想，这样的疑惑，并不见得就是一种表示肯定的修辞，而更多的，恐怕是对历史中经常出现的一种二律背反的奇观，也就是投机者抓住机遇也能办成大事，生发的一点个人感慨。[4]

《田叔列传》:

智者的传记，牵出了司马迁的一位知心朋友

上一节我们讲了《刘敬叔孙通列传》，这一节我们讲《田叔列传》。

讲《田叔列传》，首先要说明的，是今本《史记》里的这篇传记，只有一半是司马迁的写的，另一半是西汉成帝时的博士褚少孙续写的。但后半由褚少孙续写的内容，倒不是可有可无的，而是很重要的历史文献。

前半篇由司马迁写的，是一位叫田叔的西汉官员的故事，顺便也连带写了田叔的儿子田仁的事迹。这位田仁很特殊，按照《田叔列传》前半司马迁写的部分结束时的说法："仁与余善，余故并论之。"意思就是田仁跟我关系很好，所以我就把他也一起写了。

那么，问题就来了。既然田仁是因为跟司马迁的关系好，就随他爹田叔进了列传，有没有一种可能，这篇《田叔列传》，整个儿就是司马迁为自己的好朋友开个后门，照顾一下好朋友他爹，让这位他称之为田叔的，在伟大的《太史公书》里留个名呢？

应该不是的。

我们可以先看一下这篇《田叔列传》在《史记》里的位置。在《史记》的七十列传里，《田叔列传》位于第四十四篇。在它前面的一篇，是《万石张叔列传》，在它后面的一篇，是《扁鹊仓公列传》。《万石张叔列传》写的是石奋和大儿子石建、小儿子石庆父子两代先后入汉朝做大官的故事，顺带着也写了同时期的周仁、张欧等官场"大佬"，历来研究者多认为，这一篇的主旨，是对到汉武帝时期为止汉朝的一帮小心翼翼、明哲保身的高官，作轻微的讽刺。而《扁鹊仓公列传》，正如下一篇我们引复旦大学朱维铮教授的论文《历史观念史：国病与身病——司马迁与扁鹊传奇》所言，司马迁写该篇可能是以医生医治人病为比喻，批判汉武帝君臣滥用权力，与民争利，而导致"国病"不治的经济政策。

这样比照下来，篇幅不长的《田叔列传》的前半部分，就意味深长了。

《田叔列传》里的主人公田叔，虽然是一位官员，但终其一生，大部分时间，担任的都只是地方领导干部。他的第一份工作，是在赵王张敖的王府里做郎中。有一回，赵王被卷入部下谋杀高祖刘邦的案子，田叔等一班忠心耿耿的部下，冒着家族被连坐的危险，坚持跟随赵王去了首都长安。后来案子搞清楚了，赵王被释放了，就把包括田叔在内的这十几个忠心耿耿的部下，都推荐给了汉高祖刘邦。刘邦正求贤若渴，就跟这十几位赵王府里来的干部一一面谈了，发现还真是素质不错，现在正在朝廷工作的一班人还真没有一个比得上的。刘邦一高兴，就给这十几位都封了郡守和诸侯王国丞相的官职。田叔做的，是汉中太守，还一做就是十多年，从汉高祖时代，一直做到了汉文帝时代。在汉文帝时代，因为他的善意解释，他在赵王府时的同僚，被一度罢官的云中太守孟舒，又官复原职。

　　《田叔列传》里所写的田叔故事，最耐人寻味的，是汉景帝时期他临时受最高当局指派，赴梁国调查梁孝王派人故意杀害吴国丞相袁盎的案子。这位已经被罢官汉中太守的田叔，经过一番调查，把案子弄清楚了，就来向汉景帝汇报。汉景帝问："这个梁王干了那档子事没有啊？"田叔回答："是犯了死罪！实有其事。"景帝又问："这案子的卷宗在哪里啊？"田叔回答："皇上您就别管梁王的事了。"景帝有点吃惊，问："为什么啊？"田叔回答："现在梁王要是不依法镇压，这会让咱们汉王朝的法律无法施行；但是如果把梁王依法镇压了，太后吃饭会没有了味道，睡觉也睡不着了，这样忧患就会降临到陛下身上了。”景帝一听，觉得这位田先生太有水平了，就重新起用他，让他做了鲁国的丞相。

这时的西汉诸侯王们，虽然还过着悠闲的日子，但像王国丞相这样的重要职位，是由中央任命派遣的。所以《田叔列传》里接下来记的，是田叔到鲁国后，处理鲁国百姓跟鲁王经济纠纷的事。

因为朝廷来人了，所以一班被鲁王侵吞了财和物的，就直接跑到刚刚上任的田丞相那里告状，告状的人还真不少，超过了一百人。田叔呢，表面上并没有站在告状的一边，而是把带头告状的和其余的都施以不同的刑罚，还煞有介事地发怒说：“鲁王不是你们的主子吗？何以胆敢自作主张说你们主子的坏话！”这么一搞，搞得那边的鲁王非常不好意思了，赶紧开了王府的钱库，拿钱让田丞相还给那些告状的。田丞相的情商可真是了得啊，当即回鲁王说：“大王您自己拿了人家的，却让丞相来偿还，这个是让大王您做恶人，而让我丞相做好人啊。我这做丞相的决不参与偿还这档子事。”鲁王呢，正好顺水推舟，把欠债统统还清了。

也许有的读者会说，这位田叔如此处理梁王案子和鲁王事件，虽然可以说情商颇高，但从根本上看，不是在和

史記卷一百四

田叔列傳第四十四

田叔者。趙陘城人也。其先。齊田氏苗裔也。叔喜劍。

學黃老術于樂臣公所。叔爲人刻廉自喜。喜游諸

公。趙人舉之趙相趙午。午言之趙王張敖所。趙王

以爲郎中。歲切直廉平。趙王賢之。未及遷。會陳

豨反。代漢七年。高祖征誅之。過趙趙王張敖自持

案進食禮恭甚。高祖箕踞罵之。是時趙相趙午等

數十人皆怒。謂張王曰。主事上禮備矣。今遇王如

明刻本《史記集評》之《田叔列傳》書影

稀泥、捣糨糊吗？

对此我们需要注意这两个事件发生的时间和空间。结合前边我们提到的《万石张叔列传》和《扁鹊仓公列传》，《田叔列传》这两个故事发生的时间，正好在这两篇列传的中间，也就是汉王朝中央集权逐步收紧的时期，而田叔身处的事件发生场地，又主要是地方，而不是朝廷之上。尤其值得注意的，是田叔个人的身份，在相对长的时段里是一位地方干部，所以他以他个人的智慧如此平稳地处理相对复杂的诸侯王事件，应该说，已经很不容易了。

因此，我想司马迁把田叔写入七十列传，应该既没有为友人开后门，也没有拔高这位好朋友父亲形象的意思，而是借了这一位他相对熟悉的人物，展示西汉前期中层的地方官员们的工作实况，和弥漫在整个西汉前期官场的已经逐步污浊的空气。

顺便说一下，在《田叔列传》司马迁写的这一部分里，多次提到一些西汉的刑罚举措。像写田叔和孟舒跟随赵王张敖去长安，都说他们"自髡钳"，也就是自己把头发剃光，还给自己的脖子戴了铁箍。而写田叔对付告鲁王状的人，又说"取其渠率二十人，各笞五十，余各搏二十"。这其中的"笞"五十的"笞"，就是鞭笞；"搏二十"的"搏"，就是打手心。所以整句话翻译一下，就是把带头告状的二十个人抓了起来，各打了五十鞭子，其余的则各打手心二十板子。而髡、钳、笞、搏，再加上钛（dì，也就是戴脚镣），基本上就是汉文帝废除肉刑之后，西汉时期施行于人身体的最常见的几种普通刑罚了。

接下来我们讨论一下这篇《田叔列传》的后半部分，由褚少孙续写的任安传。

一听任安这个名字，您是不是觉得很熟悉？对，他就是司马迁写的那封著名的书信《报任安书》的收信人——任安。

褚少孙之所以在司马迁的《田叔列传》后面，为任安写一篇传记，是因为在前面司马迁写的《田叔列传》的前半部分的末尾，写了田叔的儿子田仁。田仁，司马迁已经在本篇的"太史公曰"里说了，"仁与余善"，也就是田仁跟我关系很好；任安呢，据《报任安书》，他是司马迁的知心朋友；而据《田叔列传》后半部分，他又是田仁的同僚和好朋友。所以《田叔列传》后半部分的这篇任安传，其实是把田仁、任安和司马迁，三位好友的朋友圈，以一种独特的方式给展示了出来。

不过因为体例所限，司马迁的名字，并没有出现在《田叔列传》的后半部分。其中主要写的，是任安的事迹，以及任安和田仁的友谊。

在褚少孙的笔下，任安和田仁，都是很有自尊的人。

他们都曾在大将军卫青的门下当差，有一回跟着卫将军去平阳公主家，平阳公主家里让他俩跟管马的奴婢坐在一张席子上吃饭，俩人二话没说，拔出刀来就割断了席子，那意思是咱们俩怎么也得跟那些奴婢分开坐。搞得主人家很是怪罪，不过虽然讨厌他俩这么干，也不敢呵斥。

后来朝廷派人到卫将军府招人，将军府方面推举了一批富家子弟，面试下来都不合格，最后只好让将军门下的全体舍人都参加面试，事情才算办妥。而给朝廷面试官赵禹留下最好印象的，就是田仁和任安两位。

任安和田仁，互相之间还很谦让。他们一同被招聘担任郎官以后，有机会见到最高领袖汉武帝，武帝问：两位有啥能耐啊，都说说。田仁就推荐哥们任安，说："拿着鼓槌和战鼓，站在军门口，让士大夫心甘情愿地为战而死，我田仁比不上任安。"任安也推荐田仁，说："分辨嫌疑，决定是非，谈论官员管理，让老百姓没有怨恨之心，我任安比不上田仁。"把个汉武帝说得大笑不止，连说"好"。

从探究司马迁生平和《史记》编纂实况的角度看，《田叔列传》后半部分由褚少孙撰写的这篇任安传，最有价值的地方有两处。

一是写到了任安入朝为郎。由此学界推测，司马迁跟他相识，大概也是在早年为郎的时候。二是记录了任安出仕为郎之后历任的官职，依次是护北军、益州刺史和北军使者护军。据此司马迁的《报任安书》，也有可能推导出更为准确的写作时间。

据《田叔列传》记载，任安和田仁，最后都是因为卷入戾太子事件而被处死的。任安尤其倒霉，已经躲过了戾太子事件突发时的疾风暴雨，却在稍后因为鞭打侮辱了一个北军钱官小吏，而被小吏告发，说他曾经接受戾太子的符节，还说了"幸与我其鲜好者"的话，也就是您得给我点甜头给我点好处的意思，结果被整死了太子以后又反悔的汉武帝认定心怀奸诈，有不忠之心，而判处死刑。

《田叔列传》前后两部分，分别是由司马迁和褚少孙两人写的，他们之间也不可能有当面的交流。从文笔看，后半部分写得不如前半部分自然而有余韵，其中的史实，也有待进一步考证的地方。那么，为什么从古到今的《史记》版本里，这篇《田叔列传》的后半部分都没有被削除呢？我想，一个重要的原因，就是从司马迁笔下的田叔，到褚少孙笔下的任安，延续着一份那个时代特有的机智，由此可以一窥西汉时期官场中层如履薄冰的日常状态。遗憾的是那样的机智，遇上的是文、景、武帝三朝政治上越来越收紧的现实，因而最终也没有绽放出它们应有的光彩来。

167

《扁鹊仓公列传》:

妙手回春的老中医,是神还是人

上一节我们讲了《田叔列传》,这一节我们讲《扁鹊仓公列传》。

《扁鹊仓公列传》的主人公,一位是大家都熟悉名字的扁鹊秦越人,一位是大家可能比较陌生的仓公淳于意,两位都是名医。把两位名医放在一起写一篇合传,本来是最自然不过的事情。但我们读一读《史记》七十列传的这篇《扁鹊仓公列传》,却发现了两个很奇特的现象。

第一是同样是医生,《扁鹊仓公列传》写扁鹊,故事不多,却扑朔迷离,像是小说;而仓公的事迹,却条理分明,很写实。

第二是从《史记》七十列传的排次看,这篇《扁鹊仓公列传》的位置,前不着村,后不着店,好像是排错了。

要解释这两个现象，我们还得回到《扁鹊仓公列传》，看看太史公是如何写扁鹊，写仓公的。

据《扁鹊仓公列传》说，扁鹊是勃海郡郑这个地方的人，姓秦氏，名越人。年轻时干的，是宾馆经理的活儿。有一回，他接待了一位客人，叫长桑君。直觉告诉扁鹊，这位爷是个高人，所以招待方面就做得特别恭敬周到。长桑君呢，也知道扁鹊不是个普通人。这样不知不觉地，十多年过去了，有天长桑君就把扁鹊招呼过去，悄悄地跟他说："我有个秘方。我现在年纪大了，想传给你，你可千万别泄露出去啊。"扁鹊自然承诺保密。于是这长桑君从怀里掏出一副药，交给扁鹊，说："用上天雨露之水，把这药吞下去，三十天以后，你就知道结果了。"然后还拿出了自己的全部秘方医书，都送给了扁鹊。交代完了，这长桑君就没影了。扁鹊呢，按照他的说法，吃了药，过了三十天，竟然可以用肉眼看到墙壁另一边的人了。用这个办法给人看病，也能把病人的五脏六腑跟病痛症结都看得清清楚楚，只不过还是打了个给人诊脉的名号而已。

接下来，《扁鹊仓公列传》的扁鹊传记部分，写了扁鹊给人看病的三个著名的故事。第一个是晋昭公时候为昏迷的晋大夫赵简子治病，预告赵简子不出三天就能醒来，结果过了两天半，预言就应验了；第二个是让虢国太子起死回生；第三个是读者朋友大概在教科书里都见过的，扁鹊为讳疾忌医的齐桓侯治病，没成功，只能一逃了之。

这三个故事，据历代学者们研究，都是有问题的。第一个赵简子的故事，根本不是晋昭公时候；第二个说扁鹊预言了赵简子之后，才碰上的虢国太子，而事实上虢国那个时候早就被灭了；第三个更神奇，齐国就没有过一个君王叫齐桓侯的，所以教科书里把他改为齐桓公了。不过要真是齐桓公，那齐桓公的生活年代，在公元前 7 世纪中叶，而赵简子的生活年代在公元前 5 世纪中叶，前后相差二百多年，这扁鹊能活那么长吗？

跟这三个发生时间让人怀疑的故事相关联的，还有扁鹊这一称号。据《扁鹊仓公列传》说，秦越人"为医或在齐，或在赵。在赵者名扁鹊"，意思是秦医生有时在齐国行医，有时又在赵国行医。在赵国的时候，名号叫扁鹊。可见这"扁鹊"并不是秦医生的名字，而只是他的一个外号，还只是一个有特定区域范围的外号。

那么，扁鹊这个外号，究竟是什么意思呢？

日本学者说，扁鹊就是砭石，一种用石头做的中国早期医疗器具；也有人考证，说扁鹊是汉语"病却"两字读音的谐音；最近还有学者发表文章，论证"扁鹊"一词来自印度—伊朗语，本义就是医生。而在汉代的画像石里，已经把扁鹊画作一个有人的头，却是鸟的身体的怪物，用针灸给人治病。

2012 年，在四川成都的老官山西汉墓葬里，出土了一

山东微山出土汉画像石《扁鹊施针行医图》

批汉简医书。其中有一种，因为里面多次出现"敝昔"二字，被考古学家定名为《敝昔医论》。而这个"敝昔"，一般认为就是"扁鹊"的通假字，所以这部《敝昔医论》，也就是《扁鹊医论》。也是在老官山的汉墓里，还出土了一个约14厘米高的针灸木头人，这木头人的身上，用白色和红色画着经络线条和穴位，还刻了"心""肺""肾"等小字。中国中医科学院针灸研究所的黄龙祥研究员，就此写过一篇论文，题目叫《老官山出土西汉针灸木人考》，结合传世文献，从中医针灸学角度，证明这个针灸木人，是典型的扁鹊医派产物。[1]

老官山汉墓的墓葬年代，在汉朝的景帝、武帝时期，那正是司马迁父子的生活年代。老官山汉墓考古发现的医书和针灸木头人，按照考古学界和中医学界的看法，极有可能是扁鹊学派已经失传的经典和文物。从这一角度我们

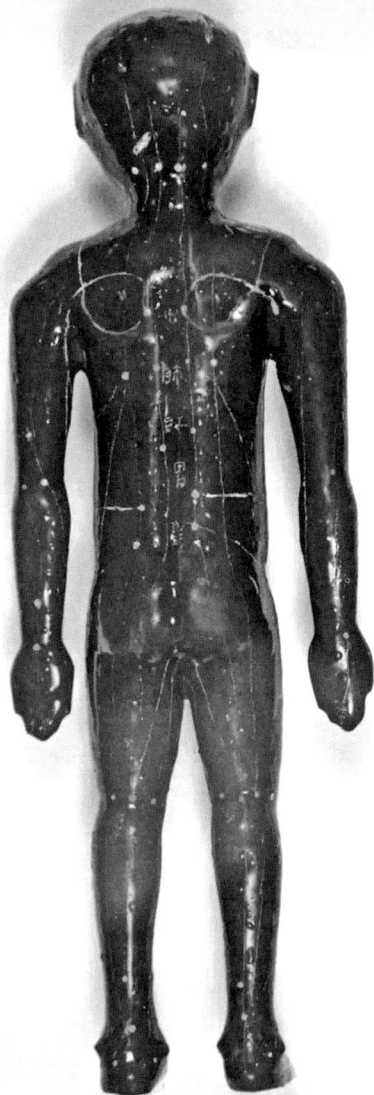

四川成都老官山汉墓出土针灸木人

再读《史记》的这篇《扁鹊仓公列传》，可以了解，即使其中扁鹊的传记有神话的成分，但作为一个中医派别的扁鹊医学，是肯定存在过的。

相比起来，仓公的故事，就要实在得多。

按照《扁鹊仓公列传》的记载，"仓公"复姓淳于，单名一个字——意，是山东临菑人。因为做过齐国的太仓长，也就是汉朝设在齐国的国家粮库主任，所以被称为"太仓公"，简称就是仓公。这位仓公除了守粮仓，也懂点医学。不过在吕太后八年（前180），他拜同乡一位名叫阳庆的有爵位的老中医为师，在阳庆师傅的指导下，丢弃了自己原本的方子，得到了阳庆师傅秘传的方子，还得到了传说是黄帝和扁鹊的脉书。这样接受阳庆指导三年，替人治病，在决定死生方面就多有应验。但是，这位淳于意医生自己有个毛病，喜欢"左右行游诸侯"，就是东逛逛，西逛逛，就喜欢游走于达官贵人之间，又不把自己的家当个家，有时也不替人治病，所以有不少病家都怨恨他。

在《扁鹊仓公列传》仓公传的后半部分，以问答的形式，详细记录了淳于意接受汉文帝的询问，回答自己行医的具体经过和成功治愈病人的经验。由于其中淳于意介绍自己行医经历的跟上边的仓公传第一段比，内容上有不少重复，而之后记录的病案又非常详细，所以我们想，太史公写这些，一定有类似宫廷档案那样的文本为基础。

这当中最有意思的，是太史公不厌其烦抄录的淳于意亲身经历的二十五个典型的病案。这些病案大都发生在仓公曾经任职的齐国。病人则上起齐王，下至奴婢，还包括齐王府的御医。涉及的病例，包括内科、小儿科、妇产科、内分泌科、心血管科、牙科，等等。医疗过程以验脉为起始形式，治疗方法主要是开方药，也兼用针灸。由于每一种病都详细记录了病人的姓名、住址、病名、症候、脉象，还预先推断生死，扼要地叙述治疗经过，所以中医学界一般认为，这是中国现存最早的病案汇编，开创了中国医生为人治病记录病案的先河。

这二十五个病案中，第六和第二十三个病案里都出现了药丸，有学者认为，这是中国最早的丸方记载，比东汉时候张仲景写的医学名著《金匮要略》里的相关记载要早二百多年。

不仅如此，其中的第十二则病案，还提供了难得一见的汉朝社会史史料。

这一则病案，讲的是淳于意受济北王的邀请，去给王府的女服务员们号脉，检查身体。检查到一位名叫竖的女服务员，发现她外表好好的，而脾胃已经受伤。淳于意就问济北王，您的这位女服务员有什么特殊才能啊，意思是怎么会伤及脾胃。济北王的回答是，"是好为方，多伎能，为所是案法新，往年市之民所，四百七十万，曹偶四人"。

这句话翻译成现代汉语，就是这位服务员喜欢开医方，还多才多艺，因为她的方技才艺都是很新奇的，所以几年前我们在百姓家里买的时候，花了四百七十万，同一批买了四个。

汉简研究大家陈直先生发现了这条材料的重要之处，他在所写的《史记新证》一书里说，这几个女服务员，每人的平均价要一百十七万还多，跟居延汉简里记录的汉代通常的奴婢价格大概每人二万相比，相差五十八倍，原因就是这些人擅长方技。他还特地指出："此段重要史料，一般学者所未注意及之。"[2]人口贩卖，自然是古代陋习，不过这个例子，可以从一个侧面反映西汉时期社会上对于包括医学在内的新兴方技才能的普遍重视。

因此就要说到这篇《扁鹊仓公列传》的第二个奇特现象：它在《史记》七十列传的排次。我们翻开《史记》的列传部分，会发现这篇《扁鹊仓公列传》，是排在《田叔列传》之后，《吴王濞列传》之前的。田叔和吴王濞，都是汉朝人，而我们看《太史公自序》里本篇的提要，明显是以扁鹊为主角的。这样说来，这篇《扁鹊仓公列传》，真是前不着村，后不着店，好像是排错地方了。

为什么会这样呢？
清代及以前的不少学者，认为这篇《扁鹊仓公列传》

不就是说方技吗，应该跟《龟策列传》《日者列传》等讲方技的汇传排在一起，司马迁肯定是排错了。

复旦大学历史系的朱维铮教授不这么看。他生前曾发表过一篇论文，题目叫《历史观念史：国病与身病——司马迁与扁鹊传奇》，从一种传统的说法"上医医国，其次疾人"出发，联系西汉的政治实际，推测司马迁把《扁鹊仓公列传》安排在一个特殊的位置，意在批判汉武帝君臣滥用权力，与民争利，而导致"国病"不治的经济政策。[3]

朱先生之所以有这样的推测，是因为在《扁鹊仓公列传》扁鹊传部分的后半，出现了一段很值得玩味的太史公的插入语。这段插入语，开头说的是"使圣人预知微，能使良医得蚤从事，则疾可已，身可活也"，意思是如果圣人能够预先知道才稍微显露出来的一点疾病的苗头，让好的医生可以早一点动手医治，那么病就可以被预防，身体就可以存活。接着又说："人之所病，病疾多；而医之所病，病道少。"意思是病人所厌烦的，是毛病太多；而医生所为难的，是治疗的办法太少。最后还归纳了"病有六不治"，哪六不治呢？就是第一病人蛮不讲理，第二看轻身子重视财物，第三衣食不当，第四阴阳互窜、气血不定，第五身体条件太差，已不能下药，第六相信巫术，不信医药，总结说："有此一者，则重难治也。"

朱先生的推测，还有一连串的考据作为支撑。虽然其中尚有可以商榷的地方，但是有一点很重要，就是它提示我们，读这篇《扁鹊仓公列传》，要注意太史公关注的宏观问题。

从《史记》撰述的三大目标中名列第一的"究天人之际"看，关于天的学问，不用说，是太史公自家最擅长的；而对于人，则除了关注其社会性，还需要关注他的物理性，医学以及医生，正是在这样的视角下，成为比一般的懂方技者更受司马迁重视的特殊群体，而为他们写的列传，自然也不能跟《龟策列传》《日者列传》一类普通的方技汇传放在一起了。

也只有从这样的视角，我们才能理解这一篇《扁鹊仓公列传》的仓公传部分，汉文帝何以如此关注淳于医生的来路和他的治疗细节；也才能理解本篇最后的"太史公曰"里，司马迁何以又大发感慨。所谓"女无美恶，居宫见妒；士无贤不肖，入朝见疑"，意思就是女性无论是美的还是丑的，待在宫里就要被嫉妒；读书人无论是有贤德的还是没品的，进了朝廷就会被怀疑。还有所谓"美好者不祥之器"，这些或俗气或富含哲理，又近乎绝望的悲剧性话语背后书写的，岂止是医生扁鹊和仓公个人的不幸遭遇，更主要的，是这种能够读懂人身体的生老病死的学问，在脱离了巫术之后，就像是泄露了的天机，让另一部分人感到无边的恐惧。

《吴王濞列传》:
刘邦的侄儿，如何变成了汉朝的叛徒

吴王濞的名字，是跟汉朝景帝时期著名的兵变"七国之乱"联系在一起的。"七国之乱"的领头羊，就是这位身居吴王高位的刘濞。按照《史记》里这篇《吴王濞列传》开头的解说，刘濞他爹，是汉高祖刘邦的二哥刘仲。这样算下来，吴濞是刘邦的嫡亲侄儿；而他带头造反时的当朝皇帝——汉景帝刘启，是刘邦的孙子，论辈份，刘启还得叫他一声叔。

那么问题就来了，开国皇帝刘邦的嫡亲侄儿，怎么会变成汉朝的叛徒，带头搞兵变，跟他自己的大侄子、当朝皇帝汉景帝过不去呢？

这还得跨过这篇《吴王濞列传》，回到写刘邦的《高祖本纪》，捋一捋这对堂叔侄背后意味深长的血缘关系。

先来说说吴王濞他爹刘仲。这个名字，各位好像听说过吧？对，就是《高祖本纪》里，刘邦登基后，满怀醋意，反问他已成太上皇的爹"今某之业所就孰与仲多"，那一句里提到的"仲"。"仲"被提及的起因，是刘老爹在刘邦尚未发迹的时候，看好老二刘仲，让身为老三或者老四的刘邦很不服气。所以做了皇帝之后，在一次大摆筵席的场合，他特意当着众人的面，奚落自己的老爸说：

> 始大人常以臣无赖，不能治产业，不如仲力。今某之业所就孰与仲多？

这话翻译成现代汉语，就是：老爸您当年总觉得我没出息，不干正经营生，不像二哥那么有能耐。您现在瞧瞧，我做成的事情，跟二哥比谁厉害啊？言下之意，是爹您今天算是发现了吧，当初您看好的二哥，也不过如此，咱老刘家真正强的，还是我。所以汉朝的建立，从宏观的视角看，自然是楚汉相争，刘邦最后打败项羽胜出；但从刘邦家族内部看，其实同时也是家长偏心，兄弟嫉妒，最终弟弟胜出的一个现实结果。

这结果的直接后续，见于《吴王濞列传》的记载，是刘仲在刘邦当皇帝后虽被封为代王，不久就因匈奴攻代时放弃守卫，逃回洛阳，而被废除王爵，降格为侯。所幸刘仲生了个好儿子刘濞，这刘濞在英布叛乱时，年方二十，就跟随刘邦东征西战。因表现突出，被刘邦看中，从跟自

鍾惺曰此傳
剴切只敘一事
卽以贊曰斷核
無枝辭而奇恣
異跡種種錯出
足見太史公著意
文字

史記卷一百六

吳王濞列傳第四十六

吳王濞者，高帝兄劉仲之子也。高帝巳定天下七年，立劉仲為代王。而匈奴攻代，劉仲不能堅守，棄國亡，間行走雒陽，自歸天子。天子為骨肉故不忍致法，廢以為郃陽侯。高帝十一年秋，淮南王英布反，東幷荊地，劫其國兵，西度淮，擊楚，高帝自將往誅之。劉仲子沛侯濞年二十，有氣力，以騎將從破布軍蘄西會甀，布走。荊王劉賈為布所殺，無後。上

建巳

卷一百六 吳王濞傳

明刻本《史記集評》之《吳王濞列傳》書影

己父亲刘仲同级的沛侯，一跃受封为吴王，王三郡五十三城，也算是为刘家二哥找回了一点面子。

不过《吴王濞列传》写到这里，特意停下来，写了一段细节，其中刘邦的心理活动，和他跟眼前这位风华正茂的侄儿的对话，很有寓言未来的况味。

说是刘濞已经拿到吴王的大印了，被刘邦招呼去看面相。看了之后，刘邦直白地对眼前的侄儿说："你的模样有造反相。"说这话的同时，刘邦心里就生出了无限的后悔。但封号跟大印都已经给了，也没法收回了，只好扳着侄儿的肩膀，谆谆告诫道："咱汉朝五十年后东南地方有叛乱，会是你吗？但天下同姓是一家啊，你可不能造反哦！"年轻的吴王，此时自然只有顿首连说"不敢"的份。

但吴国受封四十二年后，刘濞还是起兵造反了。

《吴王濞列传》里留下了诸多导致刘濞造反的前因记录。其中最易让人产生联想的，是同辈的吴王太子跟汉文帝太子玩桌游而丧命的故事。说是当年吴太子进京，有机会陪伴皇太子喝酒玩桌游。这吴太子因为在吴国的老师都是楚地之人，为人轻率彪悍，平时又一向骄横，打游戏时不按规矩来，也不讲恭敬礼仪，结果惹恼了皇太子，抄起桌游盘砸向吴太子，这吴太子也不经砸，竟被砸死了。故事的皇太子，后来做了汉朝的皇帝，就是汉景帝刘启。

据《吴王濞列传》，当年吴太子跟皇太子玩的，是一种名为"博"的桌游；皇太子拿来砸吴太子的游戏盒子，叫"博局"。这要命的"博局"，是一种怎样面目的东西呢？

目前可知考古发现的最早的博局实物，是河北平山中山王族三号墓出土的战国石质六博棋盘。而与汉景帝时期比较接近的，则是湖南长沙马王堆汉墓和广西西林普驮粮站铜鼓墓出土的西汉前期铜博局盘（详李零《"式"与中国古代的宇宙模式》，载《中国文化》1991年第1期）。汉代的博局的玩法，从河南灵宝张湾东汉墓M3出土六博釉陶俑大致可见，其中放置棋子和二茕（即后代的骰子）的小方盘，就是博局。

当年的皇太子，后来的汉景帝，就用这么一个小玩意儿，要了吴太子的命。

河南灵宝张湾东汉墓M3出土六博釉陶俑　河南博物院藏

当刘濞联络诸王发动叛乱时，冠冕堂皇的理由，自然不是儿子的被害。事实上此时距他儿子被害，也已经过去了多年。这时节摆在刘濞等一众诸侯王跟前更为紧迫的威胁，是朝廷内部一批新锐官员，正在设计一套削减藩王地盘的计划，其中的代表，就是晁错。

《吴王濞列传》里，全文抄录了汉景帝三年（前154）正月甲子，吴王刘濞在广陵起兵叛乱时，发给各有关诸侯王的一封小圈子公开信。信的开头，罗列了一同参与叛乱的诸侯王名号，接着就条叙了起兵的原因：

> 吴王刘濞敬问胶西王、胶东王、菑川王、济南王、赵王、楚王、淮南王、衡山王、庐江王、故长沙王子：幸教寡人！以汉有贼臣，无功天下，侵夺诸侯地，使吏劾系讯治，以僇辱之为故，不以诸侯人君礼遇刘氏骨肉，绝先帝功臣，进任奸宄，诖乱天下，欲危社稷。陛下多病志失，不能省察。欲举兵诛之，谨闻教。

这信可以翻译如下：吴王刘濞向胶西王、胶东王、菑川王、济南王、赵王、楚王、淮南王、衡山王、庐江王、已故长沙王的公子致敬问候：请各位给予我指教！因为汉朝存在作乱的大臣，他们对天下没有功劳，想侵占掠夺诸侯的土地，派了小吏逮捕审讯我们，用这种方法来损害侮辱我们。他们不用诸侯国君的礼仪对待我们刘家骨肉，灭绝先皇帝的功臣，而引进任用奸臣，扰乱天下，想要危害社稷。现在天子陛下多病，心志失却，不能够思考察觉。今天我打算起兵杀掉这些奸臣，希望能听到诸位的赐教。

这封咄咄逼人的小圈子公开信，司马迁之所以能全文抄录，当是七国之乱平叛过程中截获了敌方文件。当然更有可能的，是反正的王上缴的刘濞谋反文书，被收入了后来由司马迁负责的太史令官署。

在这封信的后半部分，刘濞为参与"七国之乱"的人，若能斩杀或俘虏汉朝军将和中高级官僚，开列了具体的封赏条件。如最高级的，"能斩捕大将者，赐金五千斤，封万户"；相对低级的，像斩杀或活捉千石一级的汉官，是赐金五百斤，封五百户，也能封侯。并放言称："寡人金钱在天下者往往而有，非必取于吴，诸王日夜用之弗能尽。有当赐者告寡人，寡人且往遗之。"意思是我的钱存在天下各处有好多好多，不是非得从吴国那儿拿，各位王爷就是白天黑夜不停地用，也是用不完的。如果有人满足了受赏赐的条件，那就请告诉我一下，我会把钱送到您府上去。

这是多大的口气啊。吴国和吴王，果真这么有钱吗？他这么多的钱，都是从哪里来的呢？

答案是：刘濞和吴国，真的有钱，很有钱。因为汉朝的钱，很多就是他们家铸造的。吴王还开了一家私营海盐场，东南百姓餐桌上的菜，咸淡如何，他老吴家说了算。

而吴王之所以有本钱铸钱卖盐，有一半是自然的恩惠。

《吴王濞列传》在写七国之乱初起时，记录了汉景帝跟曾做过吴国丞相的袁盎商讨对策的一番话，其中有"吴王即山铸钱，煮海水为盐，诱天下豪杰，白头举事"等语。我们看吴国所受封的三郡五十三城，都在东部富裕之地，即可明了。

七国之乱，以吴王刘濞兵败退至东越，被当地人骗杀，砍下头颅放在盒子里送给汉朝廷，其余诸王多自杀而告终。在《吴王濞列传》的最后，司马迁写了一段倾向性并不显著的"太史公曰"，给后人留下了颇多遐想的空间——

> 吴王之王，由父省也。能薄赋敛，使其众，以擅山海利。逆乱之萌，自其子兴。争技发难，卒亡其本；亲越谋宗，竟以夷陨。晁错为国远虑，祸反近身。袁盎权说，初宠后辱。故古者诸侯地不过百里，山海不以封。"毋亲夷狄，以疏其属"，盖谓吴邪？"毋为权首，反受其咎"，岂盎、错邪？

这段话翻译成现代汉语，是说：吴王之所以能做王，是靠了他爹的王国被削减封地。他能够减少赋税，让百姓为他干活，凭借的是他独占当地的山海之利。逆反暴动的萌芽，是从他儿子开始的。为争个桌游胜负而发难，最后失去了他的根本。至于亲近越国，谋划夺取本宗最高权力，最后连王国也因此被荡平了。晁错为了国家深谋远虑，反而引祸上身。袁盎提出了权宜之计，开始很受宠，最后还是受辱。所以古代诸侯封地不超过一百里，山和海是不能封给他们的。所谓"不要亲近夷狄，疏离自己的亲属"，大概说的就是吴国这样的情况吧？而"不要做总经理，会反因它背黑锅的"，难道说的就是袁盎和晁错这类人吗？

在司马迁笔下，这其实是一场没有赢家的较量——除了他没写出来的汉景帝。而太史公对汉景帝的最犀利的看法，应该见于十二本纪中那篇不免令人遐想的《孝景本纪》。可惜的是，今本《史记》里的《孝景本纪》，是后人补撰的，其中对于景帝朝最轰动的事件"七国之乱"，几乎不着笔墨。司马迁当年亲笔的原本《孝景本纪》，已经被汉武帝读罢即"怒而削之"，永远也看不到了。

《魏其武安侯列传》:

高层恶斗，有什么好处

上一节我们讲了《吴王濞列传》，主角是汉景帝时发动叛乱的诸侯王。这一节我们讲《魏其武安侯列传》，主角是两位在汉武帝时期做官做到丞相的大人物——窦婴和田蚡，他们在汉景帝时分别受封为魏其侯和武安侯。《史记》的篇名，就是用了两位所封侯的名号。

但魏其侯窦婴，和武安侯田蚡，却不是一般的有侯爵的汉朝高层，他们同时还都有另外一个身份，就是外戚。

按照《魏其武安侯列传》的记载，窦婴，是汉文帝的皇后窦氏，也就是《外戚世家》里写过的窦太后，她堂兄的儿子；窦太后堂兄的儿子，就是窦太后的远房侄儿，这样算下来，窦婴就是汉景帝的表兄弟，汉武帝的表叔。

田蚡呢，《魏其武安侯列传》说，他是"孝景后同母弟也"，也就是汉景帝某位夫人的同母异父的弟弟。这是什么情况呢？我们查一下《外戚世家》，就可以知道，这位汉景帝夫人，就是汉武帝的生母王夫人。王夫人她老娘，先嫁了个姓王的，生了王夫人；夫死又改嫁个姓田的，又生了田蚡，所以王夫人跟田蚡，就成了同母异父的姐弟。不过不管这关系听上去有多复杂，有一点是绝对不错的，就是这田蚡是汉武帝的亲舅舅。

所以，这两位汉朝高层，从汉武帝的角度说，一个是表叔，一个是舅舅。

这表叔跟舅舅，开始时关系好像还蛮不错的。表叔窦婴出道早，汉景帝那会儿，七国之乱，国家有难，他奉命做了大将军，风头正健。舅舅田蚡呢，那时节才开始做郎中（也就是跟司马迁的第一份工作一样，做皇帝的低级侍卫），还没发达，所以经常给窦大将军端茶倒酒的，跪下再起来，就像儿子服侍爹一样勤快。后来汉武帝继位了，舅舅田蚡还听从一位门客的建议，主动向窦太后推荐窦婴，让窦婴做了丞相，自己则当上了太尉。

这表叔窦婴和舅舅田蚡，还曾经有共同的理念，就是都喜欢儒家的一套。趁着自己做丞相、太尉，有权，就想搞点改革，文化上崇儒，制度上削弱列侯，限制外戚。没想到当时喜欢黄老道家的窦太后老是老了，还很有势力，等到窦婴、田蚡的一位下属天真地上奏说，以后大事不要再向东宫也就是窦太后汇报了，就真的惹恼了"太上皇"

窦太后。结果这窦、田两位，才坐热不久的丞相和太尉官位，就被窦太后一撸到底，没了，真成除了汉武帝的表叔和舅舅，啥也不是的闲人了。

于是，戏剧性的故事开场了。

一边是表叔窦婴人走茶凉，门客散尽；一边是舅舅田蚡靠了自己老姐的关系，逐步翻盘，最后竟登上了汉朝丞相的宝座。表叔和舅舅，曾经的同道，差距急速拉大，最后竟反目成仇了。

按照《魏其武安侯列传》的说法，田蚡人长得比较猥琐，但口才一流。仗着自己是汉武帝的舅舅，当上丞相后，一入朝就喋喋不休地教育自己的外甥皇帝。汉武帝呢，开始对他是言听计从。渐渐地，这舅舅胆子越来越大，提拔干部不走正常程序，胡来。有一回，他又要提拔谁，汉武帝实在忍不住了，就说："舅舅，你提拔完了没有啊？我也很想提拔几个啊。"

这位姓田的舅舅，还有一个特别的爱好，就是喜欢地产。有一次，他要扩建自家的宅院，看上了隔壁属于"工业部"的一大块宝地，想不花钱搞到手，便不顾皇上的心情，直接就向外甥皇帝要，搞得汉武帝很不开心，直接怼了他一句："你怎么不直接把国防部仓库都拿去！"

后来不知怎地，他又看上了已经失势的魏其侯窦婴名下的城南一块田地，就派了个中介直接去讨。窦婴呢，据《魏其武安侯列传》讲，性格耿直，当年汉景帝就曾说他"沾沾自喜耳，多易"，意思是窦婴这个人啊，太自恋，也太任性。这回窦婴的任性，就表现在直接怼了田丞相派来的地产中介，他说："老夫我是被官家遗弃了，田将军当然也很尊贵，但怎么可以仗势欺人来硬要我的地产！"那中介呢，是个情商蛮高的人，知道这事没戏，为了交差，就找了个理由，回田丞相说："魏其侯这老头都老得快死了，很容易忍过去的，咱们就暂且等等吧。"过了阵子，这田蚡自己听说了，其实是窦婴发飙，根本不肯给地，所以他也怒了，放话说："魏其侯的儿子曾经杀了人，是我田蚡救了他儿子的小命。我田蚡当年服侍他窦婴，可以说是没什么事不可以做的了，他为啥还这么爱他的几亩地？既如此，这地我就不要了。"汉武帝的这对表叔和舅舅，就这么结下梁子了。

窦婴和田蚡两人矛盾的最后激化，是因为两人的中间，还插进了一个叫灌夫的人。

灌夫是谁呢？据《魏其武安侯列传》说，他也是军人出身，在平定七国之乱时脱颖而出，从中郎将，经过淮阳太守、太仆，做到了燕王的丞相。后来他犯法而丢了官，却过起了富人生活。因为和窦婴俩都失势了，所以惺惺相惜，相见恨晚。尤其是窦婴，这时候特别想倚重灌夫，"引绳批根生平慕之后弃之者"，也就是要把那些他得势时追随他，失势后又抛弃他的，都拉根绳子量量，拿把斧头削削，好好地修理一番。

然后就爆出了灌夫使酒骂座的"八卦"。据《魏其武安侯列传》记载，那年夏天，田蚡娶燕王的女儿做夫人，太后也就是他老姐下诏，让列侯和宗室都去喝喜酒祝贺。窦婴带着灌夫也去了。这一去，麻烦就来了。

当时大家都喝了不少酒。新郎田蚡高兴，站起来跟各位敬酒，一班坐着的都离开坐席伏倒在地。过会儿轮到窦婴敬酒了，却只有熟人离席回应，其余的有一半人，都只是半跪着敷衍了一下。一旁的灌夫看着，不高兴了。一会儿他自己站起来敬酒时，田蚡也没给他多少面子，在走到下一位临汝侯跟前时，见到这位正跟一位叫程不识的说悄悄话呢，这灌夫就发作了，他大骂临汝侯，说："你平时诋毁程不识，把他说得一钱不值，今天长辈来敬酒，你却像个女人一样地喋喋不休，说悄悄话！"这一发作可好，把田丞相的婚礼喜庆气氛给彻底破坏了，最后竟闹到他自己被田丞相派人给抓了起来。

说到喝喜酒，这里也顺便说一下，按照儒家经典《礼记》的说法，先秦时候，是没有贺婚也就是公开喝喜酒这样的形式的。西汉中期以前，婚宴也只是在少数上层社会

擁趙女屏閒處而不朝相提而論　徐廣曰摞
音徒頰反

是曰明揚主上之過有如兩宮螫將軍
也毒蟲怒必螫人火各反則妻子毋類矣魏其　張晏曰

侯然乃遂起朝謁如故桃侯免相　服虔曰
劉舍也

竇太后數言魏其侯孝景帝曰太后豈以　

為臣有愛不相魏其魏其者沾沾　徐廣曰一
作怙又昌
志反音自整頰也多易

自喜多易多輕易之行也或曰沾音醬也

難以為相持重遂不用建陵侯衛綰為

丞相

武安侯田蚡者孝景后同母弟也生長陵

魏其已為大將軍後方盛蚡為諸郎　云諸媪時人
相號長老
者為諸公

少者為諸卿如今人相號為士大夫

侍酒魏其跪起如子姪及孝景晚節蚡益　未貴往來

貴幸為太中大夫蚡辯有口學槃盂諸書　應劭曰黃帝
史孔甲所
作銘也凡二
十六篇書槃盂
中所為法戒
諸書諸子文書也孟康曰孔甲二
十六篇兼儒墨名法
兼儒墨雜家書

崩即曰太子立稱制所鎮撫多有田蚡　孝景

賓客計筴蚡弟田勝皆以太后弟孝景後三

宋蜀刻大字本《史記·魏其武安侯列傳》書影

才被允许，民间嫁娶，按规定是"不得具酒食相贺召"的。直到汉宣帝的五凤二年（前56），才由官方下诏书，明确解禁喝喜酒，从此喝喜酒成为中国人婚礼的一道重要风景。

《魏其武安侯列传》的这一段里，还提到了三个酒席上的专用名词——为寿、避席和膝席，需要解释一下。所谓"为寿"，是指拿着酒杯，给人敬酒，当时一般还要说祝您长寿无疆之类的好听的话。所谓"避席"，是因为汉朝时还没开始用凳子，吃饭什么的都是席地而坐，当然是有一个垫子的，"避席"就是离开自己的座位。而所谓"膝席"呢，因为当时人的坐姿，一般是跪着坐（像日本人到现在还是那样坐，就是中国很早传过去的习俗），别人过来跟你敬酒，关系一般的，你可以上半身直立，膝盖着地，也就是不全身站立，这就是膝席。

灌夫在田蚡婚礼上使酒骂座，导致他自己深陷牢狱之灾。窦婴因为灌夫是为自己出气，所以挺身而出营救灌夫。最后上诉到汉武帝那里，汉武帝的办法，是"东朝廷辩之"，也就是到太后那里开一场双方面对面的辩论会。

这场东朝廷辩，应该是有档案记录的。所以从开始的就事论事，转到互相直接攻击对方，田蚡甚至说魏其侯和灌夫有谋反之心，都记录在案。当时汉武帝问各位大臣的意见，韩安国最聪明，脚踩两只船，让皇帝定夺。其他除了汲黯，没有人肯得罪田蚡。最后闹到王太后不开心发飙，廷辩只能草草收场。

学界普遍认为,从《魏其武安侯列传》的描述看,汉武帝应该是想借此机会干掉田蚡,怎奈绝大部分大臣明哲保身,使他无从下手。所以他很不高兴,当廷骂了开始站在窦婴一边,后来又做缩头乌龟的内史郑当时:"你平日里多次说魏其侯长,武安侯短的。今天开廷辩论了,你倒缩手缩脚的,学那被套上车架子的小马驹了。我真想把你们这些东西都斩了。"在王太后以绝食相威胁,力保自己的弟弟田蚡时,汉武帝只能道歉,说:"因为都是宗室外戚,所以才想了个廷辩的办法。要不是的话,这样的事,一个监狱管理员就可以搞定了。"所以后来清代名臣曾国藩在他的《求阙斋读书录》里说:

> 武安之势力盛时,虽以魏其之贵戚无功,而无如之何;灌夫之强力盛气,而无如之何;廷臣内史等心非之,而无如之何;主上不直之,而无如之何。子长深恶势利之足以移易是非,故叙之沉痛如此。[1]

当一个时代,连位于权力顶峰的皇帝对他不认同的外戚也"无如之何",也就是无何奈何的时候,可以想象,整个高层利益集团的内部,一定是互相钳制,只有利益,没有是非的。因为一荣俱荣,一损俱损。

汉武帝的表叔、魏其侯窦婴,跟他的舅舅、武安侯田蚡，最后都没有好下场：窦婴是因为想救被判死刑的灌夫，出示了一份在宫里查不到底稿的前朝皇帝遗诏，而自己也被公开杀头的；田蚡则在窦婴被执行死刑后精神失常，一直喊谢罪，不久也死了。

读这篇《魏其武安侯列传》，一个最深的印象，是写得实在是太生动了。所以一直以来有一个说法，就是说田蚡和窦婴高层相斗，是司马迁亲眼所见，所以能写得如此生动。我以前也这样认为。

但事实好像不是那样。

司马迁的生年，有两个说法。一个是王国维说的，生在汉景帝中元五年（前145）；还有一个是李长之、郭沫若说的，生在汉武帝建元六年（前135）。[2]建元六年，按照《魏其武安侯列传》的记载，武安侯田蚡做丞相。窦婴和田蚡死在哪一年呢，是元光五年（前130）。所以如果按照李长之、郭沫若的说法算，窦婴和田蚡死的时候，司马迁才六岁，不可能亲眼目睹这一系列的高层倾轧场面；就是按照王国维的说法算，窦婴和田蚡死的时候，司马迁已经十六岁了，他当时的大部分生活空间，也还不是在首都长安，而是在茂陵，所以至多也只是听说了那些"八卦"。

那么，《魏其武安侯列传》里那些生动的文字，是怎么来的呢？

我想，最大的可能，是司马迁的父亲司马谈，曾经亲身经历了那些场面，讲给司马迁听了，而后才有了《史记》七十列传里这篇结构精致、文辞生动异常的篇章。证据是司马谈在元光二年（前133年）已经做太史令了，而按照西汉朝廷的规矩，太史令是有资格列席高层活动的。

这篇写得如此生动的《魏其武安侯列传》还有一个问题，曾经引起学界的讨论，就是把魏其侯和武安侯放在一起，写这么一篇合传，是否合适？

很有意思的是，历来的文学史研究者，都众口一词，对太史公把窦、田两人放在一起写，很是赞扬。但史学家里面，有些人却很不以为然。

比如清代著名学者全祖望，就认为窦婴和田蚡两个，在"大节"也就是个人节操方面相去甚远，不应该放在一起写合传。他认为，倒是应该把周亚夫跟窦婴放在一起写。他还说，窦婴的传记中，应该重点写的，只是讨伐七国之乱、崇奉儒家政治等两三件大事，最后再带一下窦婴被田蚡陷害而死，就可以了。至于田蚡，根本就不应该专门给他写传，应该附在《外戚传》里就足够了。[3]

全祖望的说法，不是完全没有道理。我们看《史记》最后的《太史公自序》，其中《魏其武安侯列传》一篇的解题里，是只有魏其侯窦婴，没有武安侯田蚡的；而且写魏其侯，也都是正面叙述的，就可以知道，太史公在窦、田二人中，是有所褒贬的。

不过，全祖望不明白的是，太史公写《史记》的七十列传，把窦婴和田蚡写在一篇合传里，主题本来就不是表彰窦婴的"大节"。他的重点，是写人，写人跟人在历史中的复杂纠葛，和特定境遇下人性的上限和下限。他通过列传的形式，细致的描摹，想告诉你的，不是人应该是怎么样的，而是人其实是这样的。他在《魏其武安侯列传》最后的"太史公曰"里，用了两个"呜呼哀哉"，既批评了武安侯田蚡的"负贵而好权"，也感慨魏其侯窦婴的"不知时变"，正显现了他对于人性的敏锐洞察。

读《魏其武安侯列传》，看窦婴、田蚡两位高层恶斗，会让人想起前面我们讲过的那位叔孙通。叔孙通个人人品是肯定有问题的，但他生逢汉王朝新建那样一个生机勃勃的时代，虽然投机，却办成了制定仪礼这样的大事。回过头来我们看看本篇的两位主人公，窦婴和田蚡，虽然个人节操有高下之分，但作为曾经和在任的"国家级领导人"，在他们的后半生里，却几乎看不到为国家和百姓操心什么，想的都是极其狭小的个人圈子内的一些鸡毛蒜皮、争风吃醋的事。有这样的高层，汉武帝再有什么雄才大略，也很快被消解于无形了。

这是一个时代的悲剧，预示着汉王朝走下坡路的关头，即将到来。

《李将军列传》:
但使龙城飞将在，不教胡马度阴山

"秦时明月汉时关，万里长征人未还。但使龙城飞将在，不教胡马度阴山。"这是我们熟悉的唐诗名篇，诗的题目叫《出塞》，作者是大名鼎鼎的唐代诗人王昌龄。王昌龄诗里写到的"龙城飞将"，就是这一节我们要讲的《史记·李将军列传》的主人公——李广。

李广之所以被称为"飞将"，是有出典的。那出典，也在《李将军列传》里。《李将军列传》里，位于中间的部分，写到汉武帝下诏让李广做右北平太守，说：匈奴方面听说了这个消息，"号曰'汉之飞将军'，避之数岁，不敢入右北平"，就是给李广取了个外号，叫"汉朝的飞将军"，几年里都避免跟他打仗，因此不敢入侵右北平地区。

王昌龄的诗里的"飞将"，自然就是匈奴所说的"汉之飞将军"的简称。但是，王昌龄为什么要在"飞将"二字前边，再加一个地名"龙城"呢？这可就说来话长了。长到什么程度呢？需要我们从头读这篇《李将军列传》。

《史记》七十列传里的这篇《李将军列传》，跟其他写个人的传记相似，都从追溯家世开始。先说李广是"陇西成纪人"，然后说，他的祖先里有一位叫李信的，战国时候是秦国的将军，就是这位李信将军，追击俘获了燕太子丹。接下来又说，"故槐里，徙成纪"，也就是祖上的籍贯，其实是一个叫槐里的地方，后来又迁到了成纪。成纪现在一般公认就是甘肃的秦安。槐里在哪里呢？有学者考证，槐里是在今天甘肃的临洮，当时叫陇西狄道。又因为汉朝的陇西狄道，在北魏太和十年（486）曾建置龙城县，并且被记载在唐朝初期编纂的《隋书》里，所以王昌龄的《出塞》诗里，"飞将"的前面，就有了"龙城"这样的表示祖籍的定语了。

这样的说法，自然不是定论。因为在清代，著名学者阎若璩在他写的学术笔记《潜邱札记》一书里，就拿这篇《李将军列传》里的一段话为证，就是前面我们已经讲过的，"广居右北平，匈奴闻之，号曰'汉之飞将军'，避之数岁，不敢入右北平"，说汉代的右北平，是唐代的北平郡，郡府的所在地，叫卢龙，所以"但使龙城飞将在"，应该作"但使卢城飞将在"，也就是"龙城"的"龙"，其实应该写作"卢"。后来还有人找到了一个版本证据，就是宋代王安石所编《唐百家诗选》的宋刻本里，"但使龙城飞将

李將軍列傳第四十九　史記一百九

李將軍廣者隴西成紀人也其先曰李信秦時爲將逐得燕太子丹者也故槐里徙成紀廣家世世受射孝文帝十四年匈奴大入蕭關而廣以良家子從軍擊胡用善騎射殺首虜多爲漢中郎廣從弟李蔡亦爲郎皆爲武騎常侍秩八百石嘗從行有所衝陷折關及格猛獸而文帝曰惜乎子不遇時如令子當高帝時萬戶侯豈足道

在"，是作"但使卢城飞将在"的。[1]

不过无论是"龙城飞将"，还是"卢城飞将"，都源自《史记》的这篇《李将军列传》，是没有问题的。

《史记》的这篇《李将军列传》，从头到尾反复出现的一个情节，是"李广难封"，也就是无论这位李将军如何卖力打仗，就是得不到封侯的荣誉。这"李广难封"四个字，也出自唐朝，是唐朝著名文学家王勃写的骈体文《滕王阁序》里的八字名言"冯唐易老，李广难封"的后半段。

李广怎么个"难封"呢？《李将军列传》里专门写了两个小故事，很有意味。

第一个故事，是李广早年的。说是李广早年做郎一级的低级侍卫时，有一回跟随汉文帝出行，"有所冲陷折关及格猛兽"。这句话里的"冲陷折关"，原本的意思是冲锋陷阵，阻击敌人；"格猛兽"呢，自然是指碰上个猛兽什么的，李广就出手格斗。但汉文帝显然没有带着李广去前线打仗的事，联系"格猛兽"的说法，一般认为"冲陷折关"应该是指李广跟随汉文帝出行打猎，能像上了真正的战场那么拼命。因此文帝感叹说："很可惜啊小李，你没有遇上好时候啊。如果让你身处咱们高皇帝那会儿，得个有上万户人家封地的侯爵，也是不在话下的。"

第二个故事，是李广晚年的事情。这事情还跟李广的一位堂弟李蔡有关。在汉文帝的时候，李广是跟自己的这位堂弟一同起步做郎官的。到了汉景帝的时候，这李堂弟就积累功劳到了二千石的位置；汉武帝的时候，李堂弟更进步，先是做了代王的王国丞相，后来在元朔五年（前124）跟随大将军出击右贤王，有军功，符合封侯的标准，被封作乐安侯。到了元狩二年（前121），这李堂弟更进一步，接了丞相公孙弘的班，当上了汉王朝的丞相。这位李蔡李堂弟，按照当时人的评价，为人不过在"下中"也就是下品的中等水平，名声也远远比不上李广，但封侯做官，就是比李广厉害。而且最让李广感到难堪的，是自己部队的下级甚至士兵，到这时也有被封侯的。所以有一回他跟汉朝著名的气象学家王朔先生吃饭闲聊，就忍不住问王专家："自打咱们汉朝出击匈奴开始，我李广就没有一次不在战斗中，而各部队校尉以下，才能不过中等水平的，因为打匈奴有军功，而获得封侯的，有几十个。我李广算下来也不是比他们差的人，却没有尺寸的功劳可以获得分封城邑，这是为什么啊？难道是我的面相，本就不该封侯吗？还是命该如此啊？"这王朔也很聪明，不给看相，也不算命，而是问李广："将军您自己想一想，是不是有过什么遗憾的事情？"李广想了想说："我在担任陇西太守的时候，羌人曾经造反，我诱降了他们。当时投降的有八百多人，我骗了他们，一天之内把他们都杀了。至今想来，最大的遗憾就只有这件事了。"王朔因此说："人的祸害，没有比杀已经投降的人更大的了，这就是将军您不得封侯的原因了。"

　　关于李广不得封侯的原因，汉代气象学家王朔的解释，是准确的吗？恐怕很难说。事实上对于为何"李广难封"，历来有很多的说法。我个人觉得，萧平汉教授写的一篇论文，题目叫《军功不够是"李广难封"的根本原因》，说的比较有道理。

　　萧教授首先按照《史记》《汉书》所记封侯实例，归纳了汉武帝时封侯的四条标准，分别是：第一，捕获敌军的王、相、将军和匈奴的阏氏等；第二，斩杀敌军一千个首级以上；第三，在战斗中为夺取胜利作出了重大贡献；第四，父亲在战斗中作出重大贡献却牺牲了，儿子可以获得封侯。然后萧教授按照《史记》和《汉书》的记载，为李广做了一份简单的年表，通过这份年表，可以发现，在整个对付匈奴的战争中，李广率军出击匈奴五次，三次无功而返，两次全军覆没，其中一次还被匈奴给活捉了，所以他自己说"无尺寸之功以得封邑"，这就是李广难封的根本原因。[2]

　　但是，从《李将军列传》的记载看，李广"家世世受射"，就是家里世世代代都是受过很好的射箭教育的，而他本人则长得既高大，又有一双像猿猴一样的长臂，天性善于骑马射箭，是战场上的骄子。这么一位军事天才，为何率军出击匈奴五次，会一次也没有汉王朝认可的成功呢？

萧教授的论文进一步分析说，主要是汉武帝用人政策的后果。说得更明白一点，就是对汉武帝而言，任何一场对匈奴战斗的胜利，预定的胜利成果的最终受益者，必须是由外戚担任的前线统帅，而不是其他普通的军将，所以没有高层背景的李陵，纵有天大的本事，也只能是个陪练——有功的机会请靠边，有难的时候请上前。

在这样的大背景下，我们再来读《李将军列传》里的某些情节，其中的悲凉气氛，就很明显了。比如到军队里来混资历的"中贵人"，也就是太监，在前线擅自行动，而被匈奴的三个射雕高手围攻，随行的都快被杀光了，逃回李广的大营，李广只好率骑兵百人出击，为之报仇，虽然三个射雕手中，杀了两个，活捉了一个，后果却很严重，远远地遇上了匈奴几千人的骑兵大队。怎么办？李广只好冒险下令自己的百人骑兵分队下马解鞍，以迷惑对方，让对方误以为汉朝方面有伏兵而止步不前。虽然今天的读者，可以感叹李广的神机妙算，但对当时的李广而言，这样的打仗，哪里还有什么军功可言，能活下来就不错了。

据《李将军列传》记载，元狩四年（前119），李广跟随大将军卫青出兵攻击匈奴，被分派到一条路远、水草少，显然无法安营扎寨的东路作战，结果部队因为失去向导、迷路，而耽误了跟卫青所率主力会合的期限，导致单于逃脱，李广部队因此被追责。为了保护下属，他决然自杀。

甘肃天水李广衣冠冢

　　司马迁是见过李广本人的，在《李将军列传》最后的
"太史公曰"里，他说："余睹李将军，悛悛（quān）如鄙
人，口不能道辞。及死之日，天下知与不知，皆为尽哀。"
意思是我看李将军的样子，老实巴交的，好像是个乡下人，
都不怎么会说话。但他死的时候，天下人认识他和不认识
他的，都来向他致哀。司马迁还引用了谚语"桃李不言，
下自成蹊"，说明像李广这样的人，虽然自己不会说什么，
但他做的一切，已经足以为后人所效法，而且这一切，在
更大的范围内，还是一种隐喻。

　　这是一种怎样的隐喻呢，司马迁没有直说，而是在
"太史公曰"之前，加了一小段文字，专写李广的孙子、同

205

样有将军身份的李陵。而这位李陵，就是司马迁身遭腐刑的关联人、李陵事件的主角。

出现在《李将军列传》最后部分的李陵，跟他的祖父李广有着十分相似的悲剧性命运。天汉二年（前99），他随贰师将军李广利出击匈奴，为贰师将军分流敌人压力，结果被匈奴军队围困，而援兵不到，最后不得不投降。

对于这一段文字，历来有人认为它不是司马迁写的，像清代的《史记》研究专家梁玉绳，在他的《史记志疑》里列了几条理由，说这部分跟《史记》纪事的下限，跟《汉书》所记更为确切的李陵事迹等，都有矛盾，并认为司马迁因李陵事件而遭罪，不可能在《史记》里再写这一段，等等。[3] 但在汉武帝钦定大狱还没有昭雪的前提下，司马迁只能根据传闻书写李陵后续事迹，因而其中有不准确的地方，是很正常的事情。而尤其重要的是，《史记》对司马迁而言是一部生命之书，虽然在大的结构上有上下的断限，但他怎么可能自己画地为牢，对既令汉王朝君臣失色，也令他自己的人生发生重大转折的历史性事件，只字不提呢？至于说这部分文字的最后一句话，就是"自是之后，李氏名败，而陇西之士居门下者皆用为耻焉"，是"断非子长笔"，尤其没有道理。相反地，这句话不仅可以在司马迁的《报任安书》里找到类似意思的文句，还正好说明无论在怎样的情境下，太史公都坚守着他秉笔直书的实录精神。

说《列传》（下）

星空下，换几个角度看众生

《匈奴列传》:

为敌国写一篇传记，需要怎样的胆识

上一卷我们讲了秦汉时期的功臣、名流和叛徒，这一卷我们讲《史记》七十列传的后半以描绘群体的"汇传"为主的篇章。其中的第一篇，就是《匈奴列传》。

讲这篇《匈奴列传》之前，我们要先回顾一下，《时空》最前面的"卷首"部分曾经说过，《史记》这部大书，太史公的撰述目标是相当高的，他要写的，是以中国为中心，以当时的世界知识为背景的人类历史，因此其中才有了《匈奴列传》这样很特别的传记。

《匈奴列传》怎么个特别呢？特别就在于，在司马迁的时代，匈奴是不折不扣的异族，而且是正跟汉王朝交战的敌国。

为匈奴这样一个敌国写传记，在当时无疑是触及了敏感话题的。那么，太史公是怎么写的呢？

令人不免感到惊讶的是，《史记》的这篇《匈奴列传》，没有无情的谩骂，没有热辣的讽刺，一句话，没有为了表示政治正确，而对匈奴大加挞伐的大批判式的文字，所有的，是尽力追寻历史的复述、相对客观的记录，和站在更高层次上对战争的反思。

从结构上看，《史记》的这篇《匈奴列传》大致可以分为四个部分。

第一部分，是追溯匈奴早期的历史，兼说匈奴这一族群的生活习性、文化特征和独特风俗；第二部分，是介绍匈奴逐步变成一个可以跟汉朝叫板的北方草原帝国后，它的职官、居处、法律等等方面的概况；第三部分最长，写了从冒顿（mò dú）到且鞮侯，总共八位头领在位时，匈奴跟汉朝交往的历史，由于八位头领中有五位都在汉武帝时期，因此以汉武帝时期为界，这一大部分又可以分为两个小的部分，前一部分是高祖、吕后和文景二帝时期的汉匈交往史，后一部分是汉武帝时期的汉匈交往史；最后的第四部分，则是评论性的"太史公曰"。

从知识史的角度说，《匈奴列传》是现存最早一篇系统讲述匈奴族群概况的文献。从这个角度看，这篇文献的第一和第二部分尤其重要。

匈奴列傳第五十一　南方交趾　　吳興凌稚隆輯校

正義曰北卷或有本次平準侯後第五十一
今第五十皆先定舊本如此劉伯莊云赤松

匈奴其先祖夏后氏之苗裔也曰淳維　漢書音義
祖名　索隱曰張晏曰淳維以殷時奔北邊又樂
彦括地譜云夏桀無道湯放鳴條三年而死其子
之于篡粥妻桀之衆妾避居北野隨畜移徙中國謂之匈奴

之于篡粥妻桀之衆妾避居北野隨畜移徙中國謂之匈奴
周曰獫狁段日匈奴堯時曰葷粥其實一也
云曰殷曰鬼方是其始祖匈奴堯時曰葷粥其別
蓋與獯鬻是一其始祖匈奴堯時曰葷粥其別名
名曰獯鬻入伐山戎曲沃以志云曲沃獻爾縣本北戎或獯於三
也辛酉入伐山戎曲沃地志云曲沃獻爾縣本北戎或獯於三國　驗稅

唐虞以上有山戎正義莊曰三十左

不过非常有意思的是，《匈奴列传》一开头，就说匈奴的祖先，是华夏族的夏后氏的"苗裔"也就是直系后代，而那位祖先的名字，太史公也知道，叫淳维。

所谓"匈奴，其先祖夏后氏之苗裔也"的说法，现代学者相信的不多。而"淳维"，据复旦大学历史地理研究中心姚大力教授考证，其实就是战国以来匈奴最高首领"单于"名号读音的另一种汉字转写。[1]

司马迁也很坦白，说从淳维到一位叫头曼的匈奴头领，时间跨度大概有一千多年，匈奴部落有时大，有时小，分分合合地过了很久，因此他们的世系也没法弄清楚了。不过他说，早在唐尧、虞舜时代以前，淳维的后代就有山戎、猃狁、荤粥等多个支派，活动在北方边疆。到了夏、商、周三代，它基本上被中原统治者划归四夷中的"戎狄"。进入秦朝，他们又被简称为"胡"。而稍晚于《史记》的研究者则大多认为，荤粥、猃狁不过是夏朝和商周时代匈奴的别称。至于"匈奴"这一称号，应该是从秦朝开始的；它的意思，虽然有人认为是"凶恶的奴隶"，但更多的学者认为应该只是用汉字记录的一个当时的读音。

按照《匈奴列传》的记载，匈奴是典型的游牧民族：他们放养的牲畜，主要是马、牛、羊，而比较特别的是还有骆驼、驴等"奇畜"，也就是汉朝人所稀见的动物。他们追寻有水草的地方，到处迁徙，无需城池，没有定居地，也不从事农耕，只是各部落划分了各自的领地。他们没有文字书写，靠口头的说话来互相约束。他们从小练就了张弓骑射的本领，平时放牧，并以猎杀飞禽走兽为生，遇到特殊情况，就人人都能上场作战。打仗的时候，顺利就前进，不利就赶紧撤，也不以逃跑为耻辱。他们那里通行的价值观，是"苟利所在，不知礼义"，也就是只要有利可图，礼义什么的都是不讲的。他们的风俗，在汉朝人看来最难以接受的有两点：第一点是"贵壮健，贱老弱"，也就是以健壮小伙为尊贵，对老人和小孩都很轻视。所以吃肉的时候，身体健壮的能吃最好的部分，而老人只能吃剩下的。第二点是老爸死了，儿子可以娶后妈做自己的太太；兄弟死了，其他兄弟都可以娶他的太太做自己的老婆。此外，据《匈奴列传》说，匈奴人是只有名，而没有姓和字的，人名也不讲究避讳。

匈奴历史上最为强盛的时期，是一位叫冒顿的单于当老大的时候。这位冒顿，是通过亲手射杀自己老爸的残忍方式，当上单于的。《匈奴列传》说他使北边的少数民族部落都臣服于自己，而向南则"与中国为敌国"。也就是从这个时候开始，匈奴的世系和职官制度等都有历史记录了。

《匈奴列传》的第三部分，是全篇的中心部分，写了从冒顿到且鞮侯，总共八位单于在位时，匈奴跟汉朝交往的历史。他们中的前三位，分别是跟汉高祖、吕后以及汉文帝前期相对应的冒顿单于时期，跟汉文帝中期对应的老上单于时期，以及跟汉文帝后期、汉景帝全部时期以及汉武帝前期对应的军臣单于时期；他们中的后五位，依次是伊稚斜单于、乌维单于、儿单于、呴犁湖单于和且鞮侯单于，这五位单于对应的，全部都是汉武帝时期。

从《匈奴列传》所记看，这第三部分的文字，有不少应当是来自汉朝和匈奴交往的外交档案。但司马迁的史料选择功夫，在这里得到了很有意味的展示。

我们可以举汉匈关系史上著名的"和亲"政策为例，看看太史公是如何选材撰写的。

"和亲"的背景，是汉高祖时发生了著名的白登之围，之后匈奴逐渐强盛，开始成为汉朝北部边境的一个巨大威胁。因此汉朝一方主动以"国际联姻"的方式，把公主远嫁匈奴，来换取和平，这就是所谓的"和亲"。

和亲的目的，在当时是化干戈为玉帛；从长远看，则是期望逐渐同化匈奴人种，使之彻底臣服，所以实际上是要打一场没有厮杀的血缘之战。但愿望尽管良好，效果却不尽如人意。和亲政策实施时断时续，匈奴单于也终究没有像汉朝设想的那样，因为与那些远嫁的汉族公主结合，而变得更为文明。汉高祖驾崩以后，据《匈奴列传》记载，"冒顿乃为书遗高后，妄言"，也就是冒顿单于写了封信给吕太后，说了些混账话，导致吕太后"欲击之"也就是想跟冒顿打一仗，结果被各位将领劝阻了，汉朝才又不得不继续跟匈奴和亲。

謀擊代漢使樊噲往擊之復收代鴈門雲
中郡縣不出塞是時匈奴以漢將數來
往降<small>師古曰即謂韓信陳豨之屬耳</small>故冒頓常往來侵盜代
地於是高祖患之迺使劉敬奉宗室女翁
主為單于閼氏<small>師古曰諸王女曰主言其父自主婚翁主者言其父自主婚</small>歲奉匈奴
絮繒酒食物各有數約為兄弟以和親冒
頓迺少止後燕王盧綰復反率其黨且萬
人降匈奴往來苦上谷以東終高祖世
惠高后時冒頓寖驕<small>師古曰寖漸也</small>迺為書使使

遺高后曰孤僨之君<small>如淳曰僨什也猶言不能自立也師古曰僨音方問反</small>
生於沮澤之中<small>師古曰沮漸洳之地音子豫反</small>長於平野牛馬
之域數至邊境願遊中國陛下獨立孤僨
獨居兩主不樂無以自虞<small>師古曰虞與娛同</small>願以所
有易其所無高后大怒召丞相平及樊噲
季布等議斬其使者發兵而擊之樊噲曰
臣願得十萬衆橫行匈奴中間季布曰
噲可斬也前陳豨反於代漢兵三十二萬
噲為上將軍時匈奴圍高帝於平城噲不

宋刻本《汉书》卷九十四所載冒頓單于致呂太后的信

那么，冒顿究竟写了些什么样的混账话，导致吕太后那么生气，竟打算出兵攻击匈奴呢？

太史公手里有材料，而没有写进《史记》的，后来被班固写进了《汉书》的《匈奴传》。我们因此才知道，那位已经娶了汉朝公主的冒顿单于，在老丈人刘邦死后，给丈母娘吕太后写的信，内容竟是这样的：

> 孤偾之君，生于沮泽之中，长于平野牛马之域，数至边境，愿游中国。陛下独立，孤偾独居。两主不乐，无以自虞。愿以所有，易其所无。

这封信翻译成现代汉语，大概是这样的：我这个孤独的帝王，出生在烂泥滩里，成长在旷野牛马出入的地方。曾多次来到贵国边境，希望能游历中国。陛下您现在是一个人过日子，我这孤独佬也是一个人待着。我们两个君主都不快乐，也没什么办法可以自娱自乐。那么希望就用各自所有的，来换自己所没有的吧。

这样的恶作剧情书，太史公在《匈奴列传》里两次提到它，却没有过录原文，我想主要考虑的，还是汉朝的国格。而班固呢，好像有点傻，竟全文抄录了。这一点如果我们用《史记·匈奴列传》里抄录的汉文帝跟匈奴单于的往来信件来对比，就更是意味深长了。

《匈奴列传》

215

我们前面说过,《匈奴列传》第三部分,以汉武帝为界,可以再分为前后两部分。而前半部分里文字最长的,就是汉文帝的部分。这前半部分里,提到了汉文帝和前后两位匈奴单于的两次通信,其中前一次的冒顿单于的来信全文照录,第二次的冒顿之子稽粥也就是老上单于给汉文帝的信,只有片言只语的引用,而孝文帝的两次回信都全文照录了。其中孝文帝后二年回复老上单于的那封信,涉及和亲,而气度非凡,很值得一读。

　　这封信,是以"皇帝敬问匈奴大单于无恙"开头的,在礼节性感谢单于赠马两匹之后,就通过引用汉朝先帝前此定下的规矩,说明汉匈双方以长城为界,各守一边的历史渊源,而最有气魄也最令人感动的,是下面这段文帝跟单于推心置腹的话:

　　朕闻天不颇覆,地不偏载。朕与单于皆捐往细故,俱蹈大道,堕坏前恶,以图长久,使两国之民若一家。子元元万民,下及鱼鳖,上及飞鸟,跂行喙息蠕动之类,莫不就安利而辟危殆。故来者不止,天之道也。

这段话翻译成现代汉语,大意就是:我听说天不会只覆盖一部分地方,地也不会偏心地只承载某几样东西。我跟单于您都不要再纠缠从前的那些小过节了,咱们一起走大路,把先前的错误做法都毁弃了,来共谋长久的未来,目的只有一个，就是让两国人民亲如一家。我们统领数以万计的黎民百姓，下及水里的鱼鳖，上至天上的飞鸟，包括一切用脚走路、用嘴呼吸、用身体爬行的动物，让他们没有一个不平安顺利，而且都远离危险。而因此来归顺我们的，我们也都不加以制止，这才是天道啊！

相比之下，汉武帝对付匈奴的办法，跟他的爷爷汉文帝相比，就缺乏一些智慧了。

《匈奴列传》的第三部分，从"今帝即位"开始，转入了另一种情形，汉匈关系，从一种相对的和平，转入了越来越紧张的战争状态。

所有的麻烦，是从汉军在马邑这个地方伏击匈奴不成开始的。之后的匈奴伊稚斜单于多次以数以万计的骑兵，南下入侵汉朝的代郡等地。汉朝一方也不甘示弱，先后派卫青、霍去病率十余万部队，多次北上出击，并一度把匈奴赶到了大漠以北。元鼎三年（前114）乌维单于继位后，因为汉朝正忙于在南方对付两越，没工夫对付匈奴，匈奴也不来犯，形成了一段相对和平的时期。但元封六年（前105）、太初三年（前102）儿单于、呴犁湖单于两代单于相继继位后，因为南方已经平定，汉武帝就多次主动派兵寻找打击匈奴，甚至在匈奴一方提出和亲建议时，也表现出骄傲自大的姿态，最终汉匈双方战事重开。到了太初四年，且鞮侯单于继位的时候，汉武帝因为"既诛大宛，威震外国",打算再跟匈奴大干一仗,就下了诏书,扬言要模仿那被《春秋》肯定的齐襄公报九世之仇的做法,为高祖受困平城和吕后被单于写信羞辱这两件事,向匈奴算旧账。《匈奴列传》后续的记载和《平准书》里的文字也证明,战事一开,军费无底,汉匈双方的新仇旧恨,似乎再也无法了断了。

一般认为,《匈奴列传》从"且鞮侯单于既立"之下,到"太史公曰"之前的部分,可能不是司马迁所写,而是西汉后期的学者刘向、褚少孙等补写的。如果这一说法是事实,那么《匈奴列传》接下来的第四部分的"太史公曰",跟上面第三部分最后引用的汉武帝太初四年的诏书,正好形成一种文献上的映照,因为它们都提到了孔子所编撰的历史名著《春秋》:前面引用的汉武帝诏书部分,以《春秋》为结束语;而"太史公曰",则接着以《春秋》为开场白。

《匈奴列传》最后的那段"太史公曰",原话比较长,我们把它翻译一下,意思大概有这么三层:

第一层是说,孔子编著《春秋》,鲁隐公、鲁桓公时候的就写得很明白,到了鲁定公和鲁哀公时候就写得比较隐晦了,因为那里面都是跟当代很切近的文字,而又没有什么褒扬,也就是都是有所忌讳的文辞。

第二层则说,世间凡俗讨论匈奴问题,病根都在想侥幸于一时的权宜，而全力以赴向上献媚，目的是让最高当局采纳他们的计策，以利于展示他们自己一方的偏见和主旨，却根本没有从全局去考虑汉朝和匈奴双方的情势；至于将军们则大都倚仗中国本土广大，士气高涨，君王也据此决策，所以建立的功业，都谈不上深厚。

第三层最有意思，是说尧虽是圣贤，开始做事也不那么顺利的，得到大禹以后，九州才得以安宁。所以想要振兴圣人的道统，最重要的还是要选用好将军和丞相啊。

这段"太史公曰"的第一层意思，之所以要上推到《春秋》，应该跟前边汉武帝太初四年诏中引用的齐襄公报

汉将霍去病墓前"马踏匈奴"石雕

九世之仇而"《春秋》大之"有关。但跟齐襄公报九世之仇相关的记载，在《春秋》里记载在鲁庄公四年，鲁庄公是鲁桓公的儿子，按照"太史公曰"的意思，这个时候《春秋》的记载，是介乎明白和隐晦之间，真实的意思，是褒还是贬，还真不好说——事实上从《春秋》文献看，明确肯定齐襄公报九世之仇的，也不是《春秋》本文，而是解释《春秋》的《春秋公羊传》。

这段"太史公曰"的第二层意思最直白，也最大胆，直接对自己身处时代的用兵政策，发表了不同的看法。

这段"太史公曰"的最后，把"唯在择任将相哉"这句话，也就是"最重要的还是要选用好将军和丞相啊"这句话，重复了两遍，好像是在说，汉朝跟匈奴的关系发展到今天这样麻烦的地步，主要责任应该由汉朝的将军和丞相负。但是我想，读者朋友们回忆一下《匈奴列传》里写的汉匈交往史，再结合这段"太史公曰"的三层意思，应该都听得出其中的话外音。事实上，在中国传统的君主专制社会里，像国家之间"战"还是"和"这样的大事，哪里是将军、丞相一路的执行者说了就可以决定的？

《南越列传》:

天高皇帝远，我要自己干

上一节我们讲了《匈奴列传》，这一节我们讲《南越列传》。

《南越列传》写的，是秦朝灭亡之后，汉朝建立之前，在中国南方出现的一个割据王国南越国的历史。南越国以番禺也就是今天的广州为首都，统领的区域，北面大致以五岭为界，南面则一直抵达今天的越南北部。而《南越列传》之所以值得一读，正是因为它涉及两个重要的历史问题，一个是岭南的早期开发，一个是中越关系史。

《史记》的这篇《南越列传》，按时间顺序，写了南越国的开国君主赵佗，赵佗的孙子赵胡，以及第四代的赵婴齐，和第五代的赵兴、赵建德，一共五位南越王，合计在位将近一百年的事迹。

这将近一百年的历史叙事中，《南越列传》重点写的，首先是赵佗，其次是赵胡，再次是南越国上层在内附还是独立问题上的多重纠葛，以及南越国最后如何被汉武帝收编。

关于赵佗，《南越列传》先是写了他的背景，说他是真定人——真定也就是今天的河北正定。秦朝建立以后，这赵佗被任命为南海郡龙川县的县令。到了秦二世的时候，南海郡的郡尉，姓任名嚣，不知得了什么病，病重得快死了，就把他的下属龙川令赵佗召唤了过来，跟他说了一番话，大意是这秦朝整个就是个没天理的王朝，天下人都被它害苦了。现在项羽、刘季、陈胜、吴广，等等，各州各郡啊都拉队伍造反了，全中国都乱了。咱南海位置偏僻，我呢也想拉支队伍闹革命，没想到得了这么重的病。任嚣又语重心长地对赵佗说，南海郡的首府番禺这个地方啊，背山面海，东西有几千里长，还很有些北方干部可以帮衬，这个也真是做一方霸主的地方，可以建立一个独立王国。我看整个南海郡的高层干部里，都没有什么人可以值得托付的，所以就把你招呼来，告诉你这档子事。说完了当即就给赵佗发了聘书，让他"行南海尉事"，也就是代理南海郡尉——所以赵佗在当时也被称为尉佗。

后来任嚣死了，赵佗就继承任郡尉的遗志，一面发布

南越尉佗列傳第五十三　史記一百一十三

南越王〔正義曰都廣州南海縣也〕尉佗者真定人也〔索隱曰尉官也佗名也姓〕姓趙氏〔趙佗音徒河反又十三州記云大郡曰守小郡曰尉韋昭云真定故郡各後更為縣在常山之南越也〕秦時已并天下略定楊越〔索隱曰夏禹九州本楊州故云楊越張晏曰楊州之南越也隱曰戰國策云吳起為楚地秦地理志云武帝更名曰南越也陸梁徐廣曰〕置桂林南海象郡〔正義曰顏師古云……南海郡理志云武帝……象郡地理志云武帝更名曰……〕以謫徙民〔索隱曰陝隱音陝輦反〕與越雜處十三歲〔徐廣曰秦并天下八歲乃平越年并天下地至二世元年六年耳至二世元年十三〕佗秦時用為南海龍川令〔正義曰龍川南海也地理志云龍川屬南海也裴氏廣州記云本博羅縣之東鄉有龍縣也即穿地穿地即穿地得龍泉因以為號也〕至二世時南海尉任囂病且死

民国翻明王延喆刻本《史记·南越列传》书影

公告关闭南下岭南的关隘，一面聚集兵力，诛杀秦朝安排在南海当地的官员，到秦朝灭亡的时候，他也已经把南海郡的两个邻居桂林郡和象郡，合并进自己的地盘，并自称为"南越武王"。等到刘邦统一天下，看着赵佗生米已经煮成熟饭，也只好承认赵佗是南国老大，派人追封他为"南越王"。

本来这也没什么，毕竟南越王也承认汉高祖是全国的老大。事情出在高祖死后吕太后执政那会儿，因为汉朝的有关部门不懂边疆政策，经吕太后同意，禁止了中原北方跟南越在岭南关隘进行的铁器贸易，导致赵佗迁怒于跟南越北边相接的长沙王国，发兵打了长沙国的边境城镇，吕太后因此发中央军出面干预，却直到吕太后死了，还没有解决问题。最后赵佗一不做二不休，索性联络周边小国，自己"乃乘黄屋左纛，称制，与中国侔"，也就是把出行的专车，都打扮成了皇帝专车一般的规格，俨然是跟汉朝的新主子汉文帝平起平坐了。

汉文帝厉害啊，面对南方"大佬"公然闹独立的严峻局面，不急不躁，使了两招，就让骄傲的赵佗俯首称臣了。

哪两招呢？第一招是打感情牌。因为赵佗是真定人，爹娘的墓还在真定，汉文帝就下令，为赵佗爹娘墓专门设了守护陵园的小镇，由官方出面，定时祭祀；同时又把赵佗还在北方的堂兄弟们，都封了官，还发了很多的奖金。第二招是讲道理、讲规矩。汉文帝亲自给赵佗写了信，还派了赵佗的老相识、汉高祖时期曾出使南越的名臣陆贾，再度出使南越，当面批评赵佗，指出擅自称帝，而且没有派专人向朝廷报告，是严重的政治错误。

有意思的是，在《史记》的《南越列传》里，是没有汉文帝给赵佗写信的任何记载的，只说了赵佗"为书谢"，也就是写了封信道歉，而下面引用的这封道歉信，只有发信人赵佗自己，没有收信人，文字也很短，明显不是完整版。那我们是如何知道其实汉文帝是给赵佗写过信的呢？

我们的根据，是《汉书》的《西南夷两粤朝鲜传》里的南粤传。《汉书》的这篇南粤传，不仅完整地引用了汉文帝给赵佗的信，通过比对还可以发现，《史记·南越列传》里引的赵佗的那封不完整的道歉信，其实就是赵佗接到汉文帝信后，写给汉文帝的回信的删改缩写版。[1]

太史公为什么在《南越列传》里只字不提汉文帝写给赵佗的信？我们看了《汉书》的南粤传就可以知道，原因是汉文帝原信说的主要内容，或者是太史公已经用叙述的方式写了，比如打感情牌，或者是下面赵佗的回信里提到了。而其实比较有意思的问题倒是：太史公为什么要删改赵佗的那封回信？

比较《史记》的《南越列传》和《汉书》的南粤传可以发现，被太史公改写删节的，主要是赵佗回信里对吕太后所作所为的控诉。比如，回信的原件里说，吕太后下令："毋予蛮夷外粤金铁田器；马牛羊即予，予牡，毋予牝。"

意思是不要给"蛮夷"和南越国铁制的农具；马牛羊真的要给，也给他们雄的，不要给雌的。对此赵佗说，南越当地位置偏僻，马牛羊都已经老了，意思是再不交配就要绝种了；他也曾三次派专人写信向吕后道歉，都没有得到任何的回复。又比如，在赵佗回信的原文里，有这样的话：

老夫身定百邑之地，东西南北数千万里，带甲百万有余，然北面而臣事汉，何也？不敢背先人之故。

这话翻译成现代汉语，就是：老夫我亲身平定上百个城镇，领地东西南北有几千万里，部队有一百多万，却要向北以臣子的身份侍奉汉朝，为了什么？就是因为不敢背弃我已故的父母祖先。言下之意，我赵佗就从来没有打算过背弃中国；现在称帝，完全是被吕太后等对南越国的变态压制行为所逼的。而客观地说，以吕太后为代表的汉朝一方，竟有这样的作为，的确没有大国风范，所以太史公只能摘要改写，或者索性删节了。

　　值得一提的是，事实上，近年广州南越国宫署遗址的考古发掘，证明当年赵佗的自述南越国强盛国力的说法，并非虚语。不说别的，单看据说是目前为止考古发现的规格最大的实心大方砖，边长95厘米，厚达15厘米的"砖王"，和极富科学性的王宫木结构水闸遗址，就可知南越王敢把"万岁"二字刻在瓦当上，是真有底气的。[2]

说《列传》（下）

说到广州的考古发掘，其实比南越国宫署遗址更有名的，是象岗的西汉南越王墓。南越王墓的主人是谁？一般认为，就是《史记·南越列传》里记载的赵佗的孙子、南越国第二位君主赵胡。为什么说是"一般认为"，而不是确定的"就是"呢？因为南越王墓里出土了墓主人的两枚印章，一枚是"文帝行玺"，一枚是"赵眜"。根据前一枚，象岗南越王墓里那位穿着丝缕玉衣下葬的主人，无疑就是赵胡，因为《史记》的《南越列传》里明确记载了"胡薨，谥为文王"，也就是赵胡去世后，他的谥号是"文王"；同时《南越列传》里还说，赵佗当年虽然臣服于汉文帝，号称自己不再称帝，但事实上"南越其居国窃如故号名"，也就是在自己王国之内，他们还是一切照旧，盗用着帝号，所以"文帝"就是"文王"，也就是赵胡。不过根据后一枚印章，这位文帝的名字，似乎不应该叫赵胡，而应该叫赵眜。[3]

如何解释这一名号差异呢？历史学界和考古学界发表了大量的讨论文章，迄今尚无定论。不过相对较多的学者接受赵胡与赵眜是同一人有两个名字的解释。[4]

《南越列传》后半部分写的赵婴齐、赵兴和赵建德三位南越国王，其实是父子两代。赵婴齐是上面我们讲的赵胡（或者应该叫赵眜）的儿子，早年曾经作为人质，在西汉朝的首都长安待了好一阵子。赵兴和赵建德则是赵婴齐的

广州象岗西汉南越王博物馆外景

南越王墓出土"文帝行玺"金印

南越王墓出土"赵眜"玉印

公子，其中赵建德是赵婴齐和南越本地妻子所生，是长子；赵兴则是赵婴齐在长安时娶的另一位姓樛（jiū）的邯郸女子所生，虽不是长子，但被婴齐封为太子，所以在他爹赵婴齐死了以后，先他的大哥赵建德做了南越王。不过后来南越国发生宫廷政变，主张内附汉朝的樛太后和樛太后所生的国王赵兴，被主张独立的丞相吕嘉所杀，赵建德被吕嘉选做了下一届的南越王。只是这新南越王运气实在太差，做的竟是南越国的末代君王，因为把他抬上去做南越王的吕嘉，不仅杀了太后和他同父异母的弟弟，还把汉王朝先后派去的两位使者都给杀了，招致汉武帝派十万大军征讨，南越国因此亡国。

据《南越列传》说，南越被收入汉朝版图之后，"遂为九郡"，也就是不再是诸侯王国，而是郡县制系统当中的九个郡了。这九个郡的名称，《史记·南越列传》正文没有写，而见于南朝刘宋时学者裴骃为《史记》作的注释里。裴骃作的注释，引用东晋时候学者徐广的说法，说九郡是儋耳、珠崖、南海、苍梧、九真、郁林、日南、合浦、交阯。需要指出的是，据谭其骧先生主编的《中国历史地图集》，九郡中的儋耳、珠崖两郡，就是今天的海南岛；而交阯、九真和日南三郡，都在今天的越南境内了。[5]

司马迁写这篇《南越列传》，心态大概是比较微妙的。一方面，因为他是中华民族"大一统"的热忱倡导者和坚定拥护者，所以对曾经被秦统一进中国版图的岭南，在经历将近一百年的分割成为独立或半独立的南越国之后，最终又回归汉王朝的统一版图，一定是欢欣鼓舞的。另一方面，他对于南越被灭国而并入汉朝的具体过程，基于人道的立场，大概也不无纠结：他在《南越列传》的后半部分，直白地记录那位站在汉王朝一边，坚定地支持南越国内附的樛太后，其实是一位品行有问题的女性；他在《南越列传》最后的"太史公曰"里，把坚决反对南越国内附汉朝的吕嘉，称为"小忠"，换句话说，这位吕丞相至少对他的本国，还是忠心耿耿的；同时他批评受命去征讨南越的楼船将军杨仆随心所欲，"怠傲失惑"，也就是因为懈怠骄傲，而失去了机会，反给自己带去困惑；最后勾连出一同参战的伏波将军路博德因祸得福，并把讨论的重心，转向探寻成败之理，但也好像得不出什么肯定的结论。凡此种种，都说明正由于身处事件发生的当下，太史公其实是难以作出非常明晰的判断的。

《朝鲜列传》:

反反复复，半岛局势最难猜

朝鲜是我们的近邻，一听名字，我想很多的读者都会觉得很熟悉。但是，《史记》里的这篇《朝鲜列传》，它的内容，我想大部分读者都很陌生。

这篇《朝鲜列传》写的，是朝鲜半岛早期历史上的一个重要阶段，也就是一般通称的"卫满朝鲜"王朝，它的兴起和灭亡的故事。

"卫满朝鲜"这一名号里的卫满，是朝鲜王的姓名。不过，在《朝鲜列传》的正文里，只出现了卫满的名，就是那个"满意"的"满"字，而没有记录他的姓——他姓卫，是《汉书》才说的。

这位卫满，据《史记·朝鲜列传》说，并不是朝鲜土著，而是中国北方的燕国人。战国后期那会儿，他就已经把燕国更东边的真番和朝鲜两地收编到自己的名下，在那

231

里设了官署，还建起了用于屏障的要塞。到秦灭了燕国，卫满的领地，又开始划归辽东郡管辖。后来汉朝建立了，考虑到这卫满朝鲜路途遥远，难以守备，汉王朝就又修建了辽东郡原来的关塞，以浿水为界，把这卫满的领地，托给了当时汉王朝下属的一个王国燕国来照看。没想到这燕国的主人燕王卢绾后来谋反了，跑去投降了匈奴；卫满呢，也跑了，他聚集部下一千多人，把头发都打成结，服饰也是换上了蛮夷的样式，向东跑出中国关塞，渡过那条叫浿水的江河，在秦朝原来曾经统治过的一片空旷地带安营扎寨，还渐渐地把真番人、朝鲜土著和先前的从燕、齐两地外逃的人都团结在了自己周围，开始做他们的老大，并把首都设在一个叫王险的地方。

《朝鲜列传》的这部分，两次提到一条江河的名字——浿水。这浿水在哪里呢？据复旦大学历史地理研究所的周振鹤教授考证，浿水就是朝鲜境内的清川江。而卫满定都的王险，一般认为就是今天朝鲜民主主义人民共和国的首都——平壤。[1]

《朝鲜列传》接下来写的，是孝惠帝、吕太后联合执政的时候，守卫汉朝东部边疆的辽东太守，跟隔壁邻居卫满订了个协议，协议的内容主要有两个方面：一个方面，是汉朝奉送卫满一个"外臣"的身份，让他看着塞外的那些蛮夷，别让蛮夷来侵犯汉朝的边疆地区；另一方面，如果

朝鮮列傳第五十五　　　　吳興凌稚隆輯校

張晏曰朝鮮有濕水洌水汕水三水合為洌水○疑樂浪朝鮮取名於此也○索隱曰濕音朝直驕反鮮音仙以有汕水故名也汕一音訕

朝鮮王滿者　正義案地理志云朝鮮樂浪郡王險地○索隱云朝仙二音括地志云高驪都平壤城本漢樂浪郡王險城即古朝鮮也○索隱案漢書滿燕人姓衛名滿自始全

朝鮮故燕人也　索隱案

燕時嘗略屬真番　徐廣曰番音普寒反一作莫○索隱遼東有番汗縣番音普寒反莫音莫二國以屬燕也朝鮮遼東有番汗縣者

朝鮮為置吏築鄣塞秦滅燕屬遼東外徼

而知也地理志朝鮮為置吏築鄣塞秦滅燕屬遼東外徼

漢興為其遠難守復修遼東故塞至浿水為界　漢

朝鮮遞翻明凌稚隆刻《史記評林》本之《朝鮮列傳》書影

那些蛮夷的头领想要一睹汉朝伟大领袖的风采，卫满也不可以禁止。辽东太守把这协议的内容打了个报告给汉朝皇帝，皇上一看，不错啊，立马就同意了。而卫满呢，靠着汉朝的上方宝剑，用军事和经济两方面的优势，不仅把他领地旁边的小城镇都吞并了，还让真番、临屯这两个原本的小邻国也成了他的附属国，卫满朝鲜王朝因此方圆有数千里之大。

据《朝鲜列传》记载，似乎一路顺风的卫满朝鲜王朝，到卫满的孙子右渠做朝鲜王的时候，发生了重大的转折。而转折的起因，是得罪了汉朝。怎么得罪的呢？《朝鲜列传》记了三点：第一点，到右渠执政的时候，朝鲜引诱逃亡去他们那里的汉朝人越来越多，而朝鲜方面又从来没有来汉朝觐见皇帝；第二点，真番等朝鲜的邻国，都想写信表达他们想见到汉朝天子的愿望，朝鲜一方居然拦着他们，不给传话；第三点，朝鲜方面因故发兵，袭击杀害了辽东东部都尉涉何。于是，汉朝的皇帝——这时已经是汉武帝了——决定发兵攻打朝鲜。

不过，上面列的三点，第一点，朝鲜王从来没有来汉朝觐见，和第二点，朝鲜拦着想见见汉武帝的真番等邻国不给传话，作为汉朝大动干戈讨伐朝鲜的理由，好像都过于勉强了。第三点呢，其实原本还是那位叫涉何的错。因为最初这位涉何是被派去朝鲜劝告朝鲜王右渠的，右渠没睬他，他竟然在回国途中临近浿水的时候，让马车司机杀了专程为他送行的朝鲜一方官员，然后立马渡江，溜进关塞，并向汉武帝谎报军情，说"我杀了个朝鲜的大将"。汉武帝呢，就因为这"杀了朝鲜大将"的话听着爽，也不调查细问，就封这位其实在外交方面很无能的涉何做了辽东东部都尉。朝鲜那边一看，当然不高兴了，于是就有了"发兵袭攻杀何"这一幕。

但是汉武帝非常坚决地下达了进攻朝鲜的命令。据《朝鲜列传》说，"天子募罪人击朝鲜"，也就是说这次出兵征召的战士是犯人。而部队的主力，分为两路，一路由楼船将军杨仆率领，大约七千人，从齐地出发，走海路，渡渤海赴战；另一路由左将军荀彘率领，有五万人的兵力，走陆路，经辽东出境赴朝鲜作战。

汉武帝为什么要如此坚决地出兵进攻朝鲜呢？他果真只是为了给那位被朝鲜袭杀的涉何报仇吗？当然不是的，其中另有隐情。

这隐情，《史记》的《朝鲜列传》只字未提，但在《汉书》的《韦贤传》里，我们可以找到一点线索。

《汉书》卷七十三的《韦贤传》里，说到汉哀帝的时候，有一回在朝廷内部讨论汉朝已故的几位皇帝的宗庙祭祀问题，当时有臣下提出来，汉武帝虽然功勋卓著，但

"亲尽宜毁"，也就是从礼仪制度上说，血亲关系已经超出五代，"亲尽"了，所以不必再采用宗庙祭祀了。这个时候，另外有两位大臣，太仆王舜、中垒校尉刘歆站出来，提出了不同意见。[2] 王舜和刘歆的意见，显然是写成书面报告的，所以很长很专业，不过跟我们这里要讲的当年汉武帝攻打朝鲜的隐情相关的，只有一句话，就是他们表彰汉武帝的武功，说他"东伐朝鲜，起玄菟、乐浪，以断匈奴之左臂"，这句话里的玄菟、乐浪，是朝鲜半岛的两个地名，我们下面还会讲；这句话里最重要的，是说汉武帝打朝鲜，是"断匈奴之左臂"，也就是把朝鲜和当时汉朝最主要的敌国匈奴联系到了一起，认为汉武帝攻克朝鲜，就等于是斩断了匈奴的左臂。

那么，说朝鲜是匈奴的左臂膀，有什么文献证据吗？

直接的证据没有，但是在《史记》的《匈奴列传》里有这样的记载，说在匈奴最强盛的冒顿单于时期，"诸左方王将居东方，直上谷以往者，东接秽貉（mò）、朝鲜"。这段话里出现"诸左方王将"的说法，是因为匈奴单于以下的头领，被分为左东右西两系，"诸左方王将"也就是东边一路的诸位大王将军；秽、貉，其实是两个族群，据吉林大学林沄教授考证，它们指的，是当时的高句丽及其别种。[3] 而事实上我们看历史地图可以发现，一旦匈奴的左贤王们打通汉朝的上谷郡，朝鲜及其临近的族群，随时可以从侧翼配合匈奴，南下进攻汉朝，后果不堪设想。

也许细心的读者朋友会问，王舜和刘歆的报告里，既然提到了"匈奴之左臂"，那他们有没有说匈奴的右臂呢？还真说到了。在上面我们引用的那句"断匈奴之左臂"后，他们接着说，汉武帝"西伐大宛，并三十六国，结乌孙，起敦煌、酒泉、张掖，以隔婼（ruò）羌，裂匈奴之右肩"，这一段说的，是汉武帝为了对付匈奴，如何经营河西走廊。换句话说，就是汉武帝在跟匈奴作战的同时，的确有一种战略的布局，他在东西两个方向同时出击，斩断了匈奴的左右臂膀，这也就保证了汉王朝在东西两个方面都有所策应，不会让匈奴形成压倒性的包围之势。

《史记》的《朝鲜列传》在接下来的部分，写的都是汉军攻打朝鲜的细节。这个部分的文字，篇幅上甚至超过了上面讲卫满和右渠两位朝鲜王事迹的文字。但是不可思议的是，汉武帝发大兵攻打卫氏朝鲜，却久攻不下，而久攻不下的原因，竟然是两位汉朝将军在前线各有心思，互相拆台。

最"奇葩"的有两件事。一件是左将军荀彘兵强马壮，就想打胜仗；而楼船将军杨仆开局不利，之后就想跟朝鲜方讲和：两军互相牵制，本来可以让朝鲜投降的局面也被整没了。再一件是朝廷派济南太守公孙遂赴前线，调解处理两将不和事，公孙遂偏听左将军的话，竟然让左将军的人抓了楼船将军，把楼船将军的部队也合并交给了左将军指挥，还报汉武帝，气得汉武帝立马把这公孙遂给斩了。

据《朝鲜列传》记载，卫满朝鲜王朝最后之所以灭亡，是发生了内部政变，一个不知姓氏、名叫参、官职是"尼谿相"的朝鲜大臣，派人杀了朝鲜王右渠，然后投降汉军。一帮朝鲜的"官二代"又协助汉军向朝鲜百姓做解释工作，汉军得以结束战斗，汉朝在朝鲜设立四个郡，完成了"断匈奴之左臂"的战略计划。这四个郡，就是乐浪郡、玄菟郡、真番郡和临屯郡。时在汉武帝的元封三年（前108）。

汉武帝的确是个老谋深算的帝王。朝鲜平定之后，他给投降的朝鲜贵族大封爵号，但对两位出征的将领，则作了极为严肃的处理：左将军因为嫉妒争功，出馊主意，被公开处以死刑；楼船将军因为不懂规矩，擅自先行进攻，损失了很多兵力，本来也应该判死刑，不过他花了点钱，逃过一劫，赎身做了平民。

司马迁在这篇《朝鲜列传》结束的"太史公曰"里，对汉朝出兵攻破朝鲜，建立四郡，没有任何欢欣鼓舞之辞，他用四言韵文写的，除了开始的两句，其他几乎全部是汉朝一方将领和使节因各种失误从而造成的家国悲剧。推想起来，他对于汉武帝好大喜功，主动出击匈奴，从而造成汉朝不得不在更大范围内向邻国开战的局面，从感情上说，一定是不太认同的。但从理性上说，作为一位重视长时段历史效应的历史学家，和汉朝"大一统"意识的坚定拥护者，他从开战的结果，应该也意识到了那客观上对于汉朝的长治久安，不无价值。所以他内心的感觉，我想一定是相当复杂而难以言说的。事实上任何了解朝鲜半岛和中国悠久而复杂关系的读者，读这篇《朝鲜列传》，如果读得足够仔细，也足够用心的话，我想各位的心情，应该也是五味杂陈的吧。

《朝鲜列传》

《司马相如列传》:

浪漫之外，还有文献

《史记》的《朝鲜列传》之后，还有一篇《西南夷列传》，是写古代西南巴蜀地区人文风土及与中原王朝交往史的。本节所讲的《司马相如列传》紧接在《西南夷列传》之后，是因为主人公司马相如是成都人。在汇传部分将个人传记附于群体性传记之后，是《史记》很独特的做法。

《司马相如列传》记录的，是西汉时期著名的文学家司马相如的生平事迹和重要作品。关于司马相如的生平事迹，司马迁按照时间的先后，记了其四个人生阶段的故事。

说司马相如少年时代"好读书，学击剑"，但他爹妈好像文化水平不太高，把他的小名叫成"犬子"，也就是狗蛋一类的昵称。后来这司马狗蛋君自己上学了，仰慕战国名人蔺相如的为人，就把名字改成了相如。到了可以做官的年纪，他"以资为郎"，也就是家里不差钱，靠了经济力量和影响，当上了汉景帝时候的低级侍卫——郎。这个时候大概他已经显示出擅长写辞赋的才能了，但可惜景帝不好这口，而梁孝王正好来京城朝见皇上，身边的跟班里有很多文学青年，这司马相如见了，很是心动，就借了个病退的理由，从政府公务员，跳槽去了梁王府当文学智囊。在梁王府里，他写出了自己的成名作《子虚赋》。

后来梁王死了，他只好回家，但家里穷啊，就投奔了自己的好朋友、临邛（qióng）县令王吉。因为王吉的关系，他认识了临邛富豪卓王孙的女儿卓文君，并成功地让卓文君随他私奔，回了成都。虽然司马相如的成都老宅家徒四壁，虽然临邛的岳父卓王孙已经放话，"女儿太不成器，我不忍心杀了她，但也不会分一文钱给她"，司马相如还是在卓文君的建议下，携妻子回到临邛，卖掉仅有的车马，买了一家小酒馆，做起了自食其力的生意。他让夫人卓文君做酒馆子的招牌，招呼客人，自己戴上了围裙，跟酒保佣人混在一起，在热闹的集市上洗刷酒馆的盆盆罐罐，把个老丈人卓王孙臊的，都不出自家大门了。最后是亲朋好友一阵劝，把卓王孙勉强劝动了，分给了宝贝女儿卓文君一百个仆人、一百万钱，外加出嫁时应该给的衣服财物等。文君就跟相如第二次回到成都，这回因为是有钱了，风光无限，买了田地和住房，开始做富人了。

这之后司马相如就启动了他的"开挂人生"。因为汉武

印令繆爲恭敬日往朝相如初尚見之後稱病使從
者謝吉吉愈益謹肅臨卭中多富人而卓王孫家僮八
百人程鄭亦數百人二人乃相謂曰令有貴客爲具召之
幷召令令既至卓氏客以百數至日中謁司馬長卿長卿
謝病不能往臨卭令不敢嘗食自往迎相如相如不得已
彊往一坐盡傾酒酣臨卭令前奏琴曰竊聞長卿好之願
以自娛相如辭謝鼓一再行相如之臨卭從車騎
雍容閒雅甚都及飲卓氏弄
琴文君竊從戶窺之心悅而好之恐不得當也既罷相如

馳騁鄭衛之聲曲終而奏雅不巳勸乎余采其語可
論者著于篇

索隱述贊曰相如縱誕竊貲卓氏學無方其才足
倚子虛過吒上林非侈驪馬還卭百金獻後惜哉封
禪遺文悼爾

司馬相如列傳第五十七　　史記二百一十七
建安蔡夢弼傳卿謹案京
蜀諸本校理實梓於東塾

建安蔡夢弼傳卿謹案京
蜀諸本校理實梓於東塾

清钱泰吉《宋本史记存式》所摹宋福建刻本《史记·司马相如列传》版式

帝读到了他的成名作《子虚赋》，而汉武帝身边的宠物狗管理委员会主任杨得意是相如的同乡，司马相如因此被招聘进宫。他先做景帝时就干的老本行——郎，进而做中郎将，出使西南，很受武帝赏识。不过后来被人告发出使时受贿，撤销职务，但很快又回到宫里，第三次做了郎官。他的最后一份工作是孝文园令，也就是汉文帝陵园事务管理局的局长。

因为患有糖尿病，司马相如晚年退休，把家安在茂陵，做了专业作家。他的创作连最高领袖都很关心，听说相如病重，汉武帝就派专人去他家里调取作品手稿。结果汉武帝的特使到相如家，相如已经去世了。问了他太太才知道，司马相如虽然退居二线后写了不少作品，但一写好就被人拿走了，所以家里没什么剩的。但是他临死之前，把写好的一个卷子郑重保留着，并告诉家人，等有使者来找我写的东西的时候，就把这个卷子上奏给皇上。而这个卷子里写的，就是劝汉武帝封禅。

以上就是《史记》的《司马相如列传》的大概。

但是历来就有一种说法，说这篇《司马相如列传》，不是司马迁自己写的，是抄录了司马相如写的一篇自传。

这样的说法，汉代没有，三国两晋时代没有，南北朝时代也几乎没有；影响最大而时代较早的说法，追溯起来，出自唐代的刘知幾。刘知幾在他写的《史通》一书的“外

《司马相如列传》

篇・杂说上"中说：

> 马卿为《自叙传》，具在其集中。子长因录斯篇，
> 即为列传，班氏仍旧，曾无改夺。寻固于《马》《扬》传
> 末，皆云迁、雄之自叙如此。至于《相如》篇下，独无
> 此言。盖止凭太史之书，未见文园之集，故使言无画一，
> 其例不纯。[1]

这段话里开头的"马卿"，是司马长卿的简称，长卿是
司马相如的字，所以马卿就是司马相如；中间的"子长"，
是《史记》作者司马迁；"班氏"呢，当然就是《汉书》的
作者班固了。这段话后半部分里的"文园之集"，则是司马
相如的个人别集，因为司马相如做过"孝文园令"，所以他
的个人别集，就被取名叫《文园集》。

因此刘知幾的这段话，翻译成现代汉语就是：司马相
如写了篇《自传》，放在自己的别集也就是《文园集》里。
司马迁就此抄录了这篇自传，直接作为《史记》的《司马
相如列传》了；班固编《汉书》，也照旧过录，没有什么
改变。我们看班固《汉书》里的司马迁传和扬雄传的末尾，
都有司马迁、扬雄"自叙如此"的说法（"自叙如此"，也
就是他们自己写的自传里是这样说的）。但唯有《司马相
如传》一篇的下面，却没有这样的话。这个大概是因为班
固只根据了太史公的书（也就是《史记》），而没有看到司

马相如的《文园集》，所以导致《汉书》说法不一，体例不纯。

刘知幾的这一说法，就是《史记》的《司马相如列传》不是司马迁自己写的，是抄录了司马相如写的一篇自传，而司马相如的那篇自传，原本是收在他的个人别集《文园集》里的。这样的说法，是可信的吗？

我的回答是：不可信。

第一，司马相如和司马迁身处的汉代，还根本没有别集，像《文园集》那样的个人别集，是魏晋时代以后的人才开始编纂的，所以说司马迁从司马相如的别集里抄司马相如的文章，就是件子虚乌有的事。

第二，因为《汉书》的司马迁传和扬雄传末尾，都有司马迁、扬雄"自叙如此"的说法，所以说《汉书》的司马迁传和扬雄传，根据的是司马迁和扬雄的自传，这是对的。但刘知幾没有注意的是，司马迁和扬雄的自传，都跟作者的一部书紧密相关：司马迁的自传，就是《史记》的最后一篇《太史公自序》；扬雄的《自叙》，余嘉锡先生在《古书通例》一书的第二卷"明体例"里就说了，就是扬雄写的《法言》一书的自序。它原本也应该是《法言》全书的最后一篇，所以那里面跟《太史公自序》一样，有《法言》全书的篇目，还都是带着提要的。而司马相如呢，则到死也没有写出像《史记》或者是《法言》那样的著作。

第三，我们看《太史公自序》和扬雄的《自叙》，虽然都是用第三人称来介绍自己的，但都用语庄重，绝无自我贬斥的文字。而再看《司马相如列传》，不仅写相如和卓文君的故事，情节生动，对话满篇，如同小说，而且还出现了"其进仕宦，未尝肯与公卿国家之事"那样的话，意思是说司马相如做官，从来不肯跟高层一起尽心于国家事务。这么直白的批评，司马相如怎么会写进自传里？

所以归结起来说，以唐代刘知幾之说为代表的那种说法，就是《司马相如列传》不是司马迁自己写的，而是抄录了司马相如写的一篇自传，是不对的。从文风上看，《史记》的这篇《司马相如传》，除了个别的文字是后来被人混进去的——比如末尾"太史公曰"里出现了扬雄的名字，而扬雄时代要晚于司马迁，那一句肯定不是司马迁的手笔——它整体上出自司马迁之手，应该是没有问题的。它的文献来源，应该是两个方面：一个是司马迁通过采访，记录传闻的司马相如故事，包括那个跟卓文君私奔的浪漫故事；另一个是他搜集了当时流传的司马相如的重要作品，把它们安排在司马相如生平的合适位置。

因此接下来就要讨论这篇《司马相如列传》的第二个大问题，就是司马迁为什么要把那么多篇司马相如的文章，全文抄进这篇《司马相如列传》里？

《史记》的七十列传里，抄录传记主人的文学作品，是有先例的，像著名的《屈原贾生列传》里，就抄录了屈原的《渔父》跟《怀沙》，和贾谊的《鵩鸟赋》跟《吊屈原赋》，但也没有把屈原和贾谊的大部分重要作品都抄进去，比如屈原最著名的长诗《离骚》，《史记》里就没有。可我们看《司马相如列传》，除了最后部分说的相如写的其他篇章，像《遗平陵侯书》《与五公子相难》《草木书》不采用，而只采用那些在百官公卿中间都特别有名的文章。被司马迁采用的，从头到尾，竟有七篇之多，分别是：《天子游猎赋》《谕巴蜀檄》《难蜀父老》《长杨赋》《哀秦二世赋》《大人赋》和《茂陵书》。因为抄录的文字太多太长，后来班固编《汉书》的时候，不得不把司马迁编写的这篇超长的司马相如传，一拆为二，分作两篇编入《汉书》。

司马迁为什么要抄那么多篇司马相如的文章，尤其是文字还很难读的长篇大赋，而且还要全文抄录呢？

我想理由主要是两个。一个是在《司马相如列传》里司马迁已经写了的，就是他抄录的这些司马相如的文章，都是特定时期里，为了某一个特定的目的，司马相如劝谏讽喻汉武帝的文字，或者是司马相如为汉朝起草的重要政令文书。像被全文抄录进《司马相如列传》的《子虚赋》和《上林赋》（这两篇合起来，就是上面我们说过的《天子游猎赋》），在抄录之前，司马迁还特地解释了，相如赋里写的"子虚"，是虚构的言辞的意思，是作为楚一方的称颂；"乌有先生"，是没有这事儿的意思，是作为齐一方的对楚的反驳；"无是公"呢，是没有这个人的意思，用来表明天子的折中的意图。所以司马迁说，这篇《子虚赋》，是借了这三个凭空虚构的人物的对话，来写天子诸侯的园林景色。而最后部分，则归结到节俭的主题，用它来向最高当局进行侧面的劝谏。司马迁还在《司马相如列传》最后的"太史公曰"里说："相如虽多虚辞滥说，然其要归引之节俭，此与《诗》之风谏何异。"意思是相如的文章里虽然有不少夸张和过度渲染的辞藻，但它们的中心意思，是要归结引导到节俭上，这个跟《诗经》里的那些具有讽喻性质的诗歌，有什么两样呢。

第二个原因，司马迁虽然没有写，但从中国文学史上看，是特别有意义的。就是在司马迁的时代，像司马相如写的这样规模和水准的大赋，还是很罕见的，司马相如或者同时代人，也还没有意识把它们汇编成一部个人的别集。而司马迁呢，已经敏锐地意识到，作为一种具有划时代意义的文学文献，它们具有独特的历史价值，所以选择了当时最有影响的几篇，全文抄进《史记》里。

也许有的读者朋友会问，我看《司马相如列传》里全文抄录的那几篇大赋，疑难字词那么多，一般人没有古汉语辞典，根本不可能读懂，那真的可以称得上是具有划时代意义的文学文献吗？

如果您这样问，可以说是问到了点子上。因为在司马迁的时代，汉语的典范性的辞典，像东汉许慎编的《说文解字》那样的，还没有出现，而像司马相如写的这些大赋，其中竟运用了如此多的词汇，记录植物和动物，描写各种事象、物象和人的心理活动状态，所以无论司马相如的写作本意是什么，它们在当时社会的客观功用之一，就是充当一部内容空前丰富的百科辞典和汉字疑难字典。当然，仅从纯文学的角度看，《司马相如列传》里抄录的这些司马相如赋，结构精致，用词典雅，在丰富的想象中，营造出一种前所未有的绮丽壮观的景象，说它们具有划时代的意义，也是一点不过分的。

《循吏列传》:

做一个守规矩、有底线的官，难不难

上一节我们讲了《司马相如列传》，这一节我们讲《循吏列传》。

《循吏列传》所写的，是"循吏"这样一类特殊的人群。"循吏"的吏，就是官吏的吏。我们都知道，在中国古代，很长的时间里，官和吏，是两种不同的人，官是官员，吏则是公务员，在传统社会里，那是两个互为关联，却很不相同的阶层。但是，在司马迁的时代，官和吏这两个词，却还没有那样明确的阶层指向，在很多时候，它们指的是同一个阶层，所以《史记》的这篇《循吏列传》，其中的吏，就是官；从篇中所举的例子看，那些吏，还大都是丞相一级的高官。

那么什么是"循吏"呢？《循吏列传》开卷就是一段

"太史公曰"，可以看作是司马迁本人对"循吏"的一个基本解释。这段"太史公曰"是这样说的：

> 法令所以导民也，刑罚所以禁奸也。文武不备，良民惧然身修者，官未曾乱也。奉职循理，亦可以为治，何必威严哉？

这段话，翻译成现代汉语，就是：法令是用来引导民众的，刑罚是用来禁止奸邪的。即使文的法令和武的刑罚都不具备，善良的民众还是有所畏惧而注重自身修养，是因为官僚阶层还没有乱。官员奉公守职，处事依循常理，也可以成就国家和地方治理，哪里一定要施行威仪严刑才行呢？据此我们可以知道，司马迁所谓的循吏，就是"奉职循理"的官员，简单地说，也就是守规矩、有底线的官员。

这样的官员，司马迁在《循吏列传》里写了五位，依次是楚国的孙叔敖、郑国的子产、鲁国的公仪休、楚国的石奢和晋国的李离。这五位都是春秋时候的名臣，《循吏列传》所记他们的事迹，有不少跟司马迁之前的一部西汉名著《韩诗外传》所记相似。

这五位循吏中，名气最大的是大家相对熟悉的郑国丞相子产。但在《循吏列传》里排次第一，司马迁花笔墨也

循吏列傳五十九

長門

陸可彥　刪定

太史公曰法令所以導民也刑罰所以禁姦也文武
不備良民懼然身修者官未曾亂也奉職循理亦可
以為治何必威嚴哉

孫叔敖者楚之處士也虞丘相進之於楚莊王以自
代也三月為楚相施教導民上下和合世俗盛美政
緩禁止吏無姦邪盜賊不起秋冬則勸民山採春夏
以水各得其所便民皆樂其生莊王以為幣輕更以
小為大百姓不便皆去其業市令言之相曰市亂民
莫安其處次行不定相曰如此幾何頃乎市令曰三

日本江戸時代翻明刻本《史记·循吏列传》书影

最多的，不是子产，而是楚国丞相孙叔敖。

据《循吏列传》记载，孙叔敖原本是楚国的一个普通读书人，碰到了一位贵人，把他引荐给楚庄王，让他接自己的班，做楚国的丞相。结果这位孙叔敖丞相才上任三个月，楚国就出现了举国上下和谐团结的可喜景象，百姓都以生活在楚国而倍感快乐。

接着《循吏列传》的孙叔敖传部分讲了两个故事：一个是庄王改革货币制度，百姓不便，商界体验槽糕，很不适应，孙叔敖体察下情，劝楚庄王回归旧制，终于使市场复归平静；另一个是孙叔敖运用迂回战术，帮助楚庄王实现交通运输制度改革。这第二个故事涉及楚国当时的车制和门规，需要作一点解释。

说是楚国老百姓的习俗是喜欢"庳（bì）车"，也就是底盘低矮的车。楚王呢，认为这种底盘低矮的庳车对拉车的马来说很不方便，所以就想发个文件，让全国都把车改成高底盘的车。这个时候丞相孙叔敖就出来劝楚王，说："文件发了很多，老百姓都不知道走哪条路了，这样不好。大王您要是一定要推行高底盘的车，为臣我向您请求，让我教城乡各处让他们把门槛（kǔn）加高。乘车的人都是君子，君子不会经常下车的。"楚王一听，哎，这主意不错，就同意了。过了半年，孙叔敖的办法果然奏效，老百姓都自个儿把车的底盘加高了。

《循吏列传》里的这个故事，逻辑是很清楚的。但问题还是有，而其中的关键，就在那个"梱"字上。

什么是"梱"？一般的解释，"梱"就是门槛。但是如果"梱"就是门槛，那么门槛增高之后，无论车的底盘增高多少，车还是过不去，因为车是要靠车轮前行的，而在有高门槛的门跟前，除非撤了门槛，车是不可能翻越的。

那么，究竟什么才是"梱"呢？我们查一查东汉许慎编的著名字典《说文解字》，就可以知道，在汉代，梱、橛、阑（niè），这三个汉字，在指称与门相关一个构件上，意思是相同的；门梱、门橛和门阑，指的都是同一样东西，就是竖在大门中央的短木。

在楚国，这根竖在大门中央的短木，原本应该是很低矮的，所以楚国百姓喜爱的底盘低矮的车，可以畅行无阻；后来楚王采纳孙叔敖的建议，加高了城乡门楼前原本低矮的门梱，这就倒逼楚人的车辆，不得不加高底盘，否则车主人坐车到门前，就不得不下车，由人抬着车过门梱了。

楚庄王时代是春秋中叶，当时低矮的"库车"，现在已经难觅踪影了。但之后被加高了底盘的高车，今日楚国考古中屡有发现，像河南淅川下寺春秋晚期楚墓二号墓二号坑 2 号车的轮径有 118 厘米[1]，淮阳马鞍冢战国楚墓出土的车辆轮径有 136 和 146 厘米[2]，可见孙叔敖的极具智慧的建议在楚国实现的普遍程度。

而最堪玩味的，是《史记·循吏列传》里所记的孙叔敖的这个故事，背后还有一个一般人不知道的背景，那就是《荀子》的《非相》篇里所写的一段话："楚之孙叔敖，期思之鄙人也。突秃长左，轩较之下，而以楚霸。"〔3〕意思是楚国的孙叔敖，是期思这个地方的一个下等人，头上秃发，左臂还比右臂长，人很矮小，比车前的直木和横木都要矮，就是这么一个其貌不扬的人，却让楚国称霸一方。如果《荀子》的这段话是纪实的，那孙叔敖应该是坚持保留"庳车"的低底盘，才是最合乎自身出行特性的逻辑选择，但他居然选择了相反的对自己不利的方向。而如果我们把《荀子·非相》篇里描写孙叔敖长相的那四个字"轩较之下"，跟《循吏列传》所记孙叔敖主动献计增高门梱，改良"庳车"，两者结合起来看，这位小个子的春秋循吏形象，是不是又高大了几分？

所以太史公在《循吏列传》孙叔敖传的末尾，借了传说中孙叔敖的丞相官位三次得到又三次失去的传说，特意发议论，说孙叔敖最大的本事，是"不教而民从其化"，也就是并没有发布什么行政命令，老百姓就自觉地跟随他指引的路线走了——为什么孙叔敖能有如此大的能耐？就是因为他不自私，守规矩，有底线。

《循吏列传》所记的这五位循吏中，最好玩的是鲁国博士公仪休。

公仪休也是一位丞相，鲁国的丞相。按照《循吏列传》的说法，他的为官主张，是"食禄者不得与下民争利，受大者不得取小"，也就是拿国家工资的官员，不能跟下面的老百姓争利；获得了利益大头的一方，不可以再榨取小的一方。

这位公仪休丞相最有意思的故事，是因为喜欢吃鱼，有人拿了鱼来作为礼物相赠，他却不接受。对方纳闷了，说："我是听说您老特别喜欢吃鱼，才送您鱼的，您干嘛不接受呢？"丞相的回答很有水平，说："正因为我特别喜欢吃鱼，所以不能接受你的赠品。现在我做着丞相，自个儿就供得起鱼；今天我要是接受你送的鱼，而被免了丞相，那以后还有谁会再来给我供鱼呢？所以我是不能接受你送的鱼的。"

公仪休的话，是说得很轻松的。但他背后的指向，却是十分地严肃。因为它同样显示了个人守规矩、有底线的为官境界。

《循吏列传》所记的五位循吏中，引起后世争议的，是名列最后两位的石奢和李离。

石奢是楚昭王时代的丞相，平时为人刚正廉洁正派，从来不阿谀奉承，也从不回避问题。有一回石丞相到下面视察工作，半路上遇到了个杀人犯，这丞相大人也加入到了追犯人的行列里。犯人最后是逮着了，不过不是别人，就是石丞相他爸。怎么办呢？这位石奢石丞相的做法是：放了老爸，但把自己抓起来；同时派人代他向楚王汇报，自我检讨，说自己不忠不孝，罪该万死。楚王呢，自然是放他一马，说："你追了犯人，但没追上，不该判罪，你就干你的正事吧。"没想到这石奢回复楚王说："不隐藏自己父亲的过失，不是孝子；不遵奉君王的法律，不是忠臣。大王您赦免了我的罪责，那是主上的恩惠；但我甘愿伏法而死，是做臣子的职责。"最后他竟然不接受楚王的命令，自己抹脖子自杀了。

李离的故事，跟石奢颇为相似。说这位李先生，是晋文公时代负责司法刑狱的长官。因为误听传闻而错杀了人犯，就把自己抓起来，要判死刑。晋文公得知后，说："官有贵贱，罚有轻重。下属有过错，不能算是你的罪责。"李离却说："为臣我是一众司法官员的领导，但并没有让位给下属；工资也很高，但并没有跟下属分享奖金。现在因为误听传闻而错杀人犯，却要把罪责推给下属，这是从未听说过的事。"坚决不接受晋文公的命令。晋文公不高兴了，反问李离："你既然认为自己有罪，那寡人我是不是也有罪啊？"李离呢，典型的一根筋，说："理有法，失刑则刑，失死则死。文公您因为臣下我能听微决疑，所以让我做司法刑狱长官。现在误听传闻错杀人犯，罪就该死。"最终还是不接受晋文公的命令，伏剑自杀。

因为《循吏列传》的石奢传和李离传两部分，重点都不在石、李二人的政绩，而是写他们面对两难处境时的选择，所以后代就有学者认为，这两位算不得循吏。像明代的陈仁锡，就说石奢、李离二人"未见为循吏"[4]，也就是没看出来他们二位像是循吏。

那么，在入选人数极为有限的篇幅里，司马迁为什么要把石奢和李离这两位似乎跟"奉职循理"主题有点遥远的官吏选进来呢？

这就要说到《史记》最后的《太史公自序》里，有关《循吏列传》的解题了。在《太史公自序》里，司马迁是这样写的："奉法循理之吏，不伐功矜能，百姓无称，亦无过行。作《循吏列传》第五十九。"这其中的"奉法循理"，在《循吏列传》的公仪休传里出现过，跟前面引用过的"奉职循理"是同样的意思；"不伐功矜能"，意思是不以自己有功、有能力而骄傲。而其中跟我们读到的《循吏列传》画风最不合的，是"百姓无称，亦无过行"这八个字，它消极地刻画出循吏的一般特征，是他们在百姓口中并不被称颂，但是也没有犯什么过错。不过，如果我们把《循吏列传》的正文，跟《太史公自序》的这一解题结合起来读，其中的意蕴，就颇耐人寻味了。

一面在说循吏可以是"百姓无称"，另一面却把被列入循吏代表的子产，治理郑国二十六年后，死了，引来成年人嚎啕大哭，老人像小孩似的啼哭的悲怆场面，刻画得入木三分，甚至还直接引用了当时人的话："子产去我死乎！民将安归？"意思就是：子产真的离开我们死了吗！老百姓还有谁可以依靠啊？

一面在说循吏应该是"亦无过行"，另一面却特意写了一位有"过行"的司法刑狱高官李离，因为误听传闻错杀人犯，为追求公正，把自己抓了起来，判了死刑，即使有晋文公宽解，依旧不接受君命，而持剑自杀。

《循吏列传》用这种不循常理的写法，尤其是写循吏们对于为官底线的极端重视，底线在他们的眼里甚至高于生命，以此来凸显忠于职守、依循常理的官员难能可贵，应该说是司马迁精心安排的结果，而绝不是选择的不当。

因此就要提到一个历来有不少人已经指出的《循吏列传》的一个重要特征，就是那里面作为循吏代表的，都是春秋时期的官员，司马迁身处的汉朝，是一个官员都没有入选的。与此相应，在《史记》七十列传中，还有一篇《酷吏列传》，那里面写的，却都是汉朝的官员。因此就有人推测，太史公之所以在《循吏列传》和《酷吏列传》里有这样的选择，是用了一种特殊的方式，对自己身处的汉武帝时期的官员和官场政治，作鞭辟入里的批判。

果真如此吗？我们之后讲《酷吏列传》时再讨论。

《汲郑列传》：

做人最好是坦荡

《汲郑列传》的两位主人公，汲黯和郑当时，他们的名字，其实在我们以前的讲述里面，已经出现过了。我们在讲《礼书》和《乐书》的时候，讲汉武帝得了一匹神马和一匹千里马，那里就提到过汲黯。前面我们讲《魏其武安侯列传》，讲到"东朝廷辩"，那里就既出现了汲黯，也出现了郑当时。汲黯是那个唯一坚持支持魏其侯窦婴的，而郑当时开始跟汲黯一样支持窦婴，后来又变卦了，因而当场被汉武帝痛骂。

那么，司马迁为什么还要为这两位再专门写一篇合传呢？

那是因为汲黯和郑当时，虽然也是汉朝的"高级干部"，但天性未泯，性格上都有独特之处，而且这些性格的特点，使得西汉一朝的政治，虽然逐步专制化，却还是留下了一抹自由和人性的光彩。

　　在《汲郑列传》里，汲黯的故事最富戏剧性。这些戏剧性的片段里，最令人回味的有两个。一个是汲黯早年持节救灾民，一个是汉武帝时期他当面给当朝皇帝作评价。

　　据说这位汲先生，原本是靠着他父亲的职位世袭做官的，在汉景帝的时候，当了太子洗马。这个洗马的洗，不是洗澡的洗，有人说要读作 xiǎn，那是因为它原来的意思，是先后的先，所以太子洗马的本意，是给太子出行的时候作先导，而它的实际工作重点，是教太子处理政务和文书。后来汉景帝死了，太子也就是汉武帝即位，因为跟汉武帝在太子时候有这层关系，汲黯又顺理成章地做了汉武帝身边的"谒者"。"谒者"是干什么的呢？就是代皇帝传话的。

　　而这位汲谒者是怎么代汉武帝传话的呢？说是有一次河内地方大火，烧了上千户人家，突发事件，汉武帝就派了汲黯去代他视察一下。汲黯去了，回来报告说："河内的火灾，就是家里人不小心失火了，烧到了旁边的房子，没啥可担忧的。不过我经过河南，河南的贫穷百姓，遭水旱灾害，有上万户人家受灾，甚至出现了父子相食的情况，我就自作主张，拿着皇帝您给我的节，开了河南的粮仓救济受灾的贫民了。我现在恳请归还这个节，也愿意承担擅自发布天子号令的罪责。"汉武帝倒还开明，觉得这位汲谒者办事不错，就放了他一马，改派他做荥阳令。

汲鄭列傳第六十

汲黯字長孺濮陽人也其先有寵於古之衛君〔文穎曰六國時衛但稱君〕至黯七世
世爲卿大夫黯以父任孝景時爲太子洗馬以莊見憚孝景帝崩
太子即位黯爲謁者東越相攻上使黯往視之不至至吳而還報
曰越人相攻固其俗然不足以辱天子之使〔河內失火延燒千餘家〕
上遣黯往視之還報曰家人失火屋比延燒不足憂也臣過河南河
南貧人傷水旱萬餘家或父子相食臣謹以便宜持節發河南倉
粟以振貧民臣請歸節伏矯制之罪上賢而釋之遷爲滎陽令黯
恥爲令病歸田里上聞乃召拜爲中大夫以數切諫不得久留內
遷爲東海太守黯學黃老之言治官理民好清靜擇丞史而任之
〔如淳曰律太守都尉諸侯內史史各一人卒史書佐各十人今總言丞吏
史或以爲擇郡丞及史使任之鄭當時爲大農推官屬丞史亦足是也〕其治責大指而已

明汲古閣刻本《史記·汲鄭列傳》書影

一来二去的，这位汲黯又回到了朝廷，当了主爵都尉，"列于九卿"。那个时候，王太后的弟弟武安侯田蚡做了丞相，风头正健，中二千石们前来拜见，这田蚡都骄傲得不回礼的。而汲黯呢，很有个性，见田蚡的时候，从来都不拜，一般也就是拱手做个揖而已。汉武帝这时节正招徕有文才的儒学者入朝，有一回上朝，作工作指示，就说那个我要怎么怎么的，汲黯却很有意思，当面就跟汉武帝说："陛下您内心有太多的欲望，却对外宣传要施行仁义，您这样干，怎么还可能效法唐虞之治呢！"汉武帝被他这么突然一怼，一时间竟说不出话来，不过也真的怒了，脸色都变了，虽然没有当场发飙，但立即宣布结束这次上朝活动。在场的百官公卿都为汲黯捏了一把汗。那边汉武帝一退朝，就憋不住了，恨恨地跟身边的工作人员说："甚矣，汲黯之戆也！"意思是太过分了，这个傻呆的汲黯。这边一班大臣中就有人数落汲黯的不是，这汲黯倒好，毫无悔意，说："天子任用公卿和辅佐大臣，难道是让你们跟班怕马屁，奉承上意，让主子陷入不义境地的吗？再说了，你已经在这个位置上了，就算你是爱惜自身，那也怎么可以让朝廷受到侮辱呢！"

这里我们得表扬一下汉武帝。虽说是个自恋的君主，但对于忠心耿耿的臣下，还是看得懂的。所以据《汲郑列传》记载，后来有一回，他跟下属讨论到汲黯的去留问题，就问："汲黯跟别的同僚比，怎么样啊？"下属回答："让汲黯一般地任职做官，大概不会超过其他人。不过要是让他辅佐下一代领导人，坚守城池，招之不来，挥之不去，即使是那些自称为大力士的，也不能夺取他的志向。"汉武帝对这样的评价深表赞同，说："对的。古代有所谓社稷之臣，像汲黯，就接近于社稷之臣了。"

不过即便如此，在现实的政治操作系统中，汉武帝依旧无法重用汲黯。所以《汲郑列传》说，汲黯开始名列九卿的时候，公孙弘、张汤都还是个小吏。等到公孙弘和张汤等人官越做越大——公孙弘都做丞相了，还封了侯；张汤也升做御史大夫了；连一班当年做汲黯下属的，都跟汲黯平起平坐了，甚至有职位在他之上的——汲黯这心里，就不平衡了，见了汉武帝，不免有点哀怨，说："陛下您用大臣啊，就好比堆柴火，后来的放在上面。"今天我们熟知的那个成语"后来居上"，最早就是出自《汲郑列传》这一段。

这里也顺便说一下，我们在《汲郑列传》的汲黯传部分，反复看到"九卿"这一称号，像前面我们讲汲黯又回到了朝廷，当了主爵都尉，就有"列于九卿"这样的说法。那么，什么叫九卿呢，是指九位公卿大臣吗？

"九卿"这一说法，从历史文献的角度看，在《左传》里是没有的。虽然《国语》里有"天子大采朝日，与三公九卿，祖识地德"的说法，但现代学界普遍认为，直到西汉前期，"九卿"和"三公"，依然只是一种后人依照儒家学说，追述或描述当时官场高层领导班子的一种模糊的说法。可以被列入九卿的，也不一定就是九位具体执行公务的领导班子成员。九，就像古代汉语中常用的，其实只是表示多而已。

相比于汲黯的坦荡直率，《汲郑列传》里的郑当时，就要温和一些，也圆滑一些。

据《汲郑列传》说，郑当时的祖上，倒是也出过汲黯那样的硬骨头的。那还是在楚汉相争的时候，郑当时的祖上，一位被称为郑君的，是项羽手下的军将；后来项羽战败而死，郑君也归属汉朝。汉高祖刘邦为了肃清项羽的流毒，就专门下了一道命令给项羽的各位老部下，从今往后，你们称呼项羽，就不可以再尊称他的字了，而要直呼其名，叫项籍。其他人一听，项羽都死了，直呼其名也无妨啊。唯有这位郑君，"独不奉诏"，也就是不接受刘邦的命令，坚持不对已经自杀的旧主子项羽直呼其名，结果被刘邦扫地出门。

郑当时虽然没有他那位老祖郑君那么一根筋，却颇有侠气。按照《汲郑列传》记载，他早年跟汲黯还做过同事，都是汉景帝时太子家的随员，当时叫太子舍人。那时节这位郑当时，据说是特别喜欢请客。当时是每五天都有所谓的洗澡日，放假，这郑当时就预定好长安郊外驿站里的马，相当于今天的租车业务，托朋友看着，随时准备出行会客，经常是从晚上喝到早晨，还总怕漏掉了谁。后来太子成为汉武帝了，他也成为汉朝的有实际职位的官员，从鲁中尉，一步一个脚印，做到了分管首都事务的右内史，跟汲黯一样，名列九卿。

虽然进入了高层，郑当时还是很谦虚。据《汲郑列传》说，他曾告诫下属："有客人来，不论是贵宾还是普通人，都不可以留在门房。"他见人，总是按照宾主礼仪。而且他还很廉洁，不为自己置办产业，就靠工资过活。他送人礼物，也都不过是用竹制器具装的普通食品。每次上朝，跟汉武帝交流心得，他最喜欢说的，是天下长者，也就是朝野之间道德修养高、名声好的老一辈人。他给汉武帝推荐的，既有普通的书生，也有已经在官府衙门做事的下属，经常认为那些人才比自己优秀。听到别人说的好主意，他都会跟皇上汇报，还唯恐报晚了。

最有意思的，是据《汲郑列传》说，即使跟一般的公务员聊天，郑当时也不直呼其名，就怕伤了他们的自尊心。这个应该是继承了他祖上那位郑君的遗风。而更有意思的，是司马迁在《汲郑列传》里，称汲黯是直呼其名的；但到称呼郑当时的时候，却是一律称郑当时的字，叫他郑庄，而不直呼其名。

跟我们前面讲《魏其武安侯列传》不同，司马迁是肯定见过汲黯，也肯定见过郑当时的。尤其是汲黯，大多数研究者认为，他就是司马迁当年心目中的那个"男神"；而从《汲郑列传》的表述看，说司马迁是郑当时的"粉丝"，大概也八九不离十吧。但是即便如此，司马迁也没有在这篇《汲郑列传》里一味奉承。他说"然郑庄在朝，常趋和承意，不敢甚引当否"，也就是郑当时在朝廷上，经常顺着汉武帝的意思说话，不敢稍微讲一点自己的肯定或者否定的意见，就是一种尊重历史的写实。

在《汲郑列传》最后，太史公引了一位下邽（guī）翟公题写在自家门上的话，发了一通感慨。这段话就是："一死一生，乃知交情。一贫一富，乃知交态。一贵一贱，交情乃见。"意思是两个人的关系，一个死了一个活着，才可以知道他们是否有交情。一个贫穷一个富有，才可以知道他们交往的状态。一个高贵一个轻贱，交情才显现出来。

虽然司马迁在写这段话前说了，汲黯、郑当时两位，生前廉洁奉公，后来中途贬官，家里穷，宾客都离他们而去，死后家里都没什么余钱，但很多人还是不理解，为什么司马迁在这么重要的"太史公曰"里，不给汲、郑两位传主打个分，点个赞，却要发这么一通感慨呢？

这原因就在于，《史记》的七十列传，从来都不是简单的评优贬劣，而是书写人性。

单个人的处境变化，以及由此合力引发的历史变动，是让司马迁这样的一流历史学家最为着迷的事情。无论是生死、贫富，还是贵贱，从史家的眼中看去，唯一不变的，就是人性的善变。

《儒林列传》：

学者从政，五味杂陈

前面在讲《循吏列传》时我们讲过，"吏"，在司马迁的时代，很多时候跟"官"是一个意思。循吏也罢，酷吏也罢，讲的都是官员的故事，那么《儒林列传》讲的是什么呢？它讲的也是官员的故事，但不是讲他们为官的品行作风，而是讲在汉朝，选拔官员的路径发生了怎样的大变化；儒，也就是儒家一路的儒生们，如何从普通的学者，一跃成为汉朝主力培养选拔的官员。

从结构上看，《史记》的这篇《儒林列传》，大致分为三个部分：第一部分是"太史公曰"，一如既往地发感慨；第二部分是回顾，回顾从孔子去世以后，直到"今上"也就是汉武帝即位，汉朝颁布法令，儒生得以正式进入官场的过程；第三部分是传记，从《诗》《书》《礼》《易》《春

269

秋》这五部儒家经典的传授的角度，写了各经在汉朝的开山祖师和他们著名的徒子徒孙——只是重点不在学术，而在他们与官场的纠葛。

在开篇的位置就写"太史公曰"，这样的形式，在《史记》里不止一次出现过。这回在《儒林列传》的开头，司马迁还是发感慨，说："余读功令，至于广厉学官之路，未尝不废书而叹也。"意思是我读那些政令文书，读到官方广开激励学者做官的门路，总要放下文书来，感叹一番。这样的感叹由何而起？《儒林列传》的"太史公曰"里说了，来源于儒家学派的祖师爷孔子。据说孔子跑了七十几个国家，想当君主的智囊，而没有机会，只能自我安慰说："如果用我，只要一个月的时间，我就可以做出点成绩来。"那么，太史公这样的感叹，究竟是赞叹，还是悲叹呢？我们看下面两部分，就有答案了。

《儒林列传》第二部分的回顾，从孔子去世以后，七十几个徒儿自寻门路，做官，做教师，做隐士，说到秦始皇焚书坑儒，引得鲁地的儒生，拿着孔家的礼器，投奔陈胜吴广起义部队，再说到叔孙通为汉高祖制定礼仪，汉初道家、儒家和法家三家的政治纠葛，最后的落脚点，是汉武帝时从底层发迹的公孙弘，做学官，打报告，让儒生通过国家规定的途径，正式进入官场，信息量很大。

公孙弘的报告，是直接打给汉武帝的。报告的核心内容，是让原本只是做顾问的博士官，开始担任博士导师，可以招收五十名弟子，这些弟子有免于劳役的优待。选拔博士弟子的标准，是年龄十八岁以上，人长得仪态端正，同时爱好文学，能尊敬长辈和官家，思想品德调查下来没有问题的。学制以一年为期，一年以后全部要参加期末考试，能够通一经以上的，可以候补文书掌故一类的低级职位，其中考得特别优秀的，经过太常的报备，可以直接提拔做郎中。当然，学习不勤奋，考试不合格的，是要被除名的，推荐他们的人也要受罚。

公孙弘打这份报告的目的，是要改变当时官场一般吏员文化基础薄弱，不能把中央的政策很好地加以领会和宣传的困境。而最有意思的，是他在报告里拍马屁，称皇卜下的诏令和律令有"明天人分际，通古今之义"的特征，这不是跟司马迁撰述《史记》的宗旨"究天人之际，通古今之变"很相似吗？

公孙弘的这份报告，得到汉武帝同意的批示。《儒林列传》因此说："自此以来，则公卿大夫士吏斌斌多文学之士矣。"也就是整个汉朝的官员选拔途径，从此开始转向，转到以选拔通经学、文笔好的儒生为主的路径上。

接下来，《儒林列传》的第三部分，是博士官和他们的

明刻本《帝鉴图说》中拟绘的汉武帝派人征召鲁《诗》名家申公的画面

儒生弟子的传记，这部分可读性最强。其中的故事，也很耐人寻味。

首先写的，是《诗经》的三家，鲁诗、齐诗和韩诗，传授的老师，分别是申公、辕固生和韩生；其中还没有毛诗。

接着《诗经》的，是《尚书》。写了传授《尚书》的大师伏生，并附记了伏生的徒弟们。其中专门讲了孔安国，说"孔氏有古文《尚书》，而安国以今文读之，因以起其家"。所谓古文，就是秦统一以前的六国文字；所谓今文，就是汉朝通行的文字。

排在第三位的《礼经》，提到了"鲁高堂生最本"，也就是鲁地一位叫高堂生的，所传授的《礼经》是最基础的。同时又说"而鲁徐生善为容"，也就是鲁地还有一位姓徐的，很擅长礼仪的实际表演；徐家的子孙们继承了这表演的特长，不过有的竟然是读不通《礼经》的。值得注意的是，在《儒林列传》里，还没有"三礼"（也就是《周礼》《仪礼》和《礼记》）的说法。

排在第四位的《周易》，传授的线索是相当清晰的：孔子传给鲁地的商瞿，商瞿下传六世，到齐人田何，田何再传到汉朝的杨何。一般认为，这是司马谈曾跟着杨何学《周易》的缘故。

最后讲的，是《春秋》的传授，主线是两位，董仲舒和胡毋生，在胡毋生一线的下面，提到了公孙弘。有意思的是，虽然《儒林列传》的这部分出现了"穀梁""公羊"

的名号，但没有出现"左传"的名称。所谓《春秋》三传，公羊传、穀梁传和左传，是从《汉书》的《儒林传》才开始并称的。

这里顺便要说一下，五经的次序，《史记·儒林列传》跟《汉书·儒林传》也是不同的。《史记》排次是《诗》《书》《礼》《易》《春秋》，《汉书》则是《易》《书》《诗》《礼》《春秋》。这两种排次，相同的地方，是《尚书》都在老二的位置，《春秋》都在最后的位置；不同的地方，是《史记》把《诗经》排在第一位，而《汉书》则以《周易》为开端；此外，《礼》的地位，从《史记》的老三，降到了《汉书》的老四。为什么会有这样的不同排次？研究者一般认为，《史记》排次，是从学生学习五经，循序渐进的路径来考虑的；而《汉书》呢，则是从经学作为一门成熟的特殊的学问来架构的。

《史记·儒林列传》的这第三部分里，因为写的是凭借经学知识进入政界的人物，所以也有不少耐人寻味的故事。这里我们只讲一位，就是传授《诗经》的三家中的一家——齐诗的代表人物辕固生。

辕固生是齐人，曾经做过清河王的太傅（也就是亲王的老师），因为精通《诗经》，在汉景帝的时候做了博士。太史公在《儒林列传》里写这位辕固生，中心是讲了他的三个故事。这三个故事，每一个还都有象征意义。

第一个故事，是辕固生跟一位姓黄的书生在汉景帝面前，辩论汤武革命的是与非。黄生的意见，是商汤和周武王干的，都不是受天命而革命的事，而是弑杀自己的国君。辕固生不同意黄生的意见，认为夏桀和商纣暴虐作乱，天下人心都归向商汤和周武王，汤武诛桀纣，不得已而自立，怎么就不是受天命呢？黄生反驳说，桀纣即使失去道义，但终归是君王，汤武再圣明，也只是臣下；君王有过失，臣下非但没有劝说他们改正，反而因君王有过失而杀了他们，还自己上位，这不是弑杀君主又是什么呢？辕固生急了，口不择言地反问道，一定要这样说的话，那咱们高皇帝代秦，登上天子之位，也是不对的吗？景帝一瞧，两人的对话越来越离谱了，就赶紧打圆场制止说："吃肉不吃马肝，不算不懂滋味；讨论学术不谈汤武革命，也不算愚蠢。"两人就此闭嘴。而从此之后，学者们也再没有人敢正面讨论这类敏感问题了。

第二个故事，是辕固生在窦太后跟前贬低《老子》，差点丢了小命。说是窦太后对《老子》一书喜欢得不得了，有一回召见辕固生，问辕固生对《老子》一书的看法。辕固生是儒家，对道家的《老子》当然看不上，就不过脑子地说了句："此是家人言耳。"意思是这就是一般平头百姓说的话罢了。窦太后可是《老子》的铁杆"粉丝"，一听辕固生这么贬低《老子》，勃然大怒，说："安得司空城旦书乎？"这句话里的司空，是管理刑罚的官员；城旦，出自秦始皇焚书时下的法令条文，"令下三十日不烧，黥为城旦"，也就是焚书的法令颁布以后，三十天还没有烧书的，要被脸上刺字，发配去修长城。所以"安得司空城旦书乎"的意思，就是咱们哪里去找一本可以让读的人进监狱、脸上刺字的书啊，这显然就是指曾被秦朝禁毁的儒家之书了。说着这句话，窦太后就使了个阴招，让辕固生进猪圈，去刺杀野猪。汉景帝得知此事，知道这回太后是真的怒了，辕固生只是有话直说，本无罪责，就让人给辕固生送去了一把上好的尖刀。生死关头，辕固生倒没有掉链子，拿着汉景帝给的利器，进了猪圈，一刀正中猪心，野猪应手而倒。窦太后借猪杀人的阴招就此流产，也无话可说。

需要说明的是，这个故事里辕固生所说的《老子》是"家人言"，这一说法里的"家人"一词，在汉朝当时的宫廷内，容易使人联想到"家人子"。"家人子"，特指宫廷里还没有获得名分的宫女。[1]而窦太后原本的出身，就是吕太后跟前的宫女，也就是说她曾经就是"家人子"，所以听到辕固生说出"家人言"三个字，就觉得是在暗中讥讽自己，所以就特别地愤怒了。

第三个故事，是晚年的辕固生，当面警告公孙弘。说

说《列传》（下）

当时辕固生已经九十多岁了，但得到汉武帝的征召，要他重出江湖。跟他同时接到汉武帝邀请函出山的，还有他的大同乡公孙弘。公孙弘年纪比辕固生小，骄傲啊，对辕固生"侧目而视"，也就是都不拿正眼瞧人。辕固生呢，到底见过世面，也了解公孙弘的为人，直接怼了过去，说："公孙子，务正学以言，无曲学以阿世！"意思是公孙先生啊，你千万要走正道说人话，不要歪曲咱儒家的正统学术，去迎合世俗那一套。

《儒林列传》的辕固生传部分，写的上述三个故事，分别显现了儒生进入政界，和儒家学说介入汉朝当代政治以后，所遭遇的三种类型不同的困境。第一个故事隐喻的，是儒家倡导的君臣理念，本身存在着天然的矛盾，而在现实中，从政的学者除了凡事听命于君主，并没有第二种选择；第二个故事展现的，是跟政治纠缠在一起的儒、道两家，在理念和现实中的生死搏斗；第三个故事预示的，则是经验丰富的老辈儒士辕固生们也无法控制的无奈现实：以公孙弘为代表的俗儒，虽然成功上位，但已经突破孔门底线，彻底沦落为政治的附庸。

司马迁写这篇《儒林列传》的时候，应该是怀有一种很复杂的心态的。他在《儒林列传》开头的"太史公曰"里所发的感叹，也不是一种单纯的赞叹或悲叹。因为一方面，他看到了自孔子开始，儒家梦寐以求的参政议政的政治理想，在汉朝的儒生手里实现了，儒生们正式以团体入会方式，加入到了官员预备队里；另一方面，他所敬仰的孔子式的理想，那种强调仁义，推崇高尚人格的早期儒家理想，在自己身处的汉武帝时代已经变味了，进入官场的那些儒生，大部分追求或者不得不追求的，是一种异化乃至人格分裂的目标，那就是：嘴上虽然说着仁义道德，心里想的其实都是功名利禄了。

《酷吏列传》:

权够大，心够狠

上一节我们讲了《儒林列传》，这一节我们讲《酷吏列传》。

司马迁写《酷吏列传》，跟前面我们讲过的《循吏列传》《儒林列传》相似，也是先讲了一段"太史公曰"，虽然这里开始没有出现"太史公曰"这四个字，但先通过引用孔子和老子的名言，跟他个人发表的一通理论辨析，说明了什么是"酷吏"——简单地说，酷吏就是在特定情境下行事风格"武健严酷"的官员。而"武健严酷"，意译成现代汉语，就是气势撼人，心狠手辣。

然后，太史公进入正题，给我们讲了一批典型酷吏的故事。

按照《酷吏列传》最后的"太史公曰"里的说法,"自郅都、杜周十人者",好像这篇《酷吏列传》只写了十个酷吏,其实我们仔细数一下,这篇《酷吏列传》里提到的,不止十位。

首先是《酷吏列传》的中心部分,从郅都到杜周,并不是十位,而是十一位。他们是:郅都、宁成、周阳由、赵禹、张汤、义纵、王温舒、尹齐、杨仆、减宣(咸宣)和杜周。为了弥缝这一差错,清代有人说,这是因为其中的杨仆不算。但怎么就不算呢?道理说不出来。其实把杨仆排除出去,是根据"十人者"这一说法倒着算的结果。而我们更相信司马迁所谓的"十人者",只是个大约数。

其次是在讲上述十一位酷吏之前,《酷吏列传》已经指出了汉初两位酷吏的前奏。一位是侯封,一位是晁错。侯封,《酷吏列传》说他对宗室和功臣特别严酷无情;晁错呢,司马迁的记录里,给人最深刻印象的,是行事风格"刻深"这两个字。"刻深"这两个字的字面意思,就是做事情像用刀刻在木头上一样,留下很深的痕迹,引申一下,就是凡事都要深究,不轻易放过的意思。

再一个,就是在讲了十一位酷吏的故事后,司马迁还把冯当、李贞、弥仆、骆璧、褚广、无忌、殷周、阎奉等特别残暴残酷的官员,点了一下名。

《酷吏列传》这样的安排,明显可以看出,司马迁的叙

長門　　陸可彥　刪定

酷吏列傳第六十二

孔子曰導之以政齊之以刑民免而無恥導之以德齊之以禮有恥且格老氏稱上德不德是以有德下德不失德是以無德法令滋章盜賊多有太史公曰信哉是言也法令者治之具而非制治清濁之源也昔天下之綱嘗密矣然姦偽萌起其極也上下相遁至於不振當是之時吏治若救火揚沸非武健嚴酷惡能勝其任而愉快乎言道德者溺其職矣故曰聽訟吾猶人也必也使無訟乎下士聞道大笑之非虛言也漢興破觚而為圜斵雕而為樸網漏於吞舟之

日本江戶時代翻明刻本《史記·酷吏列傳》書影

述，不是平面的，而是既有线性的线索，又有高低的层次。

而这其中最引人注目的，是这篇《酷吏列传》所选全部是汉朝担任实际要职的中高级官员，而且有不少是他亲身接触过的汉武帝时期的官员。

在《酷吏列传》中心部分讲到的十一位酷吏中，郅都、张汤、王温舒，这三位最值得关注。

郅都在《酷吏列传》里，名列十一位酷吏之首。而他的事迹，跟后面一些明显变态的酷吏有比较大的不同：一个是他是十一位酷吏中，唯一一位生活在文景二帝时代的；再一个是他廉洁奉公，像《酷吏列传》说他为人勇敢，有气力，从不利用公家的便利发私人信函，别人送东西都不收，别人有什么请托他都不理睬，而经常自称："我已经背离双亲而出来做官，就应该在职位上奉职守节到死，总归是顾不上妻儿了。"话虽然说得狠了些，但做派跟《循吏列传》里写过的那些传主不是很相似吗？所以历史上有一些学者很困惑：太史公为什么要把郅都这么个看起来还蛮清廉的官员，安排进酷吏的行列里呢？

我想理由主要是：这位郅大人生性比较冷酷，而且在汉景帝民风还比较淳朴的时代，就首开"严酷"的行政管理之风。前一方面，可以举《酷吏列传》里记的郅都成名故事为例。当上林苑里突然跑出一头野猪，直奔正在上厕所的一位姓贾的妃子而去，急得汉景帝都打算操起兵器跟野猪打一架的时候，身为中郎将的郅都，第一反应居然不是替景帝上场救美人，而是趴在皇帝跟前挡道，说："死个妃子，咱可以再进一个，天下哪里会缺贾妃那样的女人呢？"还拿了宗庙跟太后的大帽子，给汉景帝戴上，这可不是太冷血了吗？

至于后一方面，《酷吏列传》写得很直白，说当时民风淳朴，人人害怕犯罪，都很自重，而这位郅大人却"独先严酷"，也就是就他一个人率先施行严酷之风，行政执法时对贵戚也不避让，让列侯宗室们见了他，都侧目而视，并给他取了个绰号，叫"苍鹰"，就是黑色的老鹰。也因此，郅都最后的下场很悲惨：因为卷入临江王自杀案，他被窦太后钦定杀头，连汉景帝也救不了他。

相比于郅都，张汤在《酷吏列传》里的地位更为显著。为什么这么说呢？因为《酷吏列传》全文 7000 字左右，其中的张汤传就超过了 2000 字，也就是张汤一个人的传记，占了《酷吏列传》全文的将近三分之一，可见张汤一定是司马迁心目中酷吏的典型。

张汤性格上的冷酷无情，比郅都毫不逊色，还是从小养成的。《酷吏列传》张汤传部分的开始，就记了一个非常生动的小张汤断老鼠案的故事。

说张汤是杜陵地方人。他爹曾经做过长安丞，有一回外出，让小张汤看着官舍。等到这张老爹回来了，发现官舍里的老鼠偷吃了肉，于是大怒，就拿起鞭子抽了小张汤几下。小张汤呢，挖地三尺，硬是把作案的老鼠和老鼠偷去的赃物——没吃完的肉，给找到了。不光如此，他还模拟法庭办案，给到案的老鼠安了罪名，上了刑，写了法律文书，并有模有样地走了审讯的流程，最后把这老鼠跟肉，在厅堂下一起给剁成了肉饼。张老爹见了这情形，再看看小张汤写的法律文书，跟老法师写的一样，非常吃惊，就索性让小张汤代写案子的文书了。

但在《酷吏列传》张汤传接下来的部分里，我们可以看到，张汤并不是个一无是处的坏人。在他从长安城小公务员起步，一步一个脚印，最后做到御史大夫的人生路途上，他的处事风格和做派，具有多面性。他一方面"为人多诈，舞智以御人"，也就是为人奸诈，经常靠玩弄小聪明来控制别人；另一方面又情商很高，总是能适时地在汉武帝跟前表扬下属的优秀，替他们隐瞒过失，有时还把下属的过失揽到自己身上。他一方面在处理绝大部分案件时，都以皇上所说为准。汉武帝肯定的，他都做好笔记，让下属形成书面的法律条文对外公布，以张扬主上的圣明。凡是皇帝想治罪的，他就把案子发派给那些办案风格威猛，能给人带去大祸的法官；凡是皇帝想放一马的案子，他就分派给那些办案风格相对轻柔平和的法官。另一方面，他在处理淮南王等谋反的案件时，又坚持原则，对于汉武帝

西北政法大学西汉张汤墓出土铜印两枚，均双面篆刻，上为"张汤/张君印信"，下为"张汤/臣汤"。

想轻判的严助和伍被，坚持主谋必须判死刑。他一方面在早年就跟长安富商私交甚好，另一方面又十分注重个人廉洁，到死的时候，家里的全部财产都不超过五百金，还都是工资收入——顺便说一下，2002年，在西安的西北政法大学南校区内，考古发现了一座汉墓，其中出土了两枚小小方寸印章，上面刻有"张汤""臣汤"等文字，证明这就是张汤墓。而张汤墓经考古发现，其葬式和陪葬品十分普通，证明《史记·酷吏列传》张汤传所记张汤死后薄葬，"有棺无椁"（也就是只有一口棺材，外面没有很多层的套装），是真实的。[1]

《酷吏列传》对于张汤最后被政敌构陷败北而自杀，有十分详细的记录。我们推测，这应当是太史公自己亲眼所见亲耳所闻的实录，否则如此复杂的政治纠葛，很难叙述得如此清晰。

285

王温舒呢，画风完全变了。据《酷吏列传》说，他年轻时干的，是"椎埋"，也就是用大棒把活人给打死，又随便就埋了这样惊悚的勾当。后来做了亭长，也就是汉朝最基层的派出所所长，但多次被下岗。最后是当上了张汤的跟班，发了，先做御史，后来又外放做了广平都尉。这位王都尉的地方治理办法很有特色。他选了十几个广平地方的胆大豪杰做自己的爪牙，将这些人犯的不可告人的重罪证据都抓在自己手里，然后派他们监督强盗和小偷，想怎么干就怎么干：这个人即使有一百桩罪，也不抓他；但如果出了问题，就可以灭了整个宗族。所以齐国和赵国一带郊区的盗贼，都不敢靠近广平，广平因此在全国打出广告，号称是"道不拾遗"。这广告做大了，让汉武帝也听说了，王都尉就升为河内太守了。

到了河内，王太守复制了自己在广平时的成功经验，部署下属抓捕所辖地方"豪猾"，并大开杀戒，搞出了个连坐上千户人家，流血十多里的惊悚大场面。而最变态的，是这样折腾到十二月过完，春天来的时候，因为按照汉朝的法律，杀人必须在冬季，这位王太守居然说："哎呀，要是让冬天的月份再延长一个月，我的事儿就可以办完了。"这么变态，让司马迁也不由得感慨："其好杀伐行威不爱人如此！"就是说，这个家伙竟然如此地喜欢打打杀杀，行使自己的威严，而不爱惜人的生命。也是在《酷吏列传》的王温舒传里，太史公把王温舒等人的行政治理方式，归纳为四个字，叫"以恶为治"，就是把作恶当作治理。

王温舒们为什么能如此严酷，如此肆无忌惮呢？主要原因是有汉武帝为之撑腰。

我们读这篇《酷吏列传》，除了看到不同的酷吏，有不同的"酷"法，最不可思议的，是他们还大都得到最高领袖汉武帝的赞许，因此在他们各自的传记里，"上以为能"（也就是皇上认为他很有才能）这几个字，经常可以看到。像赵禹，周亚夫做丞相时已经说过他"文深，不可以居大府"，但到了汉武帝那里，就变成了"上以为能"而官至太中大夫。王温舒呢，说了"嗟乎，令冬月益展一月，足吾事矣"之后，汉武帝听说了，又是个"以为能"，把他提拔做了中尉。下面的尹齐和杜周，一个是被张汤多次表扬为"廉武"，"上以为能"而升做中尉；一个是被天子口头批示为"尽力无私"，高升为御史大夫。所以清代的张云璈，在他的个人别集《简松堂文集》里写了篇《读酷吏传》，一针见血地指出："故行其酷者，酷吏也；而成其酷者，天子也。"[2]

在《酷吏列传》最后的"太史公曰"部分里，司马迁先是说从郅都到杜周这十个人，"皆以酷烈为声"，也就是都因为行事风格严酷激烈而出名。接着说，但这十个人当中，"其廉者足以为仪表，其污者足以为戒"，就是他们中间清廉的人，足可以作官员们的表率，而他们中间那些有污点的，又足以让官员们引以为戒。他还说："虽惨酷，斯称其位矣。"意思是虽然做事风格狠心而残酷，但也算是跟他们的位置相称的。这样的"太史公曰"，跟整篇《酷吏列传》里所写的那些酷吏的具体事迹，就形成了一种显著的矛盾，其中对酷吏的评价，是肯定和否定交织，由此形成一种独特的张力，呈现的是一种既不隐恶、也不隐善的史家书写特征。

所以回到前面讲《循吏列传》时最后我们讲的那个问题，就是有人推测，太史公之所以在《循吏列传》里没有写一位汉朝官员，而在《酷吏列传》里写的全部是汉朝官员，是用了一种特殊的方式，对自己身处的汉武帝时期的官员和官场政治，作鞭辟入里的批判。站在一个更高的视角看，这是不够准确的。我想，《循吏列传》和《酷吏列传》，恐怕不能简单地理解为是表扬循吏和批评酷吏的二分法，而更多地是展示太史公的历史观和价值观。也就是从《循吏列传》到《酷吏列传》，展现的是中国官场生态的演变史：从春秋时期官员具有相对的独立人格和自主状态，发展到西汉中期整个官僚体制中的官员个体随着中央集权的逐步形成，君王权力的无限度扩张，逐步失去对具有普遍意义的理性规范的信仰，而更多地依附于皇权，一切以帝王的喜好行事，个别甚至不惜以滥用刑罚的方式，暴力侵犯乃至剥夺他人的生命权，以求个人在险象环生的政治生态中自保。

　　"法令者治之具，而非制治清浊之源也。"翻译成现代汉语，就是：法律政令是国家治理的工具，但不是国家治理得好和坏的根源。司马迁在《酷吏列传》开头总结的这句话，说明他对于中国传统社会中法制的效用，有透彻的理解。从某种程度上说，相比于执法的说一不二，司马迁更看重的，是执法者的基本素养和在任何境遇中留存的人性。

《游侠列传》：

那些昨日的江湖老大

读《史记》的七十列传，我相信很多读者朋友都有一种同样的感觉，就是太史公写人，喜欢写一些奇奇怪怪的人。《刺客列传》里的刺客是这样，《游侠列传》里的游侠也是这样。而且刺客和游侠，好像还不是那么容易区分的。

那么什么是游侠呢？太史公在《游侠列传》里没有作名词解释，但他通过一些非常感性的特征描述，告诉我们什么是游侠。

《游侠列传》的篇幅并不长，但是很明显地分为两个部分：第一部分，是类似《伯夷列传》的大段的评论；第二部分，才是游侠的传记，点了好多人的名字，其实主要写的，就是三位汉朝的游侠——朱家、剧孟和郭解（xiè）。太史公所指的"游侠"，实际上是怎样的一类人，我们可以先从《游侠列传》的第一部分了解一个大概。

《游侠列传》的第一部分，是从引用《韩非子》的话开场的。这话就是："儒以文乱法，而侠以武犯禁。"这话出自韩非写的一篇著名文章《五蠹》，意思是儒生用他们的文章来搞乱法治，而游侠凭借他们的武力冒犯禁令。不过尽管法家的韩非把儒生和游侠二者都归入动乱分子，太史公却不这么看。他把社会的阶层分作了三类。第一类是"以术取宰相卿大夫"的，也就是靠了权术，获取了宰相等职位的高官。对这类人，他说"固无可言者"，意思是本来就没有什么好说的。第二类是"读书怀独行君子之德，义不苟合当世"的"闾巷人"，也就是那些生活在普通街巷里，坚持独立人格的读书人。他举了孔子的两位弟子作例证：一位是季次，也就是公皙哀，生活在动乱的年代，独善其身，到死都不做官；一位是原宪，也就是子思，过着清贫的生活，而自得其乐。他说，像是季次、原宪这样的读书人，一方面遭到世俗的嘲笑，另一方面尽管他们死了四百多年，他们的弟子却还一直记着他们。第三类就是游侠。游侠有什么的特征呢，太史公说：

　　今游侠，其行虽不轨于正义，然其言必信，其行必果，已诺必诚，不爱其躯，赴士之厄困。既已存亡死生矣，而不矜其能，羞伐其德，盖亦有足多者焉。

意思是：游侠们的所作所为，虽然不在通常正确的道义之

291

路上，但他们说出的话一定有信誉，他们做事一定有结果，已经承诺的事一定诚心对待，不爱惜自己的身躯，而愿意奔赴解救他人于危难困顿之中。已经经历了生死存亡，却不以自己有能耐而自得，也羞于夸耀自己的阴德，这样的人，也足以有可以赞扬的地方吧。

接下来的部分，太史公说的，是"且缓急，人之所时有也"，也就是那种急着要求人帮忙的事，是个人总是会时时碰到的。言下之意，是谁也说不准，哪天就要求游侠出手相助。而这样的可以出手给予帮助的"布衣之徒"，就是非官方人士，还有"设取予然诺，千里诵义，为死不顾世"的特点，也就是在拿和给方面，都清清楚楚，说到做到，千里之外传诵着他们讲义气的名声，这些人甚至可以拼死而不顾世俗的看法。此外，相比较而言，太史公认为游侠这么一种社会存在，在关键时刻，比季次、原宪更有用，因此是不可或缺的。

但是，究竟什么是游侠呢？《游侠列传》写了这么多评论性的话，我们好像还是没太懂。

我的老师、复旦大学古籍整理研究所的章培恒先生，写过一篇论文，题目叫《从游侠到武侠——中国侠文化的历史考察》，发表在《复旦学报》1994 年的第 3 期上。章先生以《史记·游侠列传》《汉书·游侠传》为主要依据，结合《说文解字》等早期文献，考证太史公所说的"游韓子曰儒以文亂法俠以武犯禁二者皆譏而學士多稱於世云至如以術取宰相卿大夫輔翼其世主功名俱著於春秋固無可言者及若季次原憲閭巷人也

讀書懷獨行君子之德義不苟合當世當世亦笑之故季次原憲終身空室蓬戶褐衣疏食不厭而已也而四百餘年

其不倦

今游俠其行雖不軌於正義然其言必信其行必果已諾必誠不愛其軀赴士之阸困既已存亡死生矣而不矜其能羞伐其德蓋亦有足多者焉

其德蓋亦有足多者焉

且緩急人之所時有也太史公曰昔者虞舜窘於井廩伊尹負於鼎俎傅說匿於傅險呂尚困於棘津

明万历凌稚隆刻本《史记评林》之《游侠列传》书影

侠"，其中的"游"，是交游的意思，而"侠"本义是发号施令，所以"游侠"二字结合在一起，原本的意思，就是指那些在交游圈里发号施令的人。章先生同时指出，"游侠"所在的这个交游圈，还必须相当庞大，因为只有那样，才需要和可能产生发号施令的人，因此游侠就有必要广结宾客，也就是让各色人等都来投奔他，而游侠本人呢，凭借个人的智慧和能量，也可以庇护圈内门客们。所以所谓游侠，用今天的话说，其实就是江湖上圈子里的老大。这些老大在社会上呼风唤雨，依靠的既不是个人的高强武艺，也不是一般意义上的财大气粗，而是个人拥有的广博深厚的人脉，和超越常人的智慧与魄力。

这样的游侠，是不是就是近代所谓的黑社会老大呢？也不是的。《游侠列传》第一部分的末尾，太史公特意指出："至如朋党宗强比周，设财役贫，豪暴侵凌孤弱，恣欲自快，游侠亦丑之。"这话翻译成现代汉语，就是：至于像勾结死党和同宗豪强，弄几个钱使唤穷人，凭借自己的土豪式暴力，侵犯欺凌孤寡老弱，恣意妄为而自享其乐，那是游侠们很看不起的。

既然此老大非彼老大，那么游侠这样的某个圈子里的老大，究竟是怎样品行的人呢？在接下来的第二部分里，《游侠列传》为我们举了三位游侠的典型，就是朱家、剧孟和郭解。

朱家、剧孟和郭解，三位都是汉朝的平民，但能量之大，交游之广，令王公贵族也黯然失色。

据《游侠列传》说，朱家是鲁人，鲁地是儒家的大本营，但朱家偏偏以侠而闻名。而他最傲人的业绩，是那些所谓的"豪士"，应该就是犯了事的江洋大盗，经他的手，被藏起来，或活下来的，是得用百位数来计算的，至于一般的人，那就更是多得没法说了。这位朱家朱先生最厉害的，是曾经救季布于危难之中，但等到季布做大官了，他却到死都不跟季布打个照面了。而平日里他自己的生活，则是平常得不能再平常，家里没有存款，衣服都是褪了色的，下饭的菜都没有超过两样的，坐的车还都是小牛拉的车。但就是这样，他"振人不赡，先从贫贱始"，也就是帮助那些有困难的人，总是先从最贫困底层的人帮起；又"专趋人之急，甚己之私"，意思是总是在关键时刻急人之所急，把他人的困难放在了比自己的个人私事更重要的位置上——这从今天的角度看，简直就是一位全国劳模啊。

剧孟呢，《游侠列传》对他的出身介绍不多，我们只知道他是洛阳人。这位剧先生最出名的故事，是汉景帝的时候，条侯也就是周亚夫以太尉的身份率军平定吴楚七国之乱，出征途中，在快到河南的时候，把剧孟这位"大佬"引进到自己的团队里，欣喜若狂，说："吴楚一伙闹大事，却没有请剧孟入伙，我算是知道他们干不成什么了。"《游侠列传》还说，"天下骚动，宰相得之若得一敌国云"，意思是当时天下都闹腾得厉害，但汉朝的宰相得到了剧孟，就好像打赢了一个敌国一样。可见在当时，这位剧孟剧老大的社会影响有多大！

相比朱家和剧孟，《游侠列传》里花笔墨最多的，是第三位——郭解。

太史公把这位郭解郭老大的身世搞得十分清楚：说他字翁伯，是一个叫轵的地方的人。他是一位名叫许负的著名看相师的外孙；他爹也是一位大侠，但在汉文帝的时候就被诛杀了。郭解的老家——轵，应该就在今天的河南济源。他的名字，为什么会念成 xiè，而不是通常的 jiě 呢？因为《游侠列传》记了他的字是翁伯，也就是年长的老大的意思。而要把这"翁伯"两字，跟郭老大的名联系起来，看下来恐怕只能把这个"解"，理解为"解豸"的"解"（獬），才比较合适。因为獬豸在中国古代是一种神兽，高大威猛，专跟不正直的东西过不去。所以到了后代，它就成了做检举工作的御史们衣服上绣着的补子图案。由此我们甚至有理由推测，郭解的名和字，其实都是他成名后的一种外号，也未可知。

太史公还描写了郭解的长相、嗜好、个性，说郭解"为人短小精悍"，说他"状貌不及中人，言语不足采者"，

咸季布將軍之阨及布尊貴終身不見也。布爲漢所購求朱家以布爲奴載之及廣柳車終不見之亦高介至義之士布竟亦不報朱家之恩

有關以東莫不延頸願交焉。而楚田仲以俠聞喜劍父事朱家自以爲行弗及田仲已死而雒陽有劇孟周人以

商賈爲資而劇孟以任俠顯諸侯吳楚反時條侯爲太尉乘傳車將至河南得劇孟喜曰吳楚舉大事而不求

孟吾知其無能爲已矣天下騷動宰相得之若得一敵國云劇孟行大類朱家而好博多少年之

戲然劇孟母死自遠方送喪蓋千乘及劇孟死家無餘

十金之財。而符離人王孟亦以俠稱江淮之間。是時濟

南瞯氏。陳周庸人。亦以豪聞

景帝聞之使使盡誅此屬其後諸白梁韓無辟陽翟

薛況陝韓孺紛紛復出焉。

郭解軹人也字翁伯善相人者許負外孫也解父以任

俠孝文時誅死解爲人短小精悍不飲酒少時陰賊

日以睚眥殺人甚衆以軀借交報仇藏命作

就是相貌还比不上中等模样的人，说话也没有什么精彩动听的。还说他"不饮酒"，年轻时候就"阴贼"（也就是心理阴暗，心狠手辣），一不合意，就动刀杀人，杀的还真不少。

顺带着，太史公还介绍了郭解早年干的好事：除了杀人，替人报仇，作奸犯科，还有就是私铸铜钱、盗掘坟墓一类的勾当。据说他运气还相当地不错，遇到窘迫危急的时刻，总是能逃脱，就好像是遇上了皇帝的大赦。

熬过了这样疯狂的岁月，郭解迎来了不一样的中年。据《游侠列传》说，进入中年的郭大叔，好像改邪归正了，做起了真正的大侠。他生活方面很俭朴，给人以丰厚的施舍，却只期望很少的报答，甚至能做到以德报怨。有时帮人做了性命攸关的事，也不会因为自己有功而自得。只是有一样改不了，就是他的心理总还是比较阴暗，心狠手辣，时而会像少年时那样，忽然爆发一下。而一帮年轻人仰慕他的做派，也总是替他出头报仇，还不让他知道。

《游侠列传》的郭解传，接下来一口气写了郭大侠的三个故事：一个是他顶住家族的压力，依据公理平息了有不当举动在先的外甥被杀一案；一个是他宽宏大量，把对待自己不礼貌的路人有意放过；一个是处理洛阳两个仇家的纠纷，处理完了，还细致地考虑到洛阳当地势力的面子，让仇家们等洛阳"大佬"们出场后再演一出握手言和。

但即便如此，郭解的下场依然令人唏嘘不已。因为汉武帝实施把豪强和富人迁往茂陵的政策，郭解一家被列入迁居茂陵之列，虽然就郭家的资产而言，并没有到规定必须迁居的数目。郭解的能耐也的确大，大到连大将军卫青也为他说情，可汉武帝就是不买账，说："一个布衣，居然有那么大的权力，让将军都为他说话，这说明他家不穷。"郭家因此照迁不误。后来，在郭解不知情的情形下，郭的一位门客，杀了公开讲郭解坏话的一位儒生，还把人家的舌头都割了下来。案情报告到朝廷，时任御史大夫的公孙弘特别看重此案，认为郭解以布衣的身份"任侠行权"，也就是任意发号施令，行使本该是官方才能拥有的权力，导致门客杀人，虽然他自己不知道，而罪责实大于他自己动手杀人，就给安了个"大逆无道"的罪名，不光杀了郭解，还把郭解一族都杀了。

太史公写郭解，用了将近 1000 个字，而无论是朱家，还是剧孟，即使加上标点，都不到 200 个字。司马迁何以对郭解能写得如此详细呢？

因为郭解迁居茂陵以后，就成了司马迁的小同乡，司马迁见过他。同时也是更重要的，是司马迁似乎想借郭解最后的悲剧，来写他心目中有扬善惩恶之力的一类特殊人群——游侠，在汉武帝一朝无可避免地衰落的命运。

在《游侠列传》最后的"太史公曰"里，司马迁罕见地把全部的文字，都贡献给了他相对熟悉的郭解，有些话，明显是溢美之辞。但太史公果真只是在赞美这位郭大侠吗？那位天生"阴贼"，总也改不了喜欢杀人毛病的小个子，真的是太史公真心向往的英雄吗？我看未必。太史公在《史记》里，专门为这么一类江湖上特定圈子里的老大写这篇《游侠列传》，真正的用意，恐怕是要写出这么一个史实，就是在一统天下的君王专制彻底控制汉王朝全体民众之前，中国传统社会里，存在着一股基于普遍正义而制衡大小暴力的民间力量。也只有从这样的角度看，"太史公曰"最后对郭解之死的超乎寻常的痛惜，才具有一种难以言说的历史沧桑感。

《滑稽列传》:

跟您开个玩笑，笑完了您得思考

上一节我们讲了《游侠列传》，这一节我们讲《滑稽列传》。

讲《滑稽列传》，首先要讲的是这篇列传标题的读音。有人把其中的"滑稽"，念成 gǔ jī，但其实是可以商榷的。

把"滑稽"念成 gǔ jī，是有出典的。这出典就在《史记》这篇《滑稽列传》的一条注释里。那条注释是唐代司马贞的《史记索隐》里引用的，原作者是北魏时候的崔浩。崔浩的注释是怎么说的呢？他说："滑音骨。滑稽，流酒器也。转注吐酒，终日不已。言出口成章，词不穷竭，若滑稽之吐酒。"他还引用了汉朝扬雄写的《酒赋》里的话，作为他如此解读"滑稽"一词的证据。因为扬雄写的《酒赋》里说："鸱夷滑稽，腹大如壶，尽日盛酒，人复藉酤。"但司马贞虽然引用了崔浩的这条注，其实他自己也没法肯定崔浩说的是不是对，所以同时又引用了南朝姚察写的一条注释，说："滑稽犹俳谐也。滑读如字，稽音计也。言谐语滑利，其知计疾出，故云滑稽。"姚察的这条解释，从读音到意义的解释，都跟崔浩的明显不同。那么，滑稽这两个字，究竟应该读 huá jī，还是 gǔ jī 呢？

王国维先生在清华研究院执教时的弟子、原杭州大学古籍所的老所长姜亮夫先生，1980 年代写过一篇论文，题目就叫《滑稽考》。姜先生在那篇《滑稽考》的开头部分就明确指出，姚察的注释中，把"滑稽"的"滑"读作 huá，把"滑稽"解释为"俳谐"，"皆为最确"，就是都是最正

汉击鼓说唱俑　中国国家博物馆藏

确的；而崔浩的解释，把"滑稽"读作 gǔ jī，解释为流酒器，是误读了扬雄原文，"凭私臆造"的，因为"鸱夷"在扬雄的《酒赋》里，就是个盛酒的皮袋子，跟流酒器（类似于我们今天的分酒器）是完全不同的。姜先生还就此提出一个个人的看法，就是东汉人所说的"诙谐"一词，其中的"谐"，在当时发音类似于"皆"，所以"诙谐"其实是西汉人所说的"滑稽"一词音变后的结果。[1]

我觉得姜亮夫先生的考证是有道理的。尤其是把"诙谐"和"滑稽"这两个汉代流行词联系起来考察，可以帮助我们弄清《史记·滑稽列传》所谱写的中心内容。

今本《史记》的《滑稽列传》，很明显地分为两个部分。以"褚先生口"为分界，"褚先生曰"之前的是第一部分，这部分大约 2000 个字，都是司马迁写的。第二部分从"褚先生曰"开始到最后，有大约 3800 字，是西汉后期的学者褚少孙补写的。褚少孙之所以补写，并不是《滑稽列传》太史公写的部分有残缺，而是褚少孙好事，把他自己搜集，又自认为跟太史公《滑稽列传》所记类似的人物故事附在了后面。

在司马迁写的第一部分里，太史公并没有对"滑稽"一词作明确的解释。但是《滑稽列传》一开头，引用了孔子解说"六艺"（也就是儒家六经）的话，强调"六艺"对于国家治理有同等的有效性，之后紧接着太史公就说：

> 天道恢恢，岂不大哉！谈言微中，亦可以解纷。

意思是：上天之道恢弘辽阔，自然是很伟大的。能在谈笑说话之间，点到哪怕一点点的大道理，也是可以化解纷扰的。这样独特的表述，一下子就把"滑稽"这一行为的价值，提高到了一个罕见的高度。而"滑稽"跟谈笑说话有关，跟通过谈笑说话讲道理有关，从"谈言微中"四个字里，也可以确证了。

因此太史公所谓的"滑稽"，应该是既会说话，又包含有诙谐的成分。《滑稽列传》由太史公撰写的部分，接下来虽然只写了三位"滑稽"人物，就是淳于髡、优孟和优旃，但三位的共性，除了会说话，就都还有说话诙谐，通过谈笑讲道理的特征。

同时值得注意的，是《滑稽列传》所写的这三位，淳于髡、优孟和优旃，都是地位非常低贱的人，但他们都敢于并且善于通过谈笑的方式，向帝王们提意见。

按照《滑稽列传》的记载，淳于髡不过是齐国的一个上门女婿，身高不足七尺，而"滑稽多辩"，也就是为人诙

滑稽列传

孔子曰：「六藝於治一也。禮以節人，樂以發和，書以道事，詩以達意，易以神化，春秋以道義。」太史公曰：天道恢恢，豈不大哉！談言微中，亦可以解紛。

淳于髡者，齊之贅婿也。長不滿七尺，滑稽多辯，數使諸侯，未嘗屈辱。齊威王之時喜隱，好為淫樂長夜之飲，沈湎不治，委政卿大夫。百官荒亂，諸侯並侵，國且危亡，在於旦暮，左右莫敢諫。淳于髡說之以隱曰：「國中有大鳥，止王之庭，三年不蜚又不鳴，王知此鳥何也？」王曰：「此鳥不蜚則已，一蜚沖天；不鳴則已，一鳴驚人。」於是乃朝諸縣令長七十二人，賞一人，誅一人，奮兵而出。諸侯振驚，皆還齊侵地。威行三十六年。語在田完世家中。

威王八年，楚大發兵加齊。齊王使淳于髡之趙請救兵，齎金百斤，車馬十駟。淳于髡仰天大笑，冠纓索絕。王曰：「先生少之乎？」髡曰：「何敢！」王曰：「笑豈有說乎？」髡曰：「今者臣從東方來，見道傍有禳田者，操一豚蹄，酒一盂，祝曰：『甌窶滿篝，汙邪滿車，五穀蕃熟，穰穰滿家。』臣見其所持者狹而所欲者奢，故笑之。」於是齊威王乃益齎黃金千溢，白璧十雙，車馬百駟。髡辭而行，至趙。趙王與之精兵十萬，革車千乘。楚聞之，夜引兵而去。

威王大說，置酒後宮，召髡賜之酒。問曰：「先生能飲幾何而醉？」對曰：「臣飲一斗亦醉，一石亦醉。」威王曰：「先生飲一斗而醉，惡能飲一石哉！其說可得聞乎？」髡曰：「賜酒大王之前，執法在傍，御史在後，髡恐懼俯伏而飲，不過一斗徑醉矣。若親有嚴客，髡帣韝鞠𦟆，侍酒於前，時賜餘瀝，奉觴上壽，數起，飲不過二斗徑醉矣。」

清抄本《史记抄》之《滑稽列传》书影

谐，善于辩论。他多次受命出使诸侯国，从没有败下阵来，受过屈辱的事情。优孟是楚国的一位音乐工作者，身高比淳于髡高一点，有八尺。他也善于辩论，并且经常用说笑的方式讽谏君王。而优旃呢，不过是秦朝的一个"倡侏儒"，也就是身材特别矮小的演员，但他"善为笑言，然合于大道"，也就是善于讲笑话，而所讲的都能点中大道理。

值得注意的是，无论是淳于髡、优孟，还是优旃的故事里，辩论、谈笑和诙谐的底色下，都有太史公十分关注的人性在。

《滑稽列传》写淳于髡，主要写了他的三个故事，其中两个后来都成了著名的成语，就是"一鸣惊人"和"乐极生悲"。"一鸣惊人"的故事，我们到第十一卷讲"活在成语里的《史记》"时再讲；"乐极生悲"的故事，很有寓意，可以一说。

说是某次齐威王高兴，又在后宫里大办酒席，还把淳于髡召来，赏给酒喝。酒席上的齐威王，问问题也不离个酒字："淳于先生，您能喝多少才醉啊？"淳于髡回答："臣下我喝一斗也能醉，喝一石也能醉。"齐威王疑惑了："您既然喝一斗就醉了，怎么还能喝一石呢！您这样说的道理，可以让我听听么？"淳于髡呢，就此给齐威王描述了五种喝酒的境界。而每一种的酒量，都比前一种见涨。

他说，在大王您的面前，喝您赐的酒，旁边有执法的，后头有管事的，我实在害怕，只好俯伏着身子喝，那样不到一斗，就马上醉了。他又说，如果家里长辈有规矩很大的客人来，我收起衣摆，提起手臂，弯下身子，半跪着奉上美酒，不时地接受几滴赏赐的余酒，或者高举酒杯为客人祝寿，频繁起身，那样喝酒，不用超过二斗，也马上醉了。但是，他说，如果遇到下面三种情况，喝得就要明显痛快些了。

一种是老朋友好久不见，忽然碰到了，高兴地回忆往事，述说各自的近况，那时喝酒，不到五六斗，大概是难以醉倒的。还有一种，是参加地方上的聚会，男女杂坐，喝酒之外，还有六博、投壶之类的游戏，相互之间，握手既不加责罚，眉目传情也不加禁止，身前常有女性掉下的耳环，身后时见她们遗忘的头簪，他说，我个人非常喜欢这样的场景，这时喝酒，可以喝到八斗，还不过只醉了二分。最后一种，是天色已晚、兴意阑珊的时候，男女同席，促膝而坐，鞋子杂放，杯盘狼藉，堂上烛光灭了，主人把我淳于髡留下，送走别的客人，然后我隐约闻到飘然而来的女性香味，他说，在这一刻，我心最欢，能喝下一石酒。

正这样飘飘然说着喝酒的醉境时，淳于髡忽然话锋一转，点醒主题，说："故曰酒极则乱，乐极则悲，万事尽然。"这是用先肯定人都有弱点，再突然棒喝点醒的方式，讽劝齐威王：不能再毫无节制地痛饮狂欢了。因为，什么事都不能做到极点，一旦到了极点，衰败的命运马上就来临了。齐威王呢，还算有悟性，听从了淳于髡的艺术化的劝谏，从此不再作长夜之饮。

《滑稽列传》的优孟传记部分，讲了两个故事，第二个也是成语，就是大家熟悉的"优孟衣冠"。但更有意思的是第一个，嘲讽楚庄王爱马甚于爱人。

说是这楚庄王养了一匹马，爱得不得了，给它穿绣了花纹的衣服，让它住在漂亮的别墅里，睡在不张帐子的大床上，平时给它喂的，也是枣脯一类的加工食品。生活条件如此优裕，但这匹宝马还是得了肥胖症，死了。楚庄王呢，把这爱马当作人了，让一班大臣都来吊唁自己的死宝马，还打算用套装的棺材，用已故大夫的礼仪规格，来下葬这匹宝马。大臣们觉得这太变态了，就跟庄王争辩，意思就是这样是不可以的。楚庄王一根筋，居然下了一道命令，说："有敢于拿我的宝马这件事来进谏的，一律判罪处死。"

这个时候，优孟听说了这个奇闻，出场了。《滑稽列传》写优孟的出场，很有些滑稽的味道。他进了楚庄王的王宫大殿门，就哇哇哇地朝天嚎啕大哭，把楚庄王也吓了一跳，赶紧问出了啥事啊。优孟呢，一把鼻涕一把泪地回道："这马是大王您的最爱，以咱们楚国堂堂大国之大，想要啥就有啥，现在却只用大夫的礼仪规格安葬宝马，这规格实在是太低了，我恳请大王用最高级的国君的礼仪规格安葬它。"楚庄王呢，没听出优孟的话外音，还傻傻地问："那你说咱该怎么办呢？"优孟就说："为臣我恳请选用雕刻的玉做棺材，用有花纹的梓木做外层的棺椁，用梗、枫、豫、樟等上好的木材做墓室的外包装，再派遣带甲的战士去开凿墓室，无论老人小孩都去背土方填墓。还有，让齐国和赵国派使节在前面陪同神位，让韩国和魏国派军人护卫在后面，在宗庙里供奉太牢级别的供品，还得安排个有上万户人口的城镇去侍奉宝马的陵园。那样诸侯各国听说了，才都会知道大王您是轻视人而看重马啊。"听到这里，楚庄王如梦初醒，说："寡人的过错竟然都到了这等地步了啊！那该咋办才好呢？"优孟马上回答说："请求为大王您用六畜（也就是马、牛、羊、鸡、狗、猪）的一般方式，给这匹宝马送葬。用土灶做它的外套棺椁，用铜鼎做它的棺材，用姜枣、木兰做它的陪葬品，用粮食稻谷祭祀，用火光做它的衣服，最后把它葬身到人的肚子肠胃里。"意思就是煮了吃掉。楚庄王这回听话了，把死宝马交给了太官也就是宫廷厨房管事，并且想法设法尽快在全国范围内消除负面影响。

《滑稽列传》太史公写的第一部分里，最后一位滑稽人物是秦朝的优旃。优旃部分写了三个故事：前两个是秦始皇时期的，分别是为冒雨站岗的警卫叫屈，和讽刺秦王扩大苑囿；第三个是秦二世时候的，讽刺二世乱花钱粉刷城墙。其中最见司马迁对人的关注的，是第一个故事。

说是秦始皇的时候，有一回在宫里办酒席，碰上天下雨，"陛楯（dùn）者"也就是手持盾牌护卫的保镖都被寒冽的阴雨淋湿了。优旃看见了，很是心疼，就问他们："你们想休息一下不？"保镖们都说："要能休息就太好了。"优旃心里有个主意，没直说，只是说："我一会儿喊你们，你们要赶紧回答我说'到'哦。"过了一会，宫殿上给秦始皇祝寿，大伙儿都在山呼万岁呢，优旃却扯着嗓门朝着门槛外大喊："各位保镖！"那门外的保镖们果真齐声回答："到。"优旃就像唱歌似的说："你们尽管长得高大，有啥好处啊，还是得站在雨中。我虽然生来短小，却很幸运地有个地方歇息。"这话传到秦始皇那里，秦始皇倒也讲道理，既没有怪罪优旃唐突，还让冒雨的保镖们一半执勤，一半休息了。

这里顺便可以一提的，是历代有不少研究者都讨论过的一个问题，就是由太史公写的《滑稽列传》这第一部分里，淳于髡和优孟的年代，是颠倒的。

《滑稽列传》说，淳于髡"其后百余年，楚有优孟"，优孟"其后二百余年，秦有优旃"。但事实上优孟是楚庄王时候人，生活年代在公元前6世纪；淳于髡是齐威王时候人，生活年代在公元前4世纪，前后相差两百多年呢。

如何解释这一颠倒呢？有很多的说法。最近而比较新异的一种说法，是南京大学历史系的周言先生提出来的。他认为这篇《滑稽列传》的淳于髡和优孟部分，发生了错简，也就是在排次过程中，把写着后面部分的文字的竹简，错放到了前边。周先生还做了一个实验，假定汉简的字数在28到29字左右，由此排出《滑稽列传》从淳于髡经优孟到优旃三人传记的简次，并拟定了改正错简后的简次。[2]不过，他的解释跟《滑稽列传》的实际文本相比，有两个矛盾难以解决：一是他把淳于髡的故事放到优孟故事之后时，需要增加一句话"齐有淳于髡"，而这句话是没有任何版本依据的；二是在《滑稽列传》司马迁写的第一部分末尾的"太史公曰"里，淳于髡和优孟两人的次序，就是淳于髡在前，优孟在后的。因此周先生的错简说，终究还是一家之言。

相比之下，《滑稽列传》褚少孙补的部分，人数和文字长度都超过了太史公原文，其中的主人公，依次是武帝时所幸倡郭舍人、武帝时齐人东方朔、武帝时齐人东郭先生、齐威王时淳于髡、武帝时北海太守的文学卒史王先生、魏文侯时邺令西门豹。这些人物，不仅时代次序前后不分，相比于太史公写的三位，总体上看也乏善可陈。尤其是其中所记故事，虽然都称得上是会说话，但谈笑诙谐的特征，却几乎看不到了。而其中价值观的平庸，和对人性关注的缺失，则更令人遗憾。只有最后写的西门豹治邺引出的河伯娶妇故事，相对而言比较精彩，也还有一点点太史公的遗韵。

《滑稽列传》褚少孙补的部分诙谐讽谏特征的普遍缺乏，使我们对于前面讨论过的滑稽的读法问题，有了一个更深入的体认。事实上到今天为止，坚持把这篇《滑稽列传》的滑稽读作 gǔ jī 的，一个最重要的理由，就是要把《史记》时代的"滑稽"，跟我们今天熟悉的明清以后的"滑稽"相区别。应该说，这种坚持是有道理的，因为二者确实不尽相同。但是，这种坚持也有一个致命的缺点，就是把西汉时代"滑稽"中的诙谐讽谏成分，给彻底过滤掉了，剩下的只有会说话这一条了。这一方面是割断了中国游戏语文和讽谏文化前后延续的历史，另一方面是以褚少孙的后续之说，来校正司马迁的原本意图，把两人的位置给弄颠倒了，也把《滑稽列传》的本意给降格了，因此显然是不合适的。

《货殖列传》:

逐利是人的本能

"货殖"这两个字，直译就是通过货物的生产和贸易来获取盈利。因此在传统语境里，"货殖"一词，有时也被用作商人的代名词。《史记》的这篇《货殖列传》，一般也被认为是为做生意的人写的传记。

但是，如果我们从头到尾细读一遍《货殖列传》，会发现一个比较奇怪的现象，就是虽然其中提到了不少商人的名字，但从全篇看，这些名字，经常被淹没在一些跟我们普通印象中的传记文体完全不同的文字中。

另一方面，从感性的角度说，这篇《货殖列传》更能让人记住的，也不是具体的做生意的商人的名字，而是"天下熙熙，皆为利来；天下壤壤，皆为利往"这样的金句，和"千金之子，不死于市"那样的名言。

这是怎么一回事呢？要解答上面的这两个疑惑，我们还得回到《货殖列传》的原文，先来看看它的整体结构。

除了前后各有一部分引言和结语，《货殖列传》的中心部分，以"汉兴，海内为一"开头的这一段为分界，可以分为两大块，之前是讲汉朝以前的，之后则主要讨论汉朝的。而这两大块的文字，又有一个共性，就是都是从描述区域的物产、民风入手，进而有选择地介绍著名的经商致富者，其间再穿插一些太史公的辨析、评说或感慨。所以粗线条地说，这篇《货殖列传》不能看作是一篇简单地为十几个商人列传的传记，而是太史公在写他所理解的具有某种整体性的人的经济活动，也就是为人类经济活动的独特性，写一篇传记。

说《货殖列传》是太史公为人类经济活动的独特性而写的一篇传记，有什么证据吗？

有的。在《货殖列传》一开头，太史公就通过引用老子的说法，引出了人类经济活动独特性的根源。

他引的老子的话，是这样说的："至治之极，邻国相望，鸡狗之声相闻，民各甘其食，美其服，安其俗，乐其业，至老死不相往来。"这段话，翻译成现代汉语，大概就是说，治理国家的最高境界，是邻国之间可以互相望到对方，鸡鸣犬吠的声音也可以听到，而百姓各自喜欢他们自家的美食，赞赏自己的服饰打扮，安心于自己的习俗，乐于做自己从事的事情，却到老到死也不互相往来。

对老子所描述的那种安静平和、小国寡民的生活，司马迁好像还是蛮欣赏的。但是他又是一位很现实的历史学家，所以接下来就说："必用此为务，挽近世涂民耳目，则几无行矣。"意思是老子描写的理想化生活，虽然很美好，但一定要以此为最终目标，那么近世那种把老百姓的耳朵和眼睛都遮蔽起来的措施，就都不必施行了。

而事实呢？太史公说，从《诗》《书》所记录的虞夏时代以来，人们就有耳目声色之好、口腹之欲，身体喜欢安逸享乐，心中夸耀有势力有能耐的虚荣，这样的习俗，熏染老百姓已经很久了，即使挨家挨户地用高妙的言论去劝说，也终究不能改变什么。

为什么会出现这样的习俗呢？太史公没有马上说，但在《货殖列传》后面的部分，他点出了主题，是"富者，人之情性，所不学而俱欲者也"。也就是说，追求财富，追逐利益，是人的真情天性，是不需要学习而与生俱来的一种欲望。

因为逐利是人的一种本能，所以从历史上看，历来的通常做法是："善者因之，其次利道之，其次教诲之，其次整齐之，最下者与之争。"简单地说，就是历来的做法，最聪明的是因势利导，不行的话，再用教育、刑罚来规范，而最下等的对付办法，是官方自己跳出来跟老百姓争利。

不过，太史公接下来并没有去讨论"最下者与之争"的现实，因为那在《史记》八书的《平准书》里已经讨论过了。司马迁接下来的展开方式，是通过两个支撑点的互相纠葛，来展现经济活动中的人性。这两个支撑点，一个是区域经济地理，一个是特定境遇中的成功商人。

在汉代以前的部分，《货殖列传》有关区域经济地理方面的论述，是把华夏的整体，区分为山西、山东、江南和龙门、碣石以北四大区块。这四大区块在名称上跟我们今天熟悉的地名多有重合，而实际并不相同，像"山西"和"山东"，其实是以太行山为分界的。各大区块的名特产，也不尽相同。而太史公写这些的目的，不是摆摊显宝，而是说明三点：第一，这些物产，"皆中国人民所喜好，谣俗被服饮食奉生送死之具也"，也就是那都是我华夏百姓喜爱，而且是平日里穿衣吃饭、养生送死的必备之物。第二，这些东西不会自动为人所用，需要"农而食之，虞而出之，工而成之，商而通之"，也就是需要农业种植，林牧渔业开发，手工业制作，而商业又使它们流通起来。第三，农、虞、工、商四业的活跃，最根本的不是靠政府行为，而是让人自发自由地尽其所能，竭尽其力，来获得他个人想要的东西。司马迁甚至把这种生产和交易的自由，提高到了"道"的高度，认为它跟天地之道相符合，同时又是"自然之验"，也就是天然的合乎逻辑的应验。

与这种认识相呼应，在汉代以前的这部分里，《货殖列传》举出的成功商人的例子，人数虽然不多，但身份却五花八门。既有功成身退的越国名臣范蠡，也有孔门弟子、商务精英子贡，还有魏文侯时候的经商高手白圭、鲁国的盐业大王猗顿、赵国邯郸的冶金专家郭纵、跟外国做生意的畜牧名家乌氏倮，以及秦始皇时候继承家业的女商人巴寡妇清，一水的各地商业名流。

在汉代部分，《货殖列传》最引人注目的，是花了相当的篇幅，对汉朝的经济地理作了更细致的区分。虽然这种区分因为文字相对感性，而导致目前历史地理学界对它的分区数量有多种不同的说法，但其中像关中、三河、燕、齐鲁、梁宋、西楚、东楚、南楚、江南等都已赫然在目，是毫无疑问的。

这种分区的经济地理描述中，最有意思的，其实不是分区的数量，而是对具体分区中经济和民风关联的描述。

比如关于今天我们听起来相对陌生的"三河"——河东、河内和河南，《货殖列传》说：从前唐虞时候的人定都在河东，商朝人定都在河内，而周朝人定都在河南。这"三河"正好在天下的正中，好像是三足鼎立，那里是大王们轮流居住的地方，各自建国都有好几百年甚至上千年的，那里土地狭小，人很多，是大都会和各国诸侯聚集的地方，所以民风精打细算，人办事都很老练。

又比如大家熟悉的今天山东地区的邹、鲁一带,《货殖列传》说,那里因为滨临洙水和泗水,尚存周公遗风,民风喜欢儒家,礼数方面做得很周到,所以那里的老百姓很"龊龊",也就是谨小慎微。那里有很多人种植桑麻,但没有山林水泽的丰饶物产。地方小,人又多,所以人都比较节俭甚至吝啬,都害怕犯罪而远离邪恶。到它衰落的时候,也出现了喜欢商业追求利润的现象,甚至比周人(也就是洛阳一带的人)更厉害。

再比如讲到楚这个地方,《货殖列传》把它分为西楚、东楚、南楚三个区域,并对三个区域的民风作了很形象的描述。

它说西楚这个地方的民风,是剽悍轻浮,容易发怒,因为土地贫瘠,所以那里的人财富积累相对比较少。东楚的民风跟徐、僮两个地方很像;而徐、僮的民风,是清廉刻苦,很看重自己承诺的东西。南楚呢,它说那里的民风跟西楚又很相似,但又夹杂了些闽中和吴越的风气,又说"南楚好辞,巧说少信",意思是南楚地方人喜欢交际辞令,但是巧言令色,缺乏信用。

在这样的分区性的经济地理尤其是民风描述之下,太史公再从"当世"也就是他生活的汉朝,选择了若干位"贤人所以富者",也就是人品好又发了财的"大款",作一点介绍,就比较顺理成章了。被他荣幸点名的富商,有蜀地的卓氏、宣曲的任氏、关中的田氏,等等。司马迁说

史記卷第一百二十九

長門　陸可彥　刪定

貨殖列傳第六十九

老子曰至治之極鄰國相望雞狗之聲相聞民各甘
其食美其服安其俗樂其業至老死不相往來必用
此爲務輓近世塗民耳目則幾無行矣
太史公曰夫神農以前吾不知已至若詩書所述虞
夏以來耳目欲極聲色之好口欲窮芻豢之味身安
逸樂而心誇矜埶能之榮使俗之漸民久矣雖戶說
以眇論終不能化故善者因之其次利道之其次教
誨之其次整齊之最下者與之爭夫山西饒材竹穀
纑旄玉石山東多魚鹽漆絲聲色江南出柟梓薑桂

朋音妍

纑音盧
旄音南

日本江户时代翻明刻本《史记·货殖列传》书影

他们"皆非有爵邑奉禄弄法犯奸而富，尽椎埋（清初学者顾炎武说，这两个字其实是"推移"[1]）去就，与时俯仰，获其赢利，以末致财，用本守之，以武一切，用文持之，变化有概，故足术也"。这句话翻译成现代汉语就是：他们都不是有爵位，有分封的城池，或者拿工资的，也不是靠玩弄法律、作奸犯科而致富的。他们都是靠审时度势、顺应潮流而获得盈利的。他们通过经商发财，再通过投资土地来守护财产。他们用非常规的手段应对一时的变动，而用文雅的方式来持续地占有它们。这些变化的路径可以大致看出来，所以值得记录下来。

不过，因为《货殖列传》这样直白地表露对于人追求财富的肯定，招致后来很多人指责司马迁，说他的价值观有问题。

批评最激烈的，是东汉的班固。他在《汉书》的《司马迁传》里，说司马迁有几大缺点，其中之一，就是"述货殖，则崇势利而羞贱贫"。[2]意思是司马迁写《货殖列传》，崇尚权势和利益，而以贫贱为羞耻。简单地说，就是司马迁嫌贫爱富。

但其实，司马迁虽然肯定财富的正当性，却一直坚持追求财富不能放肆胡来。他在《货殖列传》明确说："本富为上，末富次之，奸富最下。"意思是老实本分干实业，发家致富，是上策。经商致富，可以，但毕竟次一等了。而他最看不起的，是"奸富"，就是靠作奸得来的富有。

什么是"奸富"？《货殖列传》里写的两种人，一种是弄堂里混迹的小年轻，为财富铤而走险，抢劫、盗墓、报仇，什么犯法的都敢干；另一种是宦海中奔波的小官僚，为了得些贿赂，甘冒风险，舞文弄墨，私刻公章，伪造文书，什么来钱做什么。对于这类富人，司马迁显然是看不起的。

他最欣赏的发家致富者，是春秋时候越国的范蠡。范蠡功成身退，转而经商暴富，人称陶朱公。这故事他不厌其烦，在《史记》里讲了两遍，先是在《越王句践世家》里，后来就是在这篇《货殖列传》中。

也有很多学者注意到，司马迁的个人境遇，可能跟他独特的重"利"观念的形成，不无关系。因为，司马迁一生中最为屈辱的经历——遭受腐刑，就是在他无钱赎罪的困境下发生的。

而今天看来，司马迁对于经济活动和人的逐利本性的表述，更多的，是出于历史学家的本分。

他对于"千金之子，不死于市"深表赞同，说"此非空言也"，也就是这可不是空口胡说。并不是说家有千金的富家子弟，犯了死罪，就不应该被拉到闹市上处决，而是在陈述一个客观的事实：在他那个时代，有钱人家的子弟犯法，本来都判了死刑的，往往因为有钱赎罪，就不会发生被处死在闹市的情形。

他在《货殖列传》后半部分说："夫用贫求富，农不如工，工不如商，刺绣文不如倚市门，此言末业，贫者之资也。"这话翻译成现代汉语，就是：以贫穷的条件来追求富有，务农不如做工，做工不如经商，女性刺绣描花，不如靠着临街的大门追欢卖笑，这是说最下等的职业，才是想一夜暴富的穷人的资本。这当然也不是在鼓励穷人靠经商翻盘，甚至唆使穷困潦倒的女性搞非法性交易，而是通过实际的比较，写出现实的残酷。

他的"天下熙熙，皆为利来；天下壤壤，皆为利往"的名言，也是一种陈述，是对人性的一种穿越古今的陈述。只是这陈述的底下，还饱含了一份深切的感慨。

《太史公自序》:

为司马氏家族书写传奇

七十列传的最后一篇《太史公自序》,结构上跟其他各篇传记都很不一样。它包含了两个方面的内容:一是写司马迁自家的身世以及《史记》这部大书的编纂缘由,二是介绍《史记》全书的梗概。前一方面,结合本篇所在位置,我们有理由推断,它的篇名原本或许也叫"太史公自序传"。后一方面,全书的梗概,还写得很特别,是给全书一百三十篇的每一篇,都写一则简短的提要,合起来,其实就是《史记》一书的带提要的目录。

何以《太史公自序》会有如此奇特的结构呢?

这就要说到中国早期古书,跟中古以后的中国古籍,在结构上的一些不同特征。今天的我们,看正式出版的规范的书籍,翻开来都会依次看到作者的序言、全书的目录,然后是全书正文,最后可能还有后记(或者叫跋)。这样的格式，尤其是目录排在正文前面的格式，在中文书籍里，追溯上去，是中古以后才形成的。中古之前的古籍，正文前是看不到目录的，目录都是在全书的最后面，而且经常跟书的序跋合为一篇。这样奇特的格式，我们在流传至今的秦汉古籍里还能看到。而最典型的，就是列在《史记》最后的这篇《太史公自序》。当然，跟同时期其他书籍相比，司马迁所写，仍有与众不同处，那就是在自序的最前边，加上了文字不算少的一段家世和生平的自述，以合于列传一体的本分。

那么，司马迁是如何追溯自己家世的呢？

他的追溯，依照叙事的远近，大致分为上古、春秋战国和秦汉三大段。在第一段里，他开宗名义，强调自己是重黎氏的后裔，直到夏商时代，仍世代做着"序天地"也就是沟通人间与天地消息的工作。当然，他也写了，到周宣王时代，重黎氏后代失去了原来的官守，姓氏也改为司马氏——听起来，似乎是转岗去放马了——而他们实际的工作，是负责掌管周朝的国史。第二段从周朝的惠、襄二王开始，到秦统一六国前为止，其间司马氏家族最有名的事件，是伙同秦将白起在长平坑杀赵军的司马靳被赐死。

在司马迁的追溯中，最耐人寻味的是第三段的秦汉时期。其中记载了可以考实的司马迁先祖的准确世系：司马靳的孙子叫司马昌，司马昌的儿子叫司马无泽，司马无泽

太史公自序第七十

昔在顓頊，命南正重以司天，北正黎以司地。唐虞之際，紹重黎之後，使復典之，至于夏商，故重黎氏世序天地。其在周，程伯休甫其後也。

（張晏曰：南方陽也，火，水配也。水為陰。正，黎兼地職。臣瓚以為重、黎氏是也。以淳曜敦大光照四海，又幽通賦云：黎淳曜於高辛。然則黎為火正。語稱黎為火正，火正於高辛。南方正重司天火正，北正黎司地之官。然司火正之宜然，然司天。索隱：司……）

（應劭曰：封為程國伯也。索隱曰：重黎乃顓頊之胤。司馬代序天地，二氏而黎乃為顓頊之胤，故左氏傳據氏別，而其後也云。皆云程伯休甫之後也。千寶……其……黎之後是也，今則裔重氏是也。指對之文，其……）

明刻本《史記·太史公自序》書影

的儿子叫司马喜，司马喜的儿子就是司马迁的父亲司马谈。这样推上去，司马昌、司马无泽和司马喜，依次是司马迁的高祖、曾祖和祖父。而这其中，高祖司马昌和曾祖司马无泽的身份，尤其值得注意。

《太史公自序》里相关的记载非常简略，只说"靳孙昌，昌为秦主铁官，当始皇之时"，"昌生无泽，无泽为汉市长"。因此学界之前也很少有人注意到其中蕴含的重要信息。2000年，旅美著名历史学家何炳棣先生，在香港中文大学作过一次演讲，题为《司马谈、迁与老子年代》，其中对《太史公自序》里记录的司马迁高、曾二祖事迹，作了一番精彩的推考。他说：

> "昌为秦主铁官，当始皇之时"这一极其简括的陈述已经暗示司马迁的高祖绝不是一员普通的官吏。"主"持当时最强大的秦国的全部铁政——从采矿、冶铸到种种铁器（包括兵器）的制造与供应——必需相当的技术知识和很高的生产策划管理的才干。铁政的成功显然是秦灭六国完成统一大业过程中一个重要技术性的环节，其中司马昌的贡献是不言而喻的。[1]

打个大家能理解的比方，司马昌之在战国末期主持秦国铁政，就如同在今日世界掌控着最具前沿性的人工智能技术。何先生又说：

秦始皇廿六年诏书铁权　河南博物院藏

　　司马昌之子无泽"为汉市长"一语的意义更需深索。案：汉高祖五年（前202）项羽败死垓下，刘邦应诸侯将相之请即皇帝位，定都洛阳。夏六月从娄（刘）敬、张良议，决定迁都关中。关中表里山河，形势优越，但苦在咸阳遭受项羽焚烧已残破不堪。于是次年有诏"立大市，更名咸阳曰长安"。可见立大市是为大规模营建长安的第一步准备——如何筹划管理各项所需物资的动员与供应。

何先生接着根据《汉书》的高帝、惠帝纪，指出："营造新都长安的工作效率是相当高的，而背后负责大量物资供应的是'未被讴歌的英雄'司马无泽。"[2]

　　读到何先生的以上文字，再联系《史记》的篇章内容

327

和写作背景，我们应该能更深入地理解司马迁何以能有如此弘阔的心胸和视野。因为秦靠当时最先进的铁器技术统一中国，和汉家天下成立后首都的基本建设，都跟他祖上有直接且异常紧密的关联。而从这样的家族史视角再去读《史记》的一些关键篇章，比如《秦始皇本纪》和《六国年表》，司马迁何以对秦始皇有那么复杂、那么矛盾的感情，就很可以理解了：因为他写秦始皇以前的历史，是非常困难的，主要原因就是秦始皇焚书，把书都烧了，他可用的材料很有限，就这一点而言，我想司马迁对秦始皇一定是痛恨无比的。但是另一方面，他高祖是秦始皇统一六国核心团队的技术负责人，汉朝又是因为秦始皇统一六国才有的基业，他从血缘亲情出发，必然对秦始皇和秦朝抱有一定的好感，所以他在叙述长时段历史的《六国年表》里，对秦始皇有很高的评价，因为无论是站在历史学家的冷峻立场，还是站在司马氏家族后代的立场，毕竟那是中国历史上第一次实质意义的统一，而其中还饱含着家族的荣耀。他在《封禅书》里之所以敢对汉武帝有那般不免戏谑的描绘，显性的缘由，是长期在君主身边工作导致对领袖的神秘感逐渐消失，而深层的原因，则是作为王朝以技术和实干创业的第一代贵族的后裔，对坐享其成的三代君主，难免会有一点轻微的鄙视吧。

讲完了光荣的家族史，司马迁开始讲他自己的生平。

蛮特别的是，他是用第三人称来写自己的。开头一句就说司马谈"有子曰迁"，接下来到司马谈去世为止，整篇都是"迁"或者"子迁"如何如何。第三人称的写法，应该是考虑跟七十列传的其他六十九篇相匹配，以彰显全书体例上的规整。而更有意思的问题是：司马谈为何给儿子取单名叫"迁"？

复旦大学的朱维铮教授，曾推测司马迁之名可能源于《诗经·小雅》的《伐木》篇——

伐木丁丁，鸟鸣嘤嘤。出自幽谷，迁于乔木。嘤其鸣矣，求其友声。

所谓"出自幽谷，迁于乔木"，是指鸟儿是从非常低的山谷里飞出来，飞到了非常高大的树木上去。为什么说司马迁的名字是典出《伐木》的这一句呢？因为汉代以后的记录里，有明确的记载说司马迁字"子长"。大家都知道，中国传统社会里，人的名字是分作两块的，名是出生时长辈就给取好的，而字，是古代的男性"及冠"，也就是二十岁左右可以戴帽子的时候，为了社交的需要，本名之外再取一个名字。字跟名不能相同，但又需有一定的关联。司马迁的字"子长"中的"子"，是男性的尊称；而"长"，跟名"迁"在往上走这一点上有关联，所以朱先生认为很可能用的就是《伐木》"出自幽谷，迁于乔木"的典故。[3] 如果

329

我们把前面有关司马迁高祖、曾祖的故事考虑进去，那这个"迁"字，或许还包含着司马谈期待儿子未来仕途通达，为司马氏家族在政治上再振雄风的意思。

自称生于龙门的司马迁，早年就在任职太守令的父亲司马谈的庇荫下，获得了良好的教育和超越常人的广泛接触社会的经验。

他"年十岁则诵古文"——这话曾被人误解为是十岁才开始读书。其实这里的"古文"，是指秦汉之前的六国古文字。因为秦始皇统一六国后推行"书同文"，到汉朝，秦代以小篆为主又逐步变为以隶书为主，那样秦以前的文字，一般人就看不懂了。司马迁却很厉害，小小年纪就学习已经不再通行的古文字，这为他日后撰写《史记》，检阅六国的文献史料，打下了坚实的基础。

他二十岁就开始漫游全国——

二十而南游江、淮，上会稽，探禹穴，窥九疑，浮于沅、湘；北涉汶、泗，讲业齐、鲁之都，观孔子之遗风，乡射邹、峄；厄困鄱、薛、彭城，过梁、楚以归。于是迁仕为郎中，奉使西征巴、蜀以南，南略邛、笮、昆明，还报命。

如果我们打开历史地图，对读这段文字，可以看到司马迁从长安附近出发，向东漫游，东南方向最远到过现在的浙江绍兴，最南边到过跟屈原、贾谊都有关联的湖南长沙一带，东偏北方向去过山东半岛，中间还在现在的徐州附近一度遇到危难。他平安归来之后，就得到第一份官职——郎中，然后奉使去西南边疆出差了好一阵子。

司马迁一生在汉武帝朝的三个职位上任职，除了最后的"中书令"（相当于皇家机要秘书长）没有出现在《太史公自序》里，其他两个，一个是上面引文里已经出现的"郎中"，一个是继承他父亲职位的"太史令"，都记载在他的这篇《自序》里。有意思的是，郎中是汉武帝身边的低级侍卫，属于武官，而按照后代为郎的一般标准，需要既高大英俊，又声音洪亮，则年轻的司马迁一定长得很帅；太史令是皇家天文台台长兼档案馆馆长，主管天文历法，兼管文书档案，那他的数学水平不是一般地高。所以司马迁尽管以历史学家名世，实际上在他的生前，可不是一个纯"文科生"，而是一位有深厚的家族技术背景，内外双美、文武兼备、文理俱长的复合型人才。

至于他为何以及如何写《史记》，《太史公自序》有相当的篇幅详细书写，就此我们将在本系列丛书的最后一册《绝唱：〈史记〉的史记》的第一篇里再展开讨论。

注　释

第六卷　说《列传》(上)：
先秦的隐士、贤达与刺客

《伯夷列传》(上)·列传开卷，为何要主推隐士

〔1〕参见熊明辑校《汉魏六朝杂传集》第三册，中华书局，2017年。

〔2〕《许由即咎繇说》，章炳麟著、徐复注《訄书详注》，上海古籍出版社，2017年。

〔3〕杨宽《中国上古史导论》第十三篇《许由、皋陶与伯夷、四岳》，上海人民出版社，2016年。

〔4〕按"富贵如可求"，今本《论语》作"富而可求也"。

〔5〕顾炎武撰、黄汝成集释《日知录集释》卷二十七，上海古籍出版社，2006年。

〔6〕按今本《周易》作"同声相应，同气相求"。

〔7〕张国刚《司马迁感慨什么——读〈史记·伯夷列传〉》，《中国文化》第47期，2018年。

〔8〕何焯《义门读书记》卷十四，中华书局，1987年；章学诚著、叶瑛校注《文史通义校注》卷一《书教下》，中华书局，1985年。

〔9〕本节和下一节讲《伯夷列传》，部分文字系据拙作《史记精读》的相关内容改写。

《伯夷列传》（下）：为什么好人没有好报

〔1〕叶适《习学记言序目》卷二十，中华书局，1977年。

〔2〕韩愈著、马其昶校注《韩昌黎文集校注》卷一，上海古籍出版社，1986年。

〔3〕徐经《雅歌堂文集》卷四《读伯夷传》，清光绪二年刻《雅歌堂全集》本，《清代诗文集汇编》第433册影印，上海古籍出版社，2010年。

〔4〕杨宽《中国上古史导论》第十三篇《许由、皋陶与伯夷、四岳》，上海人民出版社，2016年。

《老子韩非列传》：拉郎配，有深意

〔1〕李零《文献中的老子——读〈史记·老子韩非列传〉的要点》，《国学》2013年第12期。

〔2〕今本《韩非子》中确实存在若干并非韩非所撰的篇章，参见马世年《〈韩非子〉的成书及其文学研究》，上海古籍出版社，2011年。

〔3〕尹继美《鼎吉堂文钞》卷一《读史记老庄申韩列传》。

〔4〕黎靖德编《朱子语类》卷一二五《老氏·老子书·反者道之动章》，中华书局，1986年。

《伍子胥列传》：仇恨是一颗种子

〔1〕湖北省文物考古研究所、云梦县博物馆《湖北云梦睡虎地 M77

发掘简报》，《江汉考古》2008 年第 4 期。

〔2〕襄阳首届亦工亦农考古训练班《襄阳蔡坡 12 号墓出土吴王夫差剑等文物》，《文物》1976 年第 11 期；崔墨林《河南辉县发现吴王夫差铜剑》，《文物》1976 年第 11 期。

〔3〕冯至《伍子胥》，收入《冯至全集》第三卷，河北教育出版社，1999 年。

《商君列传》：他的下场，源于刻薄吗

〔1〕王晖《睡虎地秦简〈封诊式〉中所见战国末期"士伍"阶层的居住形态——兼与韩国学者尹在硕商榷》，《建筑史》2009 年第 1 期。

〔2〕朱绍侯《商鞅变法与秦国早期军功爵制》，《零陵学院学报》2004 年第 9 期。

苏秦、张仪二传：两个最著名的说客，司马迁为何不写合传

〔1〕马伯乐《苏秦的小说》，冯承钧译，收入《马伯乐汉学论著选译》，中华书局，2014 年。

〔2〕参见唐兰《司马迁所没有见过的珍贵史料——长沙马王堆帛书〈战国纵横家书〉》，《战国纵横家书》附录，文物出版社，1976 年。

〔3〕参见赵生群《〈战国纵横家书〉所载"苏秦事迹"不可信》，《浙江师范大学学报（社会科学版）》2007 年第 1 期。

《孟子荀卿列传》：谈天的驺衍，为何抢了两位名儒的风头

〔1〕有关稷下学宫的研究，可参看以下两文：1. 胡家聪《稷下学宫史钩沉》，《文史哲》1981 年第 4 期；2. 李剑、宋玉顺《稷下学宫遗址新探》，《管子学刊》1989 年第 2 期。

〔2〕顾颉刚《五德终始说下的政治和历史》，收入《顾颉刚全集·顾颉刚古史论文集》卷二，中华书局，2011 年。

《孟尝君列传》：鸡鸣狗盗的世界

〔1〕邵泰衡《史记疑问》卷下"孟尝君传"条，《景印文渊阁四库全书》第二四八册，台湾商务印书馆，1986 年。

〔2〕参见宫衍兴、解华英、胡新立《薛国故城勘查和墓葬发掘报告》，《考古学报》1991 年第 4 期。

〔3〕司马光《资治通鉴》卷二《周纪二》显王四十八年，中华书局标点本，2011 年。

《魏公子列传》：总有一种结局令人感慨

〔1〕诸祖耿《战国策集注汇考》卷二五《魏四》，凤凰出版社，2008 年。

〔2〕王先谦《荀子集解》卷九《臣道篇第十三》，中华书局，1988 年。

〔3〕《汉书》卷三十《艺文志》，中华书局，1962 年。

〔4〕参见河南省文物局编著《汤阴五里岗战国墓地》，科学出版社，2016 年。

《廉颇蔺相如列传》：赵家兴亡，尽在此篇

〔1〕丁贵民、韩彩霞《吉林长白朝鲜族自治县发现蔺相如铜戈》，《文物》1998 年第 5 期。

《屈原贾生列传》：真实的三闾大夫，可能比这里写的更强悍

〔1〕陈三立《书史记屈原贾生列传后》，收入《散原精舍诗文集》，上海古籍出版社，2014 年。

〔2〕陶必铨《萸江古文存》卷三《屈贾合传论》，清嘉庆二十一年刻本。

〔3〕于慎行著、黄恩彤参订《读史漫录》卷二，齐鲁书社，1996 年。

〔4〕张树国《汉初隶变楚辞与〈史记·屈原贾生列传〉的材料来

源》,《中华文史论丛》2018 年第 1 期。

〔5〕闻一多《廖季平论离骚》,收入《神话与诗》,上海人民出版社,
2006 年。

〔6〕蒋天枢《汉人论述屈原事迹中的一些问题》,收入《楚辞论文
集》,陕西人民出版社,1982 年。

《刺客列传》:一剑出去,改变世界?

〔1〕苏辙《古史》卷五十九《刺客列传》,宋刻本。

〔2〕王应麟《困学纪闻》卷十一,上海古籍出版社,2008 年。

〔3〕梁玉绳《史记志疑》卷三一,中华书局,1981 年。

〔4〕苏辙《古史》卷五十九《刺客列传》。

〔5〕何焯《义门读书记》卷十四,中华书局,1987 年。

〔6〕萧海扬《关于匕首的一点考察》,未刊稿。

〔7〕许慎撰、段玉裁注《说文解字注》第四篇下刀部。

〔8〕郝本性、赵世纲《河南温县东周盟誓遗址一号坎发掘简报》,
《文物》1983 年第 3 期。

〔9〕参见胡渐逵《范睢理应作范雎》,《书屋》2001 年第 2 期。

〔10〕参见顾颉刚《司马谈作史》,收入所著《史林杂识初编》,中华
书局,1963 年。

〔11〕本节讲《刺客列传》,系据拙作《史记精读》的相关内容改写。

第七卷　说《列传》(中):
秦汉的功臣、名流与叛徒

《李斯列传》:秦朝强人三部曲

〔1〕黎翔凤《管子校注》卷二十《形势解第六十四》,中华书局,
2004 年。

〔2〕王叔岷《诸子斠证》之《文子斠证·自然篇》，此句作"圣人不辞其负薪之言"，中华书局，2007年。

〔3〕《赵正书》，北京大学出土文献研究所编《北京大学藏西汉竹书》第三卷，上海古籍出版社，2015年。

〔4〕参见赵化成《北大藏西汉竹书〈赵正书〉简说》，《文物》2011年第6期。

《淮阴侯列传》：功臣的末路悲歌

〔1〕方苞《望溪先生文集》卷二《书淮阴侯列传后》，清刻本。

〔2〕梁玉绳《史记志疑》卷三二，中华书局，1981年。

《刘敬叔孙通列传》：为什么投机者也能办大事

〔1〕《周礼注疏》卷十七《春官宗伯第三》，中华书局影印清嘉庆刻《十三经注疏》本，2009年。

〔2〕诸祖耿《战国策集注汇考》卷三《秦一》，凤凰出版社，2008年。

〔3〕王国维《汉魏博士考》，收入《观堂集林》卷四，中华书局，2004年。

〔4〕本节讲《刘敬叔孙通列传》，系据拙作《史记精读》的相关内容改写。

《扁鹊仓公列传》：妙手回春的老中医，是神还是人

〔1〕黄龙祥《老官山出土西汉针灸木人考》，《中华医史杂志》2017年第3期。

〔2〕陈直《史记新证》，中华书局，2006年，第160页。

〔3〕朱维铮《历史观念史：国病与身病——司马迁与扁鹊传奇》，《复旦学报（社会科学版）》2005年第2期。

《魏其武安侯列传》: 高层恶斗, 有什么好处

〔1〕曾国藩《求阙斋读书录》卷三,《曾国藩全集》第十册, 中华书局, 2018 年。

〔2〕参见王国维《太史公行年考》, 收入《观堂集林》卷十一, 中华书局, 2004 年; 李长之《司马迁生年为建元六年辨》,《司马迁之人格与风格》, 生活·读书·新知三联书店, 1984 年; 郭沫若《〈太史公行年考〉有问题》,《历史研究》1955 年第 6 期。

〔3〕《读魏其侯传》,《全祖望集汇校集注》之《鲒埼亭集外编》卷二十八, 上海古籍出版社, 2000 年。

《李将军列传》: 但使龙城飞将在, 不教胡马度阴山

〔1〕阎若璩《潜邱札记》卷二, 中华书局, 2023 年。

〔2〕萧平汉《军功不够是"李广难封"的根本原因》,《衡阳师范学院学报》2000 年第 2 期。

〔3〕梁玉绳《史记志疑》卷三三, 中华书局, 1981 年。

第八卷　说《列传》(下):
星空下, 换几个角度看众生

《匈奴列传》: 为敌国写一篇传记, 需要怎样的胆识

〔1〕姚大力《追溯匈奴的前史——兼论司马迁对"史道"的突破》,《复旦学报(社会科学版)》2004 年第 4 期。

《南越列传》: 天高皇帝远, 我要自己干

〔1〕《汉书》卷九五《西南夷两粤朝鲜传》, 中华书局, 1962 年。

〔2〕参见南越王宫博物馆编《南越国宫署遗址：岭南两千年中心地》，广东人民出版社，2010 年。

〔3〕参见黄展岳《南越王墓出土文字资料汇考》，收入《南越国考古学研究》，中国社会科学出版社，2015 年。

〔4〕参见麦英豪等撰稿的《西汉南越王墓》第十一章"墓主和年代"第二节"有关墓主问题的论证"，文物出版社，1991 年。

〔5〕谭其骧主编《中国历史地图集》第二册"交阯刺史部"，中国地图出版社，1982 年。

《朝鲜列传》：反反复复，半岛局势最难猜

〔1〕周振鹤《西汉政区地理》，人民出版社，1987 年。

〔2〕《汉书》卷七三《韦贤传》，中华书局，1962 年。

〔3〕林沄《说"貊"》，收入《林沄文集·古史卷》，上海古籍出版社，2019 年。

《司马相如列传》：浪漫之外，还有文献

〔1〕刘知幾著、浦起龙通释《史通通释》卷十六，上海古籍出版社，2009 年。

《循吏列传》：做一个守规矩、有底线的官，难不难

〔1〕河南省丹江库区文物发掘队《河南省淅川县下寺春秋楚墓》，《文物》1980 年第 10 期。

〔2〕河南省文物研究所、周口地区文化局文物科《河南淮阳马鞍冢楚墓发掘简报》，《文物》1984 年第 10 期。

〔3〕王先谦《荀子集解》卷三《非相篇第五》，中华书局，1988 年。

〔4〕转引自泷川资言《史记会注考证》卷一百十九《循吏列传》卷

前"考证"，北岳文艺出版社影印本。

《儒林列传》：学者从政，五味杂陈

〔1〕《汉书·外戚传》唐颜师古注云："家人子者，言采择良家子以
　　　入宫，未有职号，但称家人子也。"

《酷吏列传》：权够大，心够狠

〔1〕西安市文物保护考古所《西安市长安区西北政法学院西汉张汤
　　　墓发掘简报》，《文物》2004 年第 6 期。
〔2〕张云璈《简松草堂文集》卷八《读酷吏传》，清道光刻三影阁
　　　丛书本，《清代诗文集汇编》第 421 册影印，上海古籍出版社，
　　　2010 年。

《滑稽列传》：跟您开个玩笑，笑完了您得思考

〔1〕姜亮夫《滑稽考》，《思想战线》1980 年第 2 期。
〔2〕周言《〈滑稽列传〉错简考辨》，《史林》2004 年第 2 期。

《货殖列传》：逐利是人的本能

〔1〕参见顾炎武撰、黄汝成集释《日知录集释》卷二十七。
〔2〕《汉书》卷六二《司马迁传》，中华书局，1962 年。

《太史公自序》：为司马氏家族书写传奇

〔1〕何炳棣《司马谈、迁与老子年代》，原载《燕京学报》新 9 期，
　　　2000 年 11 月；后收入《何炳棣思想制度史论》，中华书局，

2017 年，第 274 页。

〔2〕同上书，第 274—275 页。

〔3〕参见朱维铮《司马迁》，收入裴汝诚、朱维铮等著《十大史学家》，上海古籍出版社，1989 年。

后　记

　　本书是"陈正宏讲《史记》系列"的第三部，主要讨论《史记》的七十列传。与前两部《时空：〈史记〉的本纪、表与书》《血缘：〈史记〉的世家》一样，它也是以我在喜马拉雅上讲授《史记》的音频课文本为基础，整理增补而成的。但跟前两部相比，出版时间延宕不少，这是首先要向读者诸君致歉的。

　　之所以延宕，当然主要是个人原因：疫情之后，我的记忆力明显退步；更主要的，是我接受喜马拉雅课程听众的提议，舍弃课程原设计的将《史记》七十列传按文体分为合传、独传与汇传，那样一种过于机械且打乱原书次序的做法，而将篇章次序恢复到《史记》七十列传的原本次序，这就不得不花工夫调整每一篇文本前后的文字。但这一调整我想是值得的，因为本书目前的三卷，依照《史记》

原来的序次，分为"先秦的隐士、贤达与刺客""秦汉的功臣、名流与叛徒"和"星空下，换几个角度看众生"三个块面，个人以为这样的分块，也许能更准确地呈现《史记》列传部分"通古今之变"的特征。

在本书的整理、增补和校改过程中，喜马拉雅的多位热心听众和金菊园、史梦龙、钟淇名等先生先后给予了不少具体的教示与帮助；本书出版前，顾红梅、齐晓鸽女士热忱相约，《书城》杂志刊发了其中的若干篇章；詹丹教授和杨丽莹女士在各自主持的有关系列讲座中，邀请我做过有关篇章和内容的讲座；中华书局继续接受刊行拙作，尤其是书局上海公司总编辑贾雪飞女士持续督促，责任编辑黄飞立先生精心编校，凡此均是我要在此深表谢意的。我也期待本书出版后，能继续得到读者朋友的批评指正。

作者

2025 年 6 月 8 日